나만의 진로 가이드북

: 직업을 알면 학과가 보인다

인문계열

머리말

'좋아하는 일을 할까요, 잘하는 일을 할까요?'

많은 학생들이 진로 상담을 할 때 하는 질문입니다. 물론 좋아하는 일을 잘할 수 있다면 더할 나위 없이 좋겠지만, 그것이 아니라면 누구나 진로를 선택할 때 이와 같은 고민을 할 것입니다. 이런 학생들을 만날 때마다 '우선 너의 적성과 흥미에 맞는 일을 찾아라. 그러면 열심히 하게 되고, 비록 당장은 아니더라도 결국에는 잘하게 될 거야.'라고 답을 합니다. 그런데 자신이 좋아하는 일이 무엇인지 알고 있는 학생이라면 그나마 다행입니다. 그러나 많은 학생들은 자신이 무엇을 좋아하고, 어떤 일을 하고자 하는지조차 파악하지 못한 채, 자신의 성적에 맞춰 대학이나 학과를 선택하는 경우가 허다합니다.

'선생님, 제가 꿈꾸었던 학과가 아니에요.
전공을 바꿔야겠어요.'

자신의 적성과 흥미에 적합할 것으로 예상되는 학과에 무난하게 진학한 경우라도 한 학기가 지나면 전공 적합성으로 고민하는 학생들이 많습니다. 이는 진학한 학과에 대한 정확한 정보가 아닌, 피상적인 지식과 선입견으로 학과를 선택한 결과입니다.

입시 준비에 열중하느라 바쁜 학생이 혼자서 학과에 대한 구체적인 정보를 찾기에는 어려움이 있을 뿐만 아니라, 비록 찾았다고 하더라도 진학을 위해 어떤 노력을 해야 할지 막막한 것이 사실입니다.

이 책은 자신에게 적합한 전공 선택을 하고자 하는 중·고등학생들의 고민과 어려움을 해결하는 데 조금이라도 도움을 주기 위해 만들어졌습니다.

대학 전공을 **인문, 사회, 자연, 공학, 의료보건, 예체능** 등 **6개 계열**로 나누고, **계열별로 20개의 대표 직업과 그 직업에 연관된 학과를 제시하여, 총 120개의 직업과 학과를 안내하고 있습니다.** 해당 직업의 특성은 무엇인지, 하는 일은 무엇인지, 어떤 적성과 흥미를 지닌 학생에게 적합한지, 어떻게 진출할 수 있는지, 미래의 직업 전망은 어떤지, 어떤 자격증이 필요한지 등을 상세히 풀어놓았습니다.

또한, 직업과 연관성이 큰 대표 학과에 대해 소개하면서 **학과의 교육 목표, 학과에 적합한 인재상, 취득 가능 자격증, 배우는 교과목, 졸업 후 진출 가능 직업**을 제시하였습니다. 더불어 진로를 선택하는 데 **도움이 되는 도서**와 전공에 **도움이 되는 고등학교 과목**을 안내하였습니다. 마지막으로 원하는 학과에 진학하기 위해 중·고등학교 시절에 무엇을 어떻게 준비해야 하는지 알 수 있도록 수상, 자율, 동아리, 봉사, 진로, 교과, 독서 등의 항목으로 나누어 구체적으로 정리하였으니 이를 바탕으로 '학교생활기록부'를 잘 관리한다면 '학생부 종합 전형'을 대비하는 데 많은 도움이 될 것입니다.

진로 계획을 잘 세우려면 시대의 변화에 관심을 가지고 그 흐름을 잘 파악해야 합니다. 평생직장의 개념이 사라진 현 시점에서는 자신에게 필요한 경험, 지식, 자격증, 학위를 쌓아가는 것이 좋습니다. 사회적으로 어떤 직업이 유망하고 안정적일 것인가에 초점을 두고 직업과 학과를 좇기보다는 자신이 어떤 일을 가장 즐겁게 할 수 있는가를 먼저 살피고, 그에 맞는 직업을 선택하여 꾸준히 능력을 개발하는 것이 중요합니다.

'일을 즐기면 일의 완성도가 높아진다.'라고 한 아리스토텔레스의 말처럼, 좋아하는 일을 하게 되면 스스로 열심히 하게 되고, 어느 순간 그 분야의 전문가가 되어 있는 자신을 발견하게 될 것입니다. 그러나 그 과정이 순탄하지만은 않을 것입니다. 열심히 노력하더라도 극복해야 할 어려움들은 분명히 찾아올 것입니다. 그때마다 자신의 꿈에 대해 확신을 갖길 바랍니다. 간절히 원하는 만큼 노력한다면 무엇이든 이룰 수 있습니다. 그러한 여러분들을 열렬히 응원하겠습니다.

끝으로, 이 책이 자신에게 적합한 진로를 찾아, 성공적인 직업 생활, 나아가 행복한 삶을 살아가는 데 조금이라도 도움이 되길 진심으로 기원합니다.

- 저자 일동

이 책은 인문, 사회, 자연, 공학, 의료보건, 예체능 등 총 6개 계열로 구성되어 있으며,
계열별 20가지 대표 직업과 각 직업과 관련된 학과를 소개하고 있습니다.

각 직업과 학과에 대해 보다 심도 있게 이해할 수 있으며, 실질적인 직업 진출 계획을
세우는 데 도움이 될 수 있도록 구성하였습니다.

직업

직업의 유래와 정의는 물론, 우리 주변에서
볼 수 있는 직업의 모습과 직업이 하는 일
등을 관련 이미지와 함께 소개합니다.

JUMPUP

직업 관련 토막 상식, 세부 직업 소개,
자격시험(자격증), 용어 해설 등
다양한 관련 정보를 자유롭게
다루는 코너입니다.

직업이 하는 일은?

각 직업이 하는 일을 실무 중심으로
자세히 소개합니다.

커리어맵(1p)

준비 방법, 관련 교과, 적성과 흥미, 흥미 유형,
관련 학과, 관련 자격, 관련 직업, 관련 기관 등
직업 진출을 위해 점검해야 할 요소들을 맵 형
태를 활용하여 소개하였습니다.

커리어맵(2p)

직업에 요구되는 적성과 흥미, 관련 학과와 자격증,
관련 직업, 직업의 진출 방법과 미래 전망을 객관적
인 시각에서 상세하게 다루었습니다.

이 책의 구성

학과 전공 분석

각 직업과 관련되는 학과의 역할과 성격, 상세한 교육 목표와 교육 내용 등을 소개합니다.

주요 교육 목표

각 학과의 인재상을 통해 학과의 주요 교육 목표를 살펴봅니다.

관련 학과는?, 취득 가능 자격증은?

관련 학과나 유사 학과, 각 학과에서 취득할 수 있는 자격증 등을 제시하였습니다.

추천 도서는?

학과 진학은 물론, 진학 후 학과 공부에 도움이 되는 주요 추천 도서 목록을 제시하였습니다.

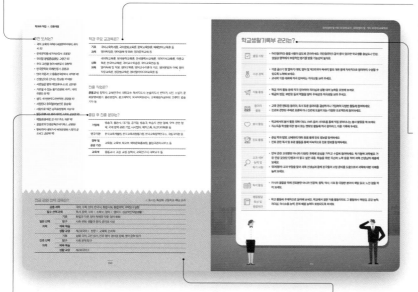

학과 주요 교과목은?

각 학과 진학 시에 배우게 되는 다양한 교과목을 기초 과목과 심화 과목으로 분류하여 제시하였습니다.

학교생활기록부 관리는?

희망 학과 진학과 희망 직업 진출을 위해 중·고등학교 학교생활에서 어떠한 계획을 수립하고 실천해야 할지를 항목별로 정리하여 제시하였습니다.

진출 직업은?, 졸업 후 진출 분야는?

학과 졸업시 실제 진출할 수 있는 직업과 분야를 보다 폭넓게 생각해 볼 수 있도록 다양하게 제시하였습니다.

전공 관련 선택 과목은?

희망 학과 진학을 위한 전공 관련 선택 과목에는 무엇이 있는지 확인할 수 있도록 표로 정리하였습니다.

Contents

인문계열 소개

1. 인문계열은?

인문계열은 모든 학문의 근본이 되는 인문학의 교육과 연구를 목표로 합니다. 인문계열은 세계 여러 나라의 문화를 이해하기 위해 언어를 과학적으로 연구하며, 문화들 사이에 존재하는 유사성과 차이점을 비교하고 분석합니다. 이를 통해 인간의 행동과 사고에 대한 연구 및 인간 삶의 근본적인 문제에 대한 답을 찾는 데 교육의 목표를 둡니다. 인문학을 연구하고 교육하여 인간의 삶과 그 터전인 이 세상의 보편적 진리와 가치를 탐구하며, 인문학 전문 교과 이외에도 교양 과목을 교육합니다.

2. 인문계열의 분야는?

인문계열은 언어·문학, 인류학, 심리학, 철학, 종교학, 교육학 분야로 분류됩니다.

3. 무엇을 배울까?

인문계열에서는 세계 각국의 언어와 문학, 인류학, 심리학, 철학, 종교학 등을 배울 수 있습니다.

언어학에서는 언어의 구조, 언어 능력, 언어 표현의 형식 등과 관련된 과목뿐만 아니라 언어학의 전체적 흐름을 파악

인문계열의 분야

가. 언어·문학

인류의 언어를 과학적으로 연구하는 언어학과 언어를 표현 수단으로 예술 활동을 하는 창작과 문학 작품을 연구하는 문학으로 구성됩니다. 이 분야에는 세계 여러 나라의 언어와 문학을 연구하는 분야가 포함됩니다.

나. 인류학

인류학은 인간에 대한 모든 것을 연구하는 학문으로, 인류 문화의 본성에 대한 일반화를 연구하고, 다양한 문화들 사이에 존재하는 유사성과 차이점을 비교하고 분석합니다. 또한 생물학적·문화적·사회적 관점에서의 인간을 연구합니다. 이러한 이유로 인류학은 사회과학적 성격뿐만 아니라 인문학적 성격과 자연과학적 특성도 지니고 있습니다.

다. 심리학

심리학은 인간의 행동과 심리 과정을 과학적으로 연구하는 경험 과학의 한 분야입니다. 인간과 관계된 모든 학문 분야는 직접적으로나 간접적으로 심리학이 학문적으로 뒷받침되어야 하기 때문에 인문과학에서부터 자연과학, 공학, 예술에 이르기까지 많은 분야에서 심리학이 활용되고 있습니다.

하기 위해 언어학사를 배웁니다. 인류학에서는 다양한 관점으로 문화 변동의 원인, 과정, 결과를 연구하고, 역사 속에 숨어 있는 시간의 변화와 공간의 차이를 구별하여 인간의 행위를 재구성합니다.

심리학에서는 사회심리, 성격심리, 인지심리, 심리학 조사법 및 연구법을 학습하며, 철학에서는 존재론과 형이상학 및 철학사를 통해 하나의 현상보다는 보편적 원리에 대해 탐구합니다.

종교학에서는 종교에 대한 기본 지식과 종교가 문화와 예술 등 인간의 생활 양식에 미친 영향 등을 연구합니다. 마지막으로 교육학에서는 학생들을 효율적으로 가르치는 데 도움이 되는 다양한 교수 학습 방법을 연구합니다.

4. 졸업 후 진로는 어떨까?

인문학은 사회 어느 분야에서나 기반이 되는 학문이므로, 졸업 후 진출할 수 있는 분야도 다양합니다. 인문학은 전공을 살려 교수, 연구원이 되기도 하며, 사무 관련 업무를 하거나 작가 및 관련 전문가로 활동할 수 있습니다. 또한 외국어나 외국 문학을 전공하면 번역가나 통역사로 진출하거나 교직 과정을 이수하여 중등 학교로 진출할 수 있습니다. 그 외에도 신학 또는 철학을 전공하여 성직자, 목회자, 종교인이 될 수도 있으며, 교육학을 전공하면 임용 시험을 거쳐 초·중등교사가 될 수 있습니다.

라. 철학

이 세상과 인간의 삶에 대한 근본 원리, 즉 인생관, 세계관 등을 탐구하는 학문입니다. 모든 현상과 사물에 대해 "이건 왜 그럴까?"라는 질문을 던지고, 그에 대한 합리적인 대답을 찾으려고 노력하는 것에서부터 시작된 것이므로 사실상 모든 학문의 근본이 되는 학문입니다.

바. 교육학

교육학은 교육의 본질, 목적, 내용, 방법, 제도, 행정 등 교사와 학습자 간에 일어나는 교수 학습 활동에서부터 교육의 사회적 기능까지 연구하는 학문입니다. 최근에는 교육 현상을 연구하기 위해 교육 활동 또는 교육 제도에 관한 배경, 특성 그리고 개인이나 사회에 미치는 영향을 연구하기도 합니다.

마. 종교학

종교학은 세상에 존재하는 다양한 종교의 보편적인 것들에 대해 탐구하는 학문입니다. 특정 종교에 대해 논리적으로 분석하여 연구하기보다는 다양한 종교들을 객관적으로 연구합니다.

전공 관련 선택 교과 활용의 유의점

본 책에서 제시된 학과의 선택 과목 추천은 2015 개정 교육과정 고등학교 보통교과에 한정되어 있습니다. 2018년 전라남도 교육청이 발간한 「대학 전공 선택 길라잡이」, 2018년 충청남도 교육청이 발간한 「고등학교 교과목 안내」, 2019년 서울교육정보연구원이 발간한 「2015 개정 교육과정에 따른 선택과목 안내서」, 2019년 세종교육청이 발간한 「전공적성 개발 길라잡이」, 서울대학교 입학본부에서 발간한 「2015 개정 교육과정에 따른 고교생활 가이드북」, 2018년 대구진로교사협의회에서 발간한 「2015 개정 교육과정 연계 전공학과중심 진로상담 자료집」을 바탕으로 재구성하였습니다.

본 책에서 국어 교과와 영어 교과의 일반 선택 과목은 도구 교과(다른 과목을 학습하기 위한 기본적인 수단이 되는 교과 과목)인 성격을 고려하여 직접적으로 관련이 있는 학과에서만 선택 과목으로 반영하고 기타 학과에서는 선택 과목에 포함하지 않았음을 안내합니다. 아울러 수능 필수 지정 교과인 국어(문학, 독서), 수학(수학Ⅰ, 수학Ⅱ), 영어(영어Ⅰ, 영어Ⅱ), 성공적인 직업생활(특성화고) 교과는 필수 선택 과목 영역으로 구분하여 제시하였습니다.

본 책에 제시된 학과 관련 선택 권장 과목은 절대적인 것이 아니라 하나의 예시 자료입니다. 본 자료가 절대성을 의미하는 것은 아니므로 최종 과목 선택시 단순 참고자료로 활용하기를 바라며, 학생 개인의 희망과 진로 등을 고려하여 최종 선택하는 것이 바람직합니다.

학생들의 이해를 돕기 위해 <직업과 학과> 시리즈 영상을 제작하고 있습니다. QR코드를 스캔하여 유튜브 페이지에서 영상을 확인하세요.

현직 교사가 알려주는
이 사건은 ""가 맡죠!
#프로파일러
범죄심리분석관

Ⅰ 인문계열

직   업   :   학   과

언어학연구원 _언어학과

언어학연구원이란?

'인간에게 언어가 없다면 이 세상은 어떻게 될까요?'

흔히 '인간은 사회적 동물이다.'라고 합니다. 사회는 사람들 사이의 관계로 이루어지고, 이를 유지하는 데 필수적인 것이 의사소통입니다. 만약 언어가 존재하지 않는다면 사람들은 저마다의 방식대로 표현하고 행동할 것이므로 일정한 약속이 있어야 하는 사회는 성립할 수 없을 것입니다.

언어는 인간만의 고유한 능력입니다. 언어는 시간과 공간, 시대와 사회를 막론하고 인간의 삶과 함께해 왔기에 인류의 문화와 문명이 오늘날처럼 발전할 수 있었습니다. 그러므로 '언어란 무엇인가?'에 답하고자 하는 언어학은 '인간이란 무엇인가?'에 과학적으로 답하고자 하는 인문학입니다. 단순히 언어와 글자의 연구만이 아니라 다양한 언어들의 구조와 원리, 더불어 철학적·과학적·사회적 현상의 기원과 과정 등을 연구하는 학문입니다.

다른 인문학 분야와는 달리 언어학은 '언어의 과학적 연구'라는 정의에서 알 수 있듯이 자연 과학적 연구 방법을 적용하면서 과학성을 추구합니다. 음성학, 음운론, 형태론, 통사론, 의미론, 역사비교언어학과 같은 언어학의 핵심 분야뿐만 아니라 컴퓨터언어학, 사회언어학, 심리언어학과 같은 분야도 포함합니다.

언어학연구원은 과학적 연구 방법을 통해 특정 언어나 언어 집단의 구조, 변천 및 발달 과정을 객관적·체계적으로 연구합니다. 고어와 현대어의 비교 연구, 언어의 기원·구조·진화의 연구, 언어의 어족과 기원에 따라 고대 및 현대의 불명료한 언어를 분류하고 확인하는 일을 합니다. 또한 특정 언어나 언어 집단의 비교 연구를 통해 단어와 문장 구조의 기원과 변천을 조사하고, 형태론, 의미론, 음운론, 강세, 문법, 단어 및 언어 구조의 특성을 연구합니다. 고고학적 유물에서 발견되는 견본을 가지고 고어를 재구성하고 해독하는 작업을 하기도 합니다. 최근에는 휴대 전화의 음성 인식과 컴퓨터 자동 번역 및 통역 시스템, 정보 검색 시스템, 문서 낭독 시스템, 음성 타자 시스템 등에 이르기까지 연구 영역이 넓어지고 있습니다.

언어학연구원은 개인적으로 혹은 공동으로 연구 활동을 수행하는데, 업무로 인한 스트레스가 많은 편은 아닙니다. 그리고 실험 연구를 진행하지 않기 때문에 자연 과학 분야 연구원에 비해 위험 상황에 노출되는 경우도 거의 없습니다. 언어학연구원은 자신의 전문성을 키우기 위해 지속적으로 새로운 이론을 배우고, 연구 방법을 습득하여 미래 사회가 요구하는 역할을 수행할 수 있도록 노력해야 합니다.

세계적으로 보면, 언어학 이론은 페르디낭 드 소쉬르(Ferdinand de Saussure), 놈 촘스키(Noam Chomsky)와 같은 거장들이 이끌어 왔으며, 다른 많은 분야의 발전에도 큰 기여를 하였습니다.

세계적인 언어학자에 대해 알아볼까요?

▶페르디낭 드 소쉬르(Ferdinand de Saussure, 1857. 11~1913. 2): 스위스의 언어학자로, 언어학에서 사용되는 중요 개념인 공시언어학과 통시언어학을 창시하면서 근대 구조주의 언어학의 시조라고 불려요.

언어 구조에 관한 소쉬르의 개념은 20세기 언어학의 진보와 언어학에 대한 접근 방식의 토대가 되었어요. 소쉬르는 언어의 심리적·물리적 의지와 지능에 의한 개인적인 행위를 뜻하는 '파롤'과 영어처럼 특정 사회 속의 특정 시대에 존재하는 체계적·독립적·구조적 언어인 '랑그'의 개념을 도입했어요. 파롤과 랑그의 구별은 생산언어학 연구의 원동력이 되었고, 구조주의 언어학의 출발점으로 간주해요. 소쉬르는 1901년부터 1913년까지 제네바 대학교에서 언어학 교수로 일하면서 큰 영향력을 발휘했어요.

▶ 놈 촘스키(Noam Chomsky, 1928. 12~): 미국의 언어학자로, 언어학 분야의 혁명적인 이론인 변형생성문법의 창시자 중 한 사람이에요. 펜실베이니아 대학교에서 언어학을 전공하면서 언어학자가 되었고, 20대 젊은 나이에 '한 언어는 그 언어에 내재한 규칙에 의해 다양한 문장들을 생성해 낸다.'라는 변형생성문법을 주장해 언어학에서 혁명을 일으켰죠. 이로 인해 현대 언어학의 아버지라고 불리면서, 20세기를 대표하는 언어학자가 되었어요. 수학적 언어학이라고도 불리는 그의 변형생성문법 이론은 이후 수학과 심리정보학 등에도 영향을 미쳤어요.

언어학연구원이 하는 일은?

언어학연구원은 특정한 언어나 언어 집단의 구조, 변천, 발달에 관련된 연구 및 국민의 국어 생활 향상을 위한 연구를 합니다. 고대어와 현대어를 비교·분석하여 언어의 기원과 발전, 의미, 문법적 구조를 찾아내는 등 언어를 과학적으로 탐구합니다.

» 고대어와 현대어를 비교·분석하여 단어와 문장 구조의 기원과 변천을 조사합니다.

» 형태론, 의미론, 음운론, 강세, 문법, 단어 및 언어 구조의 특성을 연구합니다.

» 어족과 어원에 따라 고어와 현대어를 비교·분류합니다.

» 역사적·고고학적 유물에서 발견되는 견본으로부터 고어를 재구성하고 해독합니다.

» 언어의 발생과 기원, 의사소통 체계 등을 연구합니다.

» 그 외에 일반 연구원들이 수행하는 일반적인 업무를 수행합니다.

 **JUMPUP**

다문화언어발달지도사에 대해 알아볼까요?

다문화언어발달지도사는 의사소통에 문제를 가진 다문화 가족 자녀의 상태를 평가해 적절한 지원과 교육을 제공하고, 아이들이 학교생활에 원만하게 적응할 수 있도록 능력을 향상시키는 일을 해요. 아동의 부모에게 교육 방법을 제공해 일상생활에서도 언어 발달을 도우며, 다문화 가족 자녀에게 체계적이고 전문적인 언어 발달을 지원하여 이들이 건강한 사회 구성원 및 글로벌 인재로 성장할 수 있도록 도와요.

주요 업무는 지원 대상 발굴 및 홍보, 언어 발달 평가 및 상담, 언어 발달 교육 등이에요. 언어 발달 지체가 있을 경우, 환경적 원인(출생 배경, 동반 장애, 언어 환경) 및 기술적 원인(현재 언어 수행 수준이나 결함 분석) 등을 동시에 분석해요.

다문화언어발달지도사는 언어 교실에서 업무를 진행하기도 하지만 때로는 무거운 검사 도구와 교구를 들고 어린이집, 유치원, 학교 등 교육생이 있는 곳으로 찾아가기도 해요. 쉬운 업무는 아니지만 타인에게 도움을 주는 일이기 때문에 보람이 큰 직업이에요.

언어학연구원
커리어맵

- 경제·인문사회연구회 www.nrc.re.kr
- 한국연구재단 nrf.re.kr
- 국립국어원 www.korean.go.kr
- 한국언어학회 www.linguistics.or.kr

- 국어, 영어, 정보 등 교과 역량 키우기
- 언어 및 컴퓨터 동아리 활동
- 언어 연구소 및 학과 탐방 활동
- 언어학연구원 인터뷰 및 직업 체험 활동
- 토론 대회, 논술 분야 교내 외 대회 참여

- 의사소통 능력
- 논리적 사고력
- 창의성
- 언어 능력
- 컴퓨터 활용 능력
- 대인 관계 능력
- 성실성
- 외국어 능력

- 언어학과
- 언어교육과

관련기관

준비방법

적성과 흥미

관련학과

언어학연구원

흥미유형

관련교과

- 국어
- 영어
- 기술·가정
- 심리학
- 정보

- 사회형
- 탐구형

관련자격

관련직업

- 논술지도사
- 언어재활지도사
- 언어지도사
- 언어상담심리지도사
- 독서지도사
- 언어발달지도사
- 언어상호작용지도사

- 어원학연구원
- 음성학연구원
- 음운학연구원
- 국어학연구원
- 코퍼스연구원

적성과 흥미는?

언어학연구원은 언어에 대한 감각과 호기심을 가지고 있어야 하며, 언어에 대한 전공 지식 외에도 문학, 사학, 철학 등에 대한 폭넓은 지식이 필요합니다. 인접 학문과의 연계를 통해 연구가 이루어지기 때문에 예리한 관찰력으로 항상 새로운 연구 주제를 탐색하고, 연구 영역을 넓힐 수 있는 창의적이고 개방적이며 논리적인 사고 능력이 있어야 합니다.

또한 언어학 연구는 단기간에 끝나는 것이 아니기 때문에 자기가 맡은 과제를 끝까지 연구할 수 있는 계획성과 성실한 자세가 필요합니다. 팀을 구성하여 연구하는 경우도 있기 때문에 다른 사람들의 의견에 귀 기울이고 존중할 줄 아는 원만한 의사소통 능력과 대인 관계 능력이 필요합니다.

이외에도 언어학은 각종 외국의 해외 문헌 자료를 통해 연구해야 하므로 외국어 능력이 필요하며, 인공 지능 언어나 자동 번역 시스템 등과 같은 컴퓨터 프로그램에도 관심이 있다면 더욱 좋습니다.

탐구형과 사회형의 흥미를 가진 사람에게 적합하며, 분석적 사고, 독립성, 꼼꼼함, 집중력 등의 성격을 가진 사람들에게 유리합니다.

관련 학과 및 정보처는?

▶ 관련 학과: *언어학과, 언어교육과* 등
▶ 관련 정보처: 경제인문사회연구회, *한국연구재단*, 국립국어원, 국어학회, *한국언어학회* 등

관련 직업은?

어원학연구원, 음성학연구원, 음운학연구원, 국어학연구원, 언어학사연구원, 언어일반연구원, 기호연구원, **코퍼스연구원**, 비교언어연구원, 사회언어연구원, 인지언어연구원, 응용언어연구원, 전산언어연구원, 심리언어연구원, 대조언어연구원, 언어인식연구원, 언어습득연구원, 언어교육연구원, 국어연구원, 영어연구원, 프랑스어연구원, 독일어연구원, 스페인어연구원, 러시아어연구원, 동서양고전어연구원, 일본어연구원, 중국어연구원, 기타동서양언어연구원, 통번역연구원 등

코퍼스언어학에 대해 알아볼까요?

'코퍼스'란 '말모둠' 또는 '말뭉치'라는 뜻으로 텍스트, 즉 말과 글의 집합을 의미해요. 코퍼스(말뭉치)언어학은 언어 사용자들에 의해 생산된 언어 자료를 이용해 언어를 연구하는 응용 언어학의 한 분야예요.

현대의 코퍼스는 특정 목적을 가지고 균형성과 대표성을 고려해 텍스트들을 모아 컴퓨터에 전자 형태로 저장한 것을 말해요. 따라서 코퍼스언어학이란 코퍼스로 데이터베이스를 구축하고, 그것을 기반으로 언어에 관한 이론 연구와 응용 연구를 하는 분야, 즉 컴퓨터코퍼스언어학이라고도 해요.

코퍼스는 언어 연구의 기반이 될 뿐만 아니라 사전 편찬과 언어 교육의 응용 분야에서 중요한 자원이에요. 예를 들면, 외국어 교육

진출 방법은?

언어학연구원이 되기 위해서는 언어를 음운, 문자, 문법, 어휘 등 여러 각도에서 접근하고 연구하며, 그 특성에 대한 전문적인 지식이 필요합니다. 따라서 대학교에서 언어학을 전공하고, 대학원에 진학하여 언어학 관련 분야의 석사 이상의 학위를 취득하는 것이 유리합니다. 정부 출연 연구소나 규모가 크고 연구 활동이 많은 연구소에서는 대부분 석사 이상 학위 소지자를 채용하기 때문입니다. 학사 학위 소지자의 경우에는 일반적으로 연구 보조원으로 활동하게 됩니다.

언어학은 심리학, 사회학, 철학, 과학 등 다른 인문과학 학문과 연계하여 폭넓은 연구를 해야 하기 때문에 언어학연구원이 되려면 자신의 전공뿐만 아니라 인접 학문의 관련 지식을 쌓는 것도 중요합니다.

주로 공개 채용이나 특별 채용을 통해 대학 및 기타 언어학 관련 연구소의 연구원이나 언어 치료 등의 직종으로 진출할 수 있습니다. 정부 출연 연구 기관이나 민간 연구 기관의 경우 결원이 생기면 공개 채용을 하는데, 이때 평가 항목은 서류 전형과 연구 논문, 실적 등입니다.

CAREER MAP

미래 전망은?

당분간 언어학연구원의 고용은 다소 증가할 것으로 전망됩니다. 언어학은 가장 기본이 되는 학문이고, 대학 등의 연구 기관에서 기초 학문 연구의 중요성이 지속적으로 제기되고 있으며, 정부에서도 꾸준히 지원하고 있습니다. 기존에는 언어학 연구가 실용성이 떨어진다고 생각해 전공 관련 일자리를 찾기 어려웠으나, 최근에는 문화와 기술을 아우르는 지식 정보 개발을 목적으로 학문 분야 간 연구가 중요해지고 있고, 언어학을 중심으로 실용화가 활발히 이루어지면서 인공 지능을 기초로 하는 기술 개발이 활성화되고 있습니다. 그 대표적인 예가 번역 프로그램이나 인터넷 검색 엔진을 개발하는 데 언어학연구원이 참여한다는 것입니다.

이처럼 산업 구조의 변화에 따라 인문 과학 콘텐츠 수요가 증가하고 있고, 과학 기술 발전으로 인문학 기반 융복합 연구 개발 수요가 증가하고 있다는 것은 언어학연구원뿐만 아니라 전체 인문과학연구원의 일자리 증대에 기여할 것으로 보입니다.

을 할 경우 가장 많이 쓰는 표현들을 먼저 학습시키고, 외국어를 배우는 사람들의 언어를 수집하여 언어 학습에서 범하기 쉬운 오류를 발견하는 것은 외국어 교육에 큰 도움이 돼요.

코퍼스는 또한 문학, 역사 등 텍스트 기반의 전통적인 인문학에 새로운 방법론을 제시할 수 있으며, 신문 자료 코퍼스는 사회 변동 연구 등 사회 과학적 연구에도 활용될 수 있어요.

아울러 자연 언어 처리, 정보 검색, 기계어 번역 등 컴퓨터의 언어 처리에서 코퍼스에 기반한 정보가 점점 더 중요시되고 있어요. 오늘날 정보 사회에서 지식과 정보의 처리가 중요하게 되고, 그중에서도 언어 정보의 처리가 중요해진다고 볼 때, 그 기반이 되는 언어 자원, 즉 코퍼스의 구축과 활용의 중요성은 더욱 커질 거예요.

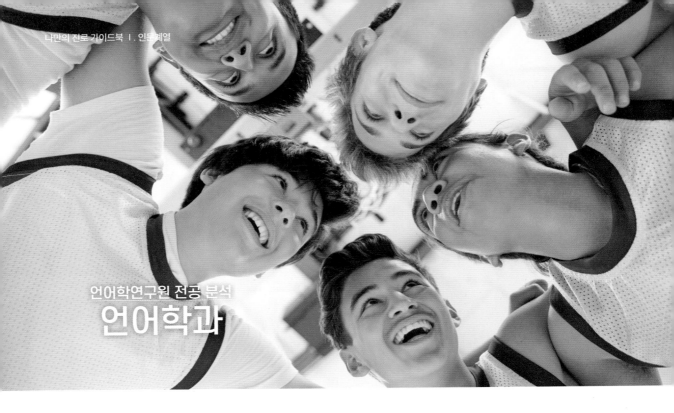

언어학연구원 전공 분석

언어학과

어떤 학과인가?

인간은 사회적 동물입니다. 사회는 사람들 사이의 관계로 이루어지고, 그 관계를 형성할 때 필수적인 것이 언어입니다. 사람들은 지식을 전달하거나, 무엇을 기억하거나, 자신을 표현하기 위해 언어를 사용합니다. 언어는 사람과 사람뿐만 아니라 문화와 문화, 시대와 시대를 연결해 주기도 합니다.

언어학은 이 강력하고 역사적인 도구인 언어와 그 언어로 일구어 낸 수많은 결실을 공부하는 학문입니다. 그렇다고 단순히 언어, 글자에 대한 학문만은 아닙니다. 각 나라에서 쓰는 언어들의 구조와 원리뿐만 아니라 인간이 지닌 가장 특별한 능력인 언어로 이루어질 수 있는 다양한 철학적·과학적·사회적 현상의 기원과 과정을 포괄적으로 연구하는 데 제일 좋은 학문입니다.

언어에 대한 탐구는 한국어, 영어, 독일어 등 개별 언어에 대한 탐구뿐만 아니라 개별 언어들을 아우르는 언어 보편적인 속성의 탐구를 포괄합니다. 따라서 언어에 대한 연구는 인간 본성에 대한 연구이며, 이러한 인간 본성에 대한 언어학적 연구는 인접 과학인 전산학(자연언어처리), 심리학, 철학(논리학), 뇌과학 등과의 활발한 연구를 통해 인간 정신이나 마음에 대한 본질을 규명하는 데 이바지하고 있습니다. 언어가 인간 생활에 필수 요소인 만큼 언어에 대한 이론적인 연구는 다양한 분야에 응용되고 있습니다. 언어학적인 지식은 자동 번역 및 통역 시스템, 정보 검색 시스템, 문서 낭독 시스템, 음성 타자 시스템, 철자 교정기, 음성 대화 시스템, 문서 자동 요약 시스템, 문서 인식 시스템 등을 운용하는 데 매우 중요합니다. 나아가서 언어학은 언어 치료나 광고 카피, 브랜드 네이밍 등 다양한 언어 관련 전문 분야에도 응용되고 있습니다.

교육 목표와 교육 내용은?

언어학과는 언어의 여러 측면, 즉 음성학, 음운론, 형태론, 통사론, 의미론 및 화용론 등에 대한 체계적인 연구를 통해 언어의 본질을 탐구하고, 이를 응용하여 지식 정보 사회에 필요한 인재를 길러내는 데 교육 목표를 두고 있습니다.

» 언어의 본질을 탐구하고 응용하는 능력을 지닌 인재를 양성합니다.
» 지식 정보 사회에 적합한 핵심 능력을 지닌 인재를 양성합니다.
» 개별 언어를 아우르고, 나아가 언어의 보편적인 속성을 탐구하는 능력을 지닌 인재를 양성합니다.
» 인간의 정신과 마음에 대한 본질 구명에 이바지하는 인재를 양성합니다.
» 언어학적인 지식을 다양한 시스템으로 처리할 수 있는 역량을 지닌 인재를 양성합니다.

언어학과

주요 교육 목표

- 언어의 본질을 탐구하는 인재 양성
- 언어의 보편적인 속성을 탐구하는 인재 양성
- 개별 언어의 본질을 탐구하는 인재 양성
- 인접 과학과의 연구를 주도하는 인재 양성
- 인간의 정신과 마음에 대한 본질을 구명하는 인재 양성
- 글로벌 감각과 소통 능력을 지닌 인재 양성

학과에 적합한 인재상은?

언어학은 '인간이란 무엇인가?'에 답하고자 하는 인문학 분야로, 기본적으로 인간에 대한 관심과 국어, 외국어 등에 흥미가 있어야 합니다. 언어학을 전공하면 다양한 언어의 특성과 구조를 공부하므로 기본적으로 언어 감각이 필요하고, 언어 구조를 과학적으로 분석해야 하므로 논리적 사고력 및 분석력이 필요합니다.

평소 문장을 끊어 읽거나 쪼개 읽는 습관이 있거나, 책을 읽으면 시간 가는 줄 모르는 사람에게 적합합니다. 또한 사람마다 다른 말투와 억양, 사투리가 신기했던 사람, 각 나라의 표현법이 우리나라와 다른 것에 호기심을 지녔던 사람, 휴대 전화의 음성 인식과 컴퓨터 자동 번역 기능의 작동 원리가 궁금했던 사람은 언어학을 전공하는 데 적합한 흥미를 지녔다고 할 수 있습니다.

다양한 언어의 공통점과 차이점을 원리적으로 이해하려는 열정이 있고, 언어학의 응용 분야인 심리언어학, 언어 습득, 컴퓨터언어학, 언어병리학 등에 대한 관심을 가진 사람이라면 더욱 적합합니다.

관련 학과는?

언어학과, 언어정보학과, 언어인지과학과, 언어치료학과, 언어치료청각학과, 언어청각치료학과, 언어치료예술치료학과, 언어치료심리학과, 한문학과, 언어학부, 언어청각학부, 재활치료학부(언어치료학전공/심리재활학전공), 언어심리치료학부, 글로벌어학부, 국제문학부, *언어치료학전공,* 청각학전공, 언어병리학전공 등

관련 기관은?

언어연구교육원, 국립국어원, 한국언어학회, 경제인문사회연구회, 한국언어청각임상학회, 한국언어치료학회 등

취득 가능 자격증은?

- **언어지도사**
- **언어상담심리지도사**
- 언어발달지도사
- 언어재활지도사
- 언어상호작용지도사
- 논술지도사
- 독서지도사 등

추천 도서는?

- 촘스키의 통사구조
  (알마, 노암 촘스키, 장영준 역)
- 러시아 언어문화
  (한국문화사, 정정원)
- 언어의 아이들
  (사이언스북스, 조지은 외)
- 문형과 함께 하는 스페인어
  (한국외국어대학교출판부, 민선재)
- 한중일 언어를 통해 본 삼국의 사회와 문화
  (한국문화사, 연세대언어정보연구원)
- 일본어학의 이해
  (어문학사, 천호재)
- 말하기 지도와 말하기 연구의 방법
  (글로벌콘텐츠, 레베카 휴즈, 최숙기 외 역)
- 언어와 정신
  (열린책들, 허발)
- 구어체 및 언어문화 이해를 위한 기호 언어학
  (시간의 물레, 윤성노)
- 언어의 역사
  (한울아카데미, 토르 얀손, 김형엽 역)
- 정원사를 위한 라틴어 수업
  (궁리, 리처드 버드, 이선 역)
- 재미있는 한국어의 미학
  (형설출판사, 이규항)
- 사고와 언어
  (교육과학사, L. S. 비고츠키, 윤초희 역)
- 한국어의 말소리
  (박이정, 신지영)
- 이중언어 아이들의 도전
  (구름서재, 바바라 A. 바우어, 박찬규 역)

학과 주요 교과목은?

기초 과목	일반언어학, 음성학, 의미론, 기호학, 음운론, 통사론, 언어학사, 도구로서의 컴퓨터, 세계의 언어, 언어와 첨단과학, 언어자료와 컴퓨터, 언어와 컴퓨터, 언어와 논리, 전공외국어, 고급영어, 제2외국어 등
심화 과목	화용론, 형태론, 문법론, 언어습득, 언어유형론, 시각기호학, 문자학, 언어병리학, 언어학과 인류학, 역사비교언어학, 언어학이론응용, 개별언어(인구어, 중동어 등), 언어와 미디어, 생성문법, 논증방식탐구, 언어학연습, 언어학강독, 인지기능문법, 담화분석, 광고언어학, 응용기호학, 사회언어학, 언어와 시각예술, 언어학특강 등

진출 직업은?

광고·홍보전문가, 언론인(기자, PD, 아나운서 등), 언어학연구원, *언어임상가*, *언어치료사*, 작가, 출판물기획자, 통역가, 번역가, 교육연구원, 교사, 정보검색전문가, 자연언어전산처리 프로그래머, 자서전편찬전문가, 잡지편집전문가, 리포터, 카피라이터, 브랜드전문가, 기업체·국책 연구소 연구원, 공무원, 사회조사분석가 등

졸업 후 진출 분야는?

기업체	광고 회사, 통역 회사, 시장 및 여론 조사 관련 회사, 음성 기술을 이용한 소프트웨어 개발 회사, 기계 번역이나 자동 인터넷 검색 등과 같은 정보 전산 처리 회사, 영어 학습 프로그램 개발 회사, 한국어 학습 프로그램 개발 회사, 언론사, 출판사, 은행, 증권, 보험사 등
공공 기관 및 연구 기관	언어연구교육원, 국립국어원, 국공립 및 민간 언어 연구소 등
기타	사설 언어 연구소, 국내외 언어 교육원, 언어 기술 벤처 기업 창업, 음성 인식 합성 기업 창업 등

전공 관련 선택 과목은?

※ 필수 선택 과목: 선택 과목 중 수능 필수 지정 과목

공통 과목			국어, 수학, 영어, 한국사, 통합사회, 통합과학, 과학탐구실험
필수 선택 과목			독서, 문학, 수학Ⅰ, 수학Ⅱ, 영어Ⅰ, 영어Ⅱ, 성공적인직업생활(특성화 고등학교만 해당)
일반 선택 과목	기초		화법과 작문, 언어와 매체
	탐구		세계지리, 생활과 윤리, 윤리와 사상, 사회·문화
	체육·예술		
	생활·교양		정보, 제2외국어Ⅰ, 한문Ⅰ, 논술, 논리학, 심리학
진로 선택 과목	기초		심화 국어, 실용 국어, 고전 읽기, 영미 문학 읽기
	탐구		고전과 윤리, 사회문제 탐구
	체육·예술		
	생활·교양		제2외국어Ⅱ, 한문Ⅱ

학교생활기록부 관리는?

	출결 사항	• 출결 사항에 미인정(무단) 출결 사항이 없도록 관리해요. 미인정(무단) 기록이 있으면 인성 및 성실성 영역 등에서 부정적 평가를 받을 가능성이 높아요.
	수상 경력	• 교내 백일장, 토론 대회, 소논문 쓰기 대회 등에서의 수상은 전공 적합성 점수에서 높은 평가를 받을 수 있어요. • 단순한 수상 실적 개수와 등위보다는 세부 능력 및 특기 사항을 수업 활동과 연계하여 수상의 의미와 가치를 평가해요.
	자율 활동	• 국어, 영어, 제2외국어, 사회, 과학 등과 관련한 다양한 교내외 활동을 통해 창의적이고 개성적인 사고력이 드러나도록 하세요. • 언어 분야에 대한 관심과 흥미를 바탕으로 인성, 나눔과 배려, 협동심, 창의력, 의사 결정 능력, 리더십 등이 드러나도록 하세요.
	동아리 활동	• 토론반, 우리말 가꾸기반, 언어 연구반, 신조어 연구반, 제2외국어반 등 관련 동아리 활동에 참여하여 자신이 가지고 있는 언어적 우수성이 입증될 수 있도록 하세요. • 동아리 활동을 지속적으로 하면서 의미 있는 성과를 내기 위해 자신이 한 역할과 동아리 활동으로 변화된 자신의 모습, 전공과 관련된 자기 계발 경험 등이 드러나도록 하세요.
	봉사 활동	• 교내외에서 다문화 가정의 친구들이나 장애인 친구들 등 언어 활동에 어려움을 느끼는 친구들을 돕거나, 제2외국어를 가르치는 등 자신의 언어 능력을 나누어 줄 수 있는 활동을 하세요. • 봉사의 양보다는 자발성과 지속성이 드러나는 것이 중요해요. 상대방을 배려하는 태도와 진정성이 드러나도록 하세요.
	진로 활동	• 언어치료사, 아나운서, 언어연구원 등 관련 직업에 대한 정보 탐색 및 체험 활동을 권장해요. • 언어 연구소, 국립국어원, 방송국 등 관련 기관의 체험 활동을 권장해요. • 자율 동아리 활동이나 방과 후 활동 등을 통해 전공과 관련된 활동을 하면 진로 역량을 높게 평가받을 수 있어요.
	교과 세부 능력 및 특기 사항	• 언어와 관련이 있는 국어, 영어 등에서 우수한 학업 성취를 올릴 수 있도록 하고, 관련 수업에서 자기 주도성, 문제 해결 능력, 창의력, 발전 가능성 등의 역량이 발휘될 수 있도록 수업에 적극 참여하세요. • 수업과 과제 수행 과정에서 주도적인 노력, 열의와 관심, 다양한 탐구 방법의 모색 등이 드러나도록 하세요.
	독서 활동	• 의미 없는 다독보다는 전공과 관련된 책을 정독하면서 책에서 가장 인상 깊었던 부분은 어디인지, 더 읽고 싶은 책은 없는지를 생각하는 적극적인 독서 활동을 하세요. • 너무 쉬운 책이나 고등학교 수준을 벗어난 책 읽기는 오히려 부정적인 평가를 받을 수 있어요.
	행동 발달 특성 및 종합 의견	• 창의력, 문제 해결 능력, 협업 능력, 자기 주도적 학습 능력 등이 드러날 수 있도록 해요. • 학교생활에서 자기 주도성, 경험의 다양성, 성실성, 나눔과 배려, 학업 태도와 학업 의지에 대한 장점이 기록되도록 관리해야 해요.

국문학자_국어국문학과

국문학자란?

현대사회는 다양한 스토리텔링과 문화 콘텐츠가 넘쳐나는 시대입니다. 영화나 드라마, 온라인 게임, 웹툰 등과 같은 콘텐츠는 재미있고 기발한 이야기를 만들어 내는 작가들의 상상력에 그 성패가 좌우된다고 할 수 있습니다. 우리는 이와 같이 창의적인 글쓰기 능력이 중요한 시대에 살고 있습니다.

국어국문학은 최근 세계적으로 각광받고 있는 '한국학'의 중심이라고 할 수 있습니다. 국문학자는 한국 문화와 정신사의 근간을 이루는 한국어 및 한국 문학 자료를 감상하고 분석하며, 언어 이론 및 문학 이론에 근거해 한국어와 한국 문학을 연구하고, 이를 토대로 새로운 문화를 창조하는 일을 합니다. 국어학, 고전문학, 현대문학, 어문교육 등 국어국문학의 모든 영역과 이들 사이의 내적인 소통은 물론, 인문학이나 사회과학, 자연과학과 공학 등과의 소통을 위해서도 연구합니다.

국문학자는 문자가 없었던 시대에 노래로 전해 내려오던 작품들, 한자로 기록되었거나 북한이나 연변, 일본, 미국 등에서 우리나라 사람이 우리의 정서를 표현했던 작품들, 작자 미상의 고전문학부터 현대문학에 이르기까지의 모든 작품들을 연구합니다. 또한 우리나라 사람이 일본어, 중국어, 러시아어, 영어 등으로 쓴 작품을 수집하고 분석하여 해당 국가의 문학 연구자들과 공동으로 연구하는 국문학자들도 있습니다.

일반적으로 국어국문학은 우리말의 문법과 언어학적 구조를 다루는 국어학과 한국 문학을 다루는 국문학으로 나눌 수 있습니다.

그런데 최근 사회가 급격하게 변화하면서 국어국문학의 체계도 많이 바뀌고 있습니다. 예를 들면, 한국어를 배우고 싶어 하는 외국인들이 많아지면서 여러 대학에서 '(외국인을 위한) 한국어교육' 전공이 생겼고, 국문과에서 문예창작학이나 문화콘텐츠학 관련 과목을 가르치기도 합니다. 이렇듯 요즘은 국어국문학이라는 학문의 범위가 굉장히 넓어져서, 새로운 매체 환경에서 나타나는 언어들, 예를 들면 인터넷 기반의 언어나 영상의 대본과 같은 것들도 국문학의 범위에 포함시켜 연구해야 할 과제들이라고 할 수 있습니다.

우리나라의 국가적 위상이 높아지고 있는 현 시점에서 미래의 국어국문학은 기존의 민족 학문이라는 위상을 넘어, 세계 속의 한국학을 지향하기 위한 필수 학문으로 자리 잡을 것입니다. 외국어로서의 한국어에 대한 수요 증대, 한국어문학에 대한 세계적 관심의 증가, 깊이와 폭을 점차 확장하고 있는 한류 현상 등을 감안할 때, 향후 국어국문학자가 할 수 있는 일과 해야 할 일은 점차 많아질 것으로 보입니다.

앞으로 국어국문학자는 다문화·세계화 시대에 한국어문학이 나아가야 할 방향과 세계로 확산될 수 있는 인문학적 방법을 연구해야 합니다. 또한 미디어의 발전에 따른 한국어문학의 연구 방향과 함께 4차 산업 혁명의 시대에 인간과 기계의 역할 분담과 공존을 위한 인문학적 가치관을 확립하는 것도 국문학자의 중요한 과제라고 할 수 있습니다.

JUMPUP

대학교수에 대해 알아볼까요?

대학교수는 대학에서 근무하며 연구하고 학생을 지도하는 사람이에요. 해당 분야의 전문성을 바탕으로 연구를 수행하며, 새로운 지식을 창출하고, 학생들의 전문적 역량을 향상시키는 역할을 하는 대학의 핵심 구성원이지요.

자신의 연구 분야에 대해 각종 학회, 세미나 등에 논문을 제출하고 발표하며, 전문 학술지에 논문을 투고하여 심사 과정을 거쳐 게재하거나 다른 교수 및 연구자의 논문을 심사해요.

교수는 자신의 전공 분야와 관련된 정부나 기업체의 정책 수립이나 사업 방향에 대해 조언하며, 평가를 위해 외부 회의에 참석하기도 해요.

대학교수 중에는 학교 보직으로 학과장, 단과대학장, 학생처장 등을 맡기도 하는데, 이때는 학교 운영과 관련된 각종 행정 업무를 수행해요 또한 신입생 유치 업무, 학생들의 취업 등을 지원하거나 진로 지도를 하기도 해요.

국문학자가 하는 일은?

국어국문학의 세부적인 전공 분야에 대해 꾸준하게 연구하고, 각종 학회, 세미나 등에 논문을 제출하고 발표합니다. 또한 국어국문학에 대한 전문가로서 정부나 기업체의 정책 수립에 조언하기도 하고, 외부 회의에 참여하기도 합니다. 또한 국어국문학을 연구함으로써 민족정신을 함양하여 세계 문화의 발전에 기여합니다.

» 우리말의 글과 문법, 외국어와 다른 구조 및 변천사 등을 연구합니다.
» 작자 미상의 고전문학에서부터 현대문학까지 다양한 문학 작품과 작가에 대해 연구합니다.
» 작가 및 작품 제작 경위, 작품의 주석에 대해 고증합니다.
» 연구 학회지 및 기타 연구 내용을 실은 도서를 간행합니다.
» 학술 발표 대회 및 학술 강연회에 참여하여 발표합니다.
» 한국어 및 한국 문학 자료를 감상하고 분석합니다.
» 언어 이론 및 문학 이론에 근거해 한국어와 한국 문학을 연구합니다.
» 우리 민족 구성원이 일본어, 중국어, 러시아어, 영어 등 다른 언어로 쓴 작품을 수집하고 분석합니다.
» 새로운 미디어 환경에서 나타나는 언어들, 즉 인터넷 기반의 언어나 영상의 대본을 연구합니다.
» 한국어와 한국어문학의 연구와 교육에 학문적 기틀을 마련합니다.
» 세계화 시대에 걸맞은 한국어와 한국 문학의 위상을 정립합니다.
» 학술회의를 개최하고, 학술지를 만들어 국어국문학의 연구가 지속되도록 돕습니다.

JUMPUP

시인에 대해 알아볼까요?

시인은 자연, 인생 등 여러 현상에 대한 인간의 사상과 감정을 운율이 있는 언어로 표현하는 사람이에요. 글을 쓰기 위해서는 일단 주제를 정하고, 그 주제를 가장 효과적으로 나타낼 수 있는 소재들을 찾은 후, 적절하게 구성하여 예술적인 표현으로 형상화해요.

시인은 세상의 여러 가지 현상을 자신의 주관적이고 독특한 시각으로 관찰하여 시적 어구로 정리해요. 다양하고 현실성 있는 소재를 발굴하기 위해 취재를 하거나, 다양한 사람들을 만나 정보를 수집하여 창작에 반영해요. 선택된 주제에 대한 여러 현상을 작가의 주관적인 시각을 통해 재조명하고 정리하여 한 편의 시를 창작해요.

시인이 되기 위해서는 인간과 사물에 대한 세밀한 관찰력과 호기심, 문장력과 언어 감각, 창의력이 필요해요. 항상 새로운 아이디어를 생산해야 하기 때문에 스트레스도 많아요. 시인이 되는 데 학력의 제한은 없지만, 전문 대학이나 대학의 문예창작학, 국문학 관련 학과를 졸업하는 것이 도움이 돼요.

국문학자
커리어맵

능력 및 흥미
- 상상력
- 창의력
- 글쓰기 능력
- 읽기 능력
- 자기 통제력
- 인내심
- 의사소통 능력

관련기관
- 국립국어원 www.korean.go.kr
- 한국언어연구학회 www.jkals.or.kr
- 한국어교육학회 www.koredu.org

준비방법
- 국어 및 한문 교과 역량 키우기
- 문예반, 도서반 등 국어 관련 동아리 활동
- 문예, 국어 분야 교내외 대회 참가
- 국립국어원, 출판사나 학과 탐방 활동
- 국문학자, 시인 등 직업 체험 활동

흥미유형
- 관습형
- 탐구형

관련과목
- 국어
- 문학
- 한국사
- 한문

국문학자

관련교과
- 국어국문학과
- 국어교육과
- 문예창작학과

관련자격
- 한자 자격증
- 독서 및 논술지도사
- 문화해설가
- 관광가이드 자격증

관련직업
- 중고등학교 국어교사
- 한국어교사
- 시인
- 비평가
- 소설가
- 문화해설가

적성과 흥미는?

국문학자는 무엇보다 언어와 문학에 관심과 소질이 있어야 합니다. 언어와 문학은 사회적 환경에 영향을 받기 때문에 사회 변화를 읽을 줄 안다면 더욱 좋습니다. 평소에 우리나라 문학이나 외국 문학을 즐겨 읽고 영화나 연극 등 문학예술 장르를 감상하는 것을 즐긴다면 문학 작품을 이해하고, 창작하는 데 도움이 됩니다.

무한한 상상력과 창의력, 글쓰기, 읽기에 대한 흥미도 필요하고, 국문학을 연구하기는 하지만 언어와 문학이라는 공통의 주제에 대해 공부하므로 외국어와 외국문학 작품에 대한 기본적인 이해도 필요합니다.

국문학자는 본인의 관심 분야에 대해 깊이 있게 연구하고 탐구해야 하기 때문에 기본적으로 학습을 좋아하고, 다른 사람들과 의사소통하는 능력도 매우 필요합니다.

탐구형, 관습형의 흥미를 지닌 사람에게 적합합니다.

관련 학과 및 자격증은?

▶ 관련 학과: **국어국문학과**, **국어교육과**, 문예창작학과 등
▶ 관련 자격증: **한국어능력검정시험자격증**, **한자 자격증**, 독서지
도사, 논술지도사, 문화해설가, 관광가이드 자격증 등

관련 직업은?

국어교사, 한국어교사, 한문교사, **국문학연구원**, 언론계 종사자, 출판계 종사자, 시인, 비평가, 소설가, 문화해설가 등

진출 방법은?

세계적으로 한국 문화에 대한 관심이 커지면서, 한국어와 한국 문학을 교육할 전문가에 대한 수요도 높아지고 있습니다. 이를 위해 한국어와 한국 문학을 연구하고 발전시킬 국문학자가 되기 위해서는 국어국문학과나 국어교육과에서 우리 문학과 언어를 전공하고, 대학원에 진학하여 석사나 박사 과정을 거쳐야 합니다. 이후 대학이나 연구 기관 등에서 국문학 조교나 보조 연구원 등으로 일정 기간 일을 한 후에 교수나 연구원, 즉 국문학자의 길을 걷게 됩니다. 그 기간은 본인의 능력과 노력에 따라 다르겠지만 일반적으로 10여 년 정도가 걸립니다. 국문학자가 되려는 확고한 의지가 없이는 긴 시간 동안 학문에 몰두하며 자신의 관심 분야를 연구하는 것은 힘든 일입니다. 한국의 문학에 자부심을 가지고 항상 연구하는 자세로 최선을 다할 때 국문학자라는 직업에 만족할 수 있습니다.

미래 전망은?

최근 한류가 세계 각국에 퍼지면서 한국어와 한국 문화에 대한 인기가 높아지고 있습니다. 각종 영화나 드라마, 그리고 BTS를 비롯한 아이돌의 인기는 아시아뿐만 아니라 유럽, 미국, 중남미 등에서도 열풍을 일으키며 한국이 문화의 중심을 이루게 되었습니다. 인터넷 스토리텔링과 다양한 문화 콘텐츠에서도 알 수 있듯이 현대는 창의적인 글쓰기와 인문학적 교양이 중요시되는 시대입니다. 이런 현상으로 인해 한국어와 한국 문학을 연구하고 널리 알리는 국문학자의 역할은 더욱 중요해지고 있으며, 그 전망도 밝다고 할 수 있습니다.

요즘은 문자로 기록된 책뿐만 아니라 다양한 매체에서 나타나는 인터넷 기반 언어나 영상의 대본도 한국 문학에 포함시킬 만큼 한국 문학의 영역은 넓어지고 있습니다. 따라서 앞으로 국문학자들은 문학 비평, 창작, 고전문학, 한문학, 국어 문법 등 국어국문학의 전통적인 영역은 물론, 외국어로서의 한국 문학, 영화문학, 글쓰기, 사회언어학 등의 새로운 영역에 대한 개척도 지속적으로 해야 합니다. 그래서 민족적 정체성을 함양하고, 국어국문학의 세계화를 실현하는 것이 과제입니다.

국문학자는 우리나라의 문자가 있는 한 계속 존재할 직업이지만, 학자로서 자신의 위치를 정립하는 것은 순전히 자신의 의지에 달렸다고 해도 과언이 아닙니다. 국문학자로 확고하게 자리 잡기 위해서는 우리나라의 언어와 문학을 깊이 있게 연구하여 올바른 한국 문학의 전통을 확립하고, 세계화를 지향한다는 목표로 꾸준하게 학문에 정진해야 합니다.

CAREER MAP

국문학자 전공 분석
국어국문학과

어떤 학과인가?

우리가 매일 접하는 모국어와 문학은 모든 학문의 기초라 할 수 있습니다. 따라서 국어국문학과는 한국의 모든 학과를 이끈다고 해도 과언이 아닙니다.

또한 민족의 삶이 국어와 함께 이루어지고, 그 삶의 자취와 정신과 향기가 우리 문학 작품 속에 담겨 있으므로 국어국문학은 한국 인문학의 핵심이 된다고 할 수 있습니다. 국어국문학과에서는 우리말과 우리말로 된 문화유산을 연구하여 민족 문화를 창조적으로 계승하고 발전시키는 것을 교육 목표로 하며, 한국 문학을 세계적 수준으로 끌어올릴 수 있는 인재를 양성합니다. 이를 위해 국어국문학과에서는 국어학, 국문학 등을 체계적으로 학습하고 탐구하며, 글쓰기에 대해서도 학습합니다. 또한 국어의 구조와 역사를 밝혀내는 한편, 지난 시대와 이 시대의 문학을 그 시대정신과 사회 배경 속에서 이해하고 그 가치를 탐구합니다.

국어국문학과에서는 국어학, 고전문학, 현대문학에 입문하기 위한 학문적 기초를 닦게 되는데, 이것은 다른 분야로 진출하는 데에 발판이 될 것입니다.

교육 목표와 교육 내용은?

국어국문학과는 우리말과 우리 문학을 연구하여 민족 문화를 창조적으로 계승하고 발전시키는 것을 목표로 하는 학과입니다. 이를 위해 국어의 구조와 역사를 밝혀내는 한편, 지난 시대와 이 시대의 문학을 그 시대정신과 사회 배경 속에서 이해하고 그 가치를 탐구합니다.

» 우리말, 우리 문학에 대한 깊이 있는 교육을 통해 민족적 정체성을 지닌 인재를 양성합니다.
» 고전문학, 현대문학, 국어학의 교육 방법을 모색하여 특징, 발달 과정 등을 연구할 수 있는 인재를 양성합니다.
» 외국어 문학과의 비교 연구를 통해 한국 문학의 특징을 밝혀내고, 한국 문학의 위상을 높일 인재를 양성합니다.
» 다양한 장르의 문학 창작 연습을 통해 문학 작품 창작 능력을 지닌 인재를 양성합니다.
» 언어 이론 및 문학 이론에 근거해 한국어와 한국 문학을 분석하고 탐구하는 인재를 양성합니다.
» 깊이와 폭을 확장하고 있는 한류 현상 등을 감안할 때, 세계 속의 한국학의 위치를 실현할 수 있는 인재를 양성합니다.

주요 교육 목표

- 한국 문학에 대한 소양을 갖춘 인재 양성
- 문학 작품을 창작하는 능력을 지닌 인재 양성
- 한국 문학 자료를 감상하고 분석할 수 있는 인재 양성
- 언어 이론과 문학 이론을 분석·탐구하는 인재 양성
- 열정과 의지로 새로운 문화를 창조하는 인재 양성
- 세계 속에서 한국 문학의 위치를 정립하는 인재 양성

학과에 적합한 인재상은?

최근 한류가 세계 각국에 전파되면서 한국 문화와 깊은 관련이 있는 국어국문학의 역할이 중요해지고 있습니다. 또, '스토리텔링'과 '문화 콘텐츠'의 열풍에서 알 수 있듯이 우리는 창의적 글쓰기가 중요한 시대에 살고 있습니다.

국어국문학과는 외래어의 범람 속에서 오염되고 있는 우리말을 지키고 싶거나 한국 문학 속에서 재미있는 이야기를 찾아 영화나 드라마로 만들고 싶은 사람이 전공한다면 흥미 있게 공부할 수 있습니다.

고등학교에서 배우는 국어 관련 과목들을 즐겨 공부했거나 책 읽는 것을 좋아하고, 우리 문화와 예술에 관심과 흥미가 있는 사람에게도 적합합니다. 또한 국어학에 대해 배우므로 언어적 구조를 공부할 수 있는 기본적인 언어 감각과 논리적 사고력, 분석력, 문학 작품을 비평적으로 읽고 분석하는 능력이 있으면 좋습니다.

평소 연극, 영화, 미술, 광고 등 다양한 문화 예술 장르에 흥미를 가지고 상상력과 창의력을 키우는 데 노력하고, 꾸준히 글쓰기와 읽기를 한다면 국어국문학도로서의 자질이 충분합니다.

학교 문예반이나 신문반, 교지 편집부 등의 동아리 활동을 통해 여러 가지 경험을 할 것을 권장합니다.

관련 학과는?

국어국문창작학과, **미디어문학과**, 서사창작과, 문학영상학과, 글로벌한국학과, **국어국문학부**, **국어국문창작학부**, 국어국문문예창작학부, **국어국문학전공**, 미디어문학전공, 한국어문화전공, 글로벌한국학전공, KFL전공 등

취득 가능 자격증은?

- ***중등학교 2급 정교사***
- ***한국어능력검정시험 자격증***
- 논술지도사
- 독서지도사
- 작문실기지도사
- 국어인증능력시험 등

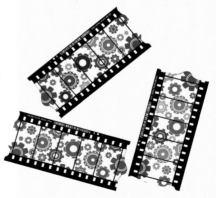

추천 도서는?

- 쉽게 읽는 한국어학의 이해
  (지식과 교양, 신지영 외)
- 한국 문학통사1
  (지식산업사, 조동일)
- 한국어의 말소리
  (박이정, 신지영)
- 한국 고전문학의 비평적 이해
  (서울대학교출판부, 김병국)
- 한국구비문학의 이해
  (월인, 강등학 외)
- 온라인게임 스토리텔링의 서사시학
  (글누림, 이용욱)
- 우리말 문법론
  (집문당, 고영근 외)
- 우리 고전문학을 찾아서
  (고려대학교민족문화연구원, 고미숙 외)
- 서사문학의 이해
  (고려대학교출판부, 오탁번)
- 우리연극 100년
  (현암사, 서연호)
- 재미있는 한국어의 미학
  (형설출판사, 이규항)
- 한국고전명시 100선 감상
  (계명대학교출판부, 안병렬)
- 조선시대 책과 지식의 역사
  (천년의상상, 강명관)
- 한국의 고전을 읽는다
  (휴머니스트, 권성우 외)
- 시란 무엇인가
  (민음사, 유종호)

학과 주요 교과목은?

기초 과목	한국어연구입문, 한국문학연구입문, 한국어문법론, 한국문학과 한국사회, 한국현대시론, 한국현대소설론, 한국현대희곡론, 한국영상문학론, 한국고전시가강독, 한국고전산문강독 등
심화 과목	한국어의 역사, 한국어어휘론, 한국어음운론, 한국한문학론, 한국고전문학사, 한국고전시가론, 한국현대작가론, 한국현대문학사, 한국현대시인론, 한국어방언학, 한국어정보의 전산처리, 한국어학사, 한국구비문학론, 한국현대문학비평, 한국고전소설론, 한국어의 미래, 세계속의 한국문학, 한국비교문학론 등

진출 직업은?

광고·홍보전문가, **구성작가**, **극작가**, **기자**, 네이미스트, 독서지도사, 방송기자, 방송연출가, 방송작가, 사서, **소설가**, **시인**, 스크립터, 아나운서, 애니메이션작가, 국어교사, **대학교수**, 통역가, 번역가, **국문학자**, **카피라이터**, 작사가, 영화시나리오작가, 게임시나리오작가, 평론가, 출판기획자, 기업홍보전문가, 한국어교육자 등

졸업 후 진출 분야는?

일반 기업	출판사, 신문사, 잡지사, 방송국, 광고 기획사, 광고 대행사, 기업의 일반 사무직 등
공공 기관	국립국어원, 국립중앙박물관, 국립민속박물관, 한국언어연구학회, 한국방언학회, 한국어교육학회, 한국문화예술위원회, 언어·민족 문화 관련 국가연구소 및 민간 연구소, 중앙 정부 및 지방 자치 단체 공무원, 대학교, 중고등학교, 교육직 공무원 등
기타	출판사 경영, 사설 학원, 다문화 교육 업계 종사, 대학원 진학, 개인 사업 등

전공 관련 선택 과목은?

※ 필수 선택 과목: 선택 과목 중 수능 필수 지정 과목

공통 과목		국어, 수학, 영어, 한국사, 통합사회, 통합과학, 과학탐구실험
필수 선택 과목		독서, 문학, 수학Ⅰ, 수학Ⅱ, 영어Ⅰ, 영어Ⅱ, 성공적인직업생활(특성화 고등학교만 해당)
일반 선택 과목	기초	화법과 작문, 언어와 매체
	탐구	세계지리, 한국지리, 동아시아사, 윤리와 사상, 생활과 윤리
	체육·예술	
	생활·교양	제2외국어Ⅰ, 한문Ⅰ, 논술, 논리학, 심리학, 철학
진로 선택 과목	기초	심화 국어, 실용 국어, 고전 읽기, 영미 문학 읽기
	탐구	고전과 윤리, 여행지리, 사회문제 탐구, 과학사
	체육·예술	
	생활·교양	제2외국어Ⅱ, 한문Ⅱ

학교생활기록부 관리는?

출결 사항	• 출결은 학생으로서 당연히 해야 하는 의무를 책임감 있게 수행하고 있는가를 알아볼 수 있는 중요한 자료예요. 미인정(무단) 출결 사항이 있으면 인성 및 성실성 영역에서 부정적인 평가를 받을 수 있어요.
수상 경력	• 교내 백일장, 글쓰기 대회나 토론 경시 대회 등의 수상은 전공 적합성 점수에서 높은 평가를 받을 수 있어요. • 단순한 수상 실적 개수와 등위보다는 세부 능력 및 특기 사항 수업 활동과 연계하여 수상의 의미와 가치를 평가해요.
자율 활동	• 국어와 관련한 다양한 교내외 활동을 통해 주도적이고 창의적인 사고력이 드러나도록 하세요. • 국어 분야에 대한 관심과 흥미를 바탕으로 협업 능력, 나눔과 배려, 소통 능력, 창의력, 경험의 다양성, 리더십 등이 드러나도록 하세요.
동아리 활동	• 교내 문예부, 도서반, 독서 토론반 등 국어 관련 동아리 활동에 참여하여 자신이 가지고 있는 전공 적합성이 입증될 수 있도록 하세요. • 동아리 활동을 하면서 의미 있는 역할을 수행한 경험과 구성원의 화합을 이끈 구체적인 경험을 제시하면 좋은 평가를 받을 수 있어요.
봉사 활동	• 교내외에서 나눔과 배려가 드러날 수 있는 봉사 활동(한글지킴이 활동 등)에 꾸준하게 참여하세요.
진로 활동	• 카피라이터, 시인, 작가 등의 직업 정보 탐색 활동을 권장해요. • 출판사, 광고 회사나 국어 관련 학과 체험 활동이 무척 중요해요. • 각종 글쓰기 대회, 토론 대회, 표어 공모전 등에 참여하여 자신의 진로 역량이 나타날 수 있도록 하세요.
교과 세부 능력 및 특기 사항	• 학교 수업과 과제 수행 과정에서 학업에 대한 열의와 관심, 스스로 탐구하고 노력하려는 열정, 높은 성취 수준, 문제 해결을 위한 다양한 방법이 드러날 수 있도록 하세요. • 수업 과정에서 토론과 탐구, 과제 연구 활동 등에 적극적으로 참여하여 관심 분야에 대한 지적 호기심이 나타나는 것이 중요해요.
독서 활동	• 문학, 철학, 심리학 등의 책을 다양하게 읽되, 의미 없는 피상적인 다독은 피하세요. • 전공과 관련된 책을 정독하여 자신의 진로 계획에 대해 성찰하는 시간을 가져 보세요.
행동 발달 특성 및 종합 의견	• 학업 역량, 발전 가능성, 협업 능력, 전공 적합성, 자기 주도성, 경험의 다양성 등이 잘 드러날 수 있도록 해요. • 학교생활에서 타인에 대한 배려, 도덕성, 창의력, 학업 태도와 학업 의지에 대한 장점이 기록되도록 관리해야 해요.

방송작가 _문예창작학과

방송작가란?

우리는 일상에서 수많은 작가들과 만나고 있습니다. 소설작가, 드라마작가, 코미디작가, 시나리오작가 등 여러 가지 이야기를 만드는 작가들이 없다면 우리가 사는 세상은 무미건조할 수도 있습니다. 작가들은 우리가 직접 경험하지 않은 세상을 우리에게 알려주고, 보여 주면서 간접 체험을 하게 하는 언어의 마술사라고 할 수 있습니다.

일반적으로 방송작가는 방송 프로그램의 대본을 쓰는 사람을 말합니다. 방송작가는 주말극이나 일일극, 미니시리즈 등의 극본을 쓰는 드라마작가, 쇼·코미디·연예 프로그램 등의 원고를 작성하는 예능작가, 교양·시사·다큐멘터리 프로그램의 제작을 담당하는 구성작가, 외화 번역을 전문으로 하는 번역작가 등으로 구분됩니다.

경력이 없는 드라마작가의 경우에는 공모전을 통해 작가로 데뷔하고, 작품 활동을 한 경험이 있다면 기획안을 작성한 후 프로듀서와 협의하여 스토리와 편성을 확정한 뒤 대본 작업에 들어갑니다.

예능작가는 예능 프로그램을 진행하기 위해 아이템을 분석하고 시대적인 요구와 자신의 취향을 조합하여 포맷을 구성하고, 출연진 및 제작진과 협의하여 대본을 작성합니다. 또한 아이디어를 내 재미를 주는 상황을 만들기도 하고, 새로운 꼭지를 만들기도 합니다.

시사나 다큐 혹은 스튜디오에서 촬영하는 교양 프로그램의 작가에게는 대본을 쓰는 일 외에 '구성'이라는 일이 추가되어 구성작가라고 부릅니다. 여기서 구성이란 취재된 영상물을 어떤 순서로, 어떤 내용을 강조하면서 배열할 것인지를 결정하는 일로, 스튜디오에서 촬영하는 경우에는 출연자를 어떤 순서로 배열하고, 취재물과 어떻게 연결할지를 결정합니다. 구성은 연출의 중요한 부분이기 때문에 프로그램에 따라 혹은 연출자에 따라 구성작가의 역할이 다양해질 수 있습니다.

다큐 프로그램의 작가는 기획안 작성과 자료 조사, 프리뷰 노트(촬영된 영상, 현장음, 멘트를 모두 적어 놓은 것) 작성, 촬영 내용 구성 후 프로듀서 편집 및 성우 내레이션 순서로 작업을 합니다.

번역작가는 국내 다큐멘터리나 시사 프로그램의 내용과 관련된 해외의 취재 내용이 있을 때, 이를 번역하는 일을 합니다. 또는 새로운 해외 프로그램이 출시되었거나 해외 작품이 국내에 수입된 경우에도 자막이나 더빙 대본을 번역하는 작업을 합니다. 번역작가가 어떻게 번역하느냐에 따라 아주 작은 어감의 차이라고 하더라도 전체적인 흐름이나 느낌을 한 순간에 바꿀 수 있습니다. 그렇기 때문에 번역작가는 단순히 언어의 뜻만이 아니라 본질적인 의미를 살리면서 글을 재창조하는 작업을 한다고 할 수 있습니다.

일반적으로 드라마작가는 드라마의 대본만을 집필하면 되지만, 구성작가들은 주제를 선정하여 내용을 구성하고, 그에 맞는 취재원을 찾고, 촬영의 틀을 짜고, 편집 구성을 하며, 대본을 쓰는 일을 모두 해야 합니다. 때로는 PD와 함께 밤을 새면서 며칠씩 편집을 하기도 합니다. 편집기를 잡고 있는 것이 PD라면, 작가는 그 옆에서 필요한 영상 테이프를 찾아주고, 다음에 붙일 컷에 대해 의견을 내거나 때로는 구성을 바꾸기도 합니다.

드라마작가를 제외한 방송작가는 방송 스케줄에 따라 제작진과의 회의를 위해 방송사 내부의 작가실에서 작업을 하는 경우가 많습니다. 또한 작품에 필요한 자료 수집을 위해 도서관이나 다양한 곳을 다니며 많은 사람을 만납니다.

한국방송작가협회 등에 따르면 현업에 종사하는 작가 중에서 90%가 여성이라고 합니다. 방송작가는 대부분 프리랜서로 일하기 때문에 고정적인 수입은 없지만 인지도가 올라가면 높은 원고료를 받을 수 있습니다. 작가는 언제나 새로운 작품을 발표해야 한다는 부담감으로 스트레스가 많은 편인데, 특히 방송작가들은 시청률이나 청취율을 높여야 한다는 정신적 압박을 받는 경우도 많습니다.

방송작가가 하는 일은?

방송작가는 주로 프로그램의 대본이나 원고를 작성하고, 프로듀서와 합의하여 방송 주제를 선정하며, 방송 출연진을 섭외하는 일을 합니다.

[드라마작가]

» 작품을 통해 전달하고자 하는 주제 및 소재를 설정합니다.

» 문헌 조사나 인터뷰 등의 자료 조사를 통해 주제 및 극의 초점을 구체적으로 다듬습니다.

» 인물, 사건, 환경을 구성하여 스토리를 창작하고, 플롯을 구성하며, 시퀀스로 나눠서 장면으로 세분화하여 대본을 완성합니다.

» 시놉시스(드라마의 제목, 주제, 기획 및 집필 의도, 등장인물, 줄거리를 요약한 드라마의 설계도)를 작성합니다.

» 미리 작성된 시놉시스를 드라마PD에게 제출하거나, 드라마PD로부터 집필 의뢰를 받기도 합니다.

» 드라마 촬영을 시작하면서 다음 회 대본을 작성하거나 여러 상황에 따라 대본을 수정하기도 합니다.

[예능작가]

» 텔레비전과 라디오의 쇼·코미디·연예 프로그램의 방송 내용 기획과 방향을 방송 PD(프로듀서)와 협의합니다.

» 원고 작성을 위해 자료를 수집하고 정리하여, 방송 주제를 제안·선정합니다.

» 수집한 자료를 기초로 프로그램의 성격에 맞춰 원고를 작성하고, 출연자를 섭외합니다.

» 방송 중에는 순조로운 진행을 위해 진행자를 돕고, 원고를 수정합니다.

» 담당하는 프로그램에 따라 코미디, 시트콤, 토크쇼, 퀴즈쇼, 가요쇼 등의 대본을 전문으로 작성합니다.

[구성작가]

» 교양·시사·다큐멘터리 프로그램의 기획 회의에 참여하여 프로그램 기획안(타이틀, 방송 시간, 형식, 방송 채널, 희망 방송 일시, 기획 의도, 제작 방향, 구성 내용, 예상 아이템)을 작성합니다.

» 취재 및 섭외를 통해 사실 관계를 확인하며, 어떤 영상을 찍을 수 있고 어떤 상황이 연출될 것인지 구상·확인합니다.

» 촬영 구성안을 토대로 촬영이 진행되면, 촬영된 내용을 프리뷰하고, 프리뷰 노트(촬영된 화면에서 영상과 현장음을 적은 노트)를 작성하여 내용을 검토하며, PD와 카메라 감독에게 제작 방향을 조언합니다.

» 완성된 영상을 보면서 내레이션 원고를 작성합니다.

[번역작가]

» 해외 드라마나 쇼 프로그램을 한국어로 번역합니다.

» 외국으로 수출되는 우리나라의 드라마나 쇼, 다큐멘터리 등의 프로그램을 영어로 번역합니다.

» 문장의 정확도는 물론, 앞뒤의 문맥, 캐릭터의 특성, 원본의 의미를 유지하면서 원고를 작성합니다.

» 자막이나 더빙의 경우, 글자 수나 시간의 제약이 생기면 최대한 원래의 의미를 잃지 않으면서 집약적으로 번역합니다.

방송작가
커리어맵

- 한국문인협회 www.ikwa.org
- 한국방송작가협회 www.ktrwa.or.kr

- 한국문화콘텐츠진흥원 www.kocca.kr
- 한국문화예술위원회 www.arko.or.kr

관련 정보처

관련기관

적성 및 흥미
- 언어 능력
- 외국어 능력
- 한문 능력
- 컴퓨터 활용 능력
- 의사소통 능력
- 배려심
- 서비스 정신
- 인내심
- 사회성

흥미유형
- 사회형
- 예술형

방송작가

관련학과
- 국어국문학과
- 문예창작과
- 방송연예과
- 언어학과
- 연극영화학과
- 역사학과
- 철학과

관련교과
- 국어
- 영어
- 사회
  - 사회·문화
- 기술·가정
- 한문
- 심리학

준비방법

관련직업

- 국어 및 외국어 교과 역량 키우기
- 방송 및 문예 관련 동아리 활동

- 문예, 글쓰기 분야 교내외 대회 참가
- 방송국이나 학과 탐방 활동
- 방송작가 직업 체험 활동

- 문학작가
- 드라마, 시나리오 작가
- 다큐작가

- 예능작가
- 방송연출가

적성과 흥미는?

방송작가는 인간과 사물에 대한 호기심과 세밀한 관찰력, 관찰한 것을 글로써 잘 표현할 수 있는 문장력과 언어 감각이 필요합니다. 한글을 정확히 알고 표현할 수 있는 국어 문법 능력과 논리적 사고력도 필요합니다. 특히 어휘력이 풍부해야 하므로 평소에 독서를 습관화하는 것이 중요합니다.

또한 기획력과 영상 감각도 필요합니다. 평소에 방송 소재 개발을 위해 역사적인 사건과 사회 현상, 유행에도 관심을 두는 것이 좋고, 다양한 문화와 장르에 흥미를 지니면 도움이 됩니다. 항상 새로운 아이디어를 생산해야 한다는 정신적 압박감을 견뎌 낼 수 있는 스트레스 감내력과 상황 대처 능력이 요구되며, 아이디어를 명확한 논리와 풍부한 감성으로 문장화할 수 있는 언어 능력이 필요합니다. 출연자, 방송연출가 등 많은 사람들과 접촉하면서 일을 하기 때문에 원만한 대인 관계 능력이 요구됩니다.

예술형, 사회형의 흥미를 가진 사람에게 적합합니다.

관련 학과 및 정보처는?

▶관련 학과: **국어·국문학과, 문예창작과, 방송·연예과,** 언어교육과, 언어학과, 역사·고고학과, 연극·영화학과, 철학·윤리학과 등
▶관련 정보처: (사)한국문인협회, (사)한국방송작가협회, 한국문화예술위원회 등

JUMPUP

출판물전문가에 대해 알아볼까요?

출판물전문가는 한 권의 책이 출판되기까지의 기획과 편집, 제작, 홍보와 마케팅 업무를 해요.

기획 면에서는 최근의 출판 경향 및 독자들이 원하는 내용과 시장의 상황을 조사하고 분석해요. 이후 출판사의 특징과 시장성, 차별성 등을 고려하여 세부 기획안을 작성해요. 기획이 끝나면 필자를 선정하거나 원고를 검토하면서 수정·보완하는 일을 해요. 편집과 제작 면에서는 책의 편집과 디자인의 방향, 편집과 제본, 인쇄 과정까지 모두를 책임지고 관리해요. 홍보와 마케팅 면에서는 마케팅 방향을 결정하고, 언론에 배포할 보도 자료와 광고 문안도 작성해요.

이처럼 출판물전문가는 책의 제작뿐 아니라 마케팅 영역에서도 전문가가 되어야 해요.

관련 직업은?

문학작가, 드라마작가, 시나리오작가, 구성작가, 다큐작가, 예능작가, 방송연출가 등

진출 방법은?

방송작가가 되기 위해서는 대학에서 국어국문학, 문예창작학, 연극영화학, 방송연출학 등을 전공하는 것이 도움이 됩니다. 관련 학과에 진학하면 다양한 작품과 작가를 분석하게 되고, 습작 훈련을 통해 문장력, 표현력 등을 기를 수 있습니다.

이외에도 방송 아카데미, 관련 협회 등 사설 학원에서 방송 대본 작성법을 교육받을 수 있고, 각종 문화 센터나 대학교 내의 평생 교육원 등에서 개설하는 작가 양성 과정을 통해 방송작가로서의 훈련을 받을 수도 있습니다. 방송작가는 방송사의 작가 공개 채용, 극본 공모전, 인맥, 혹은 방송작가 양성 교육 기관의 추천 등을 통해 일을 시작할 수 있고, 처음에는 보조 작가로 출발해 자료 수집, 섭외 등을 맡다가 경력이 쌓이면 메인 작가가 될 수 있습니다.

다만, 방송작가는 개인의 창의력이 바탕이 되어야 하는 직업이기 때문에 작가적 자질을 키워 나가고자 하는 노력이 중요합니다. 이를 위해 평소 독서와 사색, 글쓰기 연습을 하고, 다양한 경험을 쌓는 것이 필요합니다.

CAREER MAP

미래 전망은?

방송과 통신이 융합되면서 케이블 방송, 인터넷 방송, IPTV 등 다매체·다채널화로 방송 환경이 재편되면서 방송 시장이 확대되었습니다. 또한 지상파와 종합 편성 채널이 경쟁적 구조를 갖추면서 제작하는 방송 프로그램 수가 늘어나고 있고, 드라마와 예능 프로그램이 꾸준히 해외로 수출되는 점은 방송작가의 고용에 긍정적인 영향을 미치고 있습니다. 한국콘텐츠진흥원의 '2016 콘텐츠산업통계'에 따르면, 방송 산업의 매출액과 사업체 수, 종사자 수는 증감을 반복하다가 2015년에는 정체기를 벗어나 증가한 것으로 나타났습니다.

다만, 세계 경기 침체의 장기화에 따라 광고 매출에 영향을 많이 받는 방송 시장이 타격을 입고, 지상파 방송과 유선 방송의 매출이 다소 감소하는 점은 방송작가의 고용에 부정적인 영향을 미칠 것으로 보입니다. 또한 방송·영화·애니메이션 산업과 연계된 분야는 경기 변동에 따라 투자액 규모가 크게 달라지기 때문에 경기 불황이 지속되면 대중에 잘 알려진 작가들에게 방송 기회가 더 많이 주어지게 되는 실정입니다. 방송작가의 경우, 프로그램의 외주 제작이 늘어나면서 지상파 방송국과 같은 안정적인 직장에서 일할 기회는 줄어들고, 제작 기간에만 일하는 프리랜서 방송작가는 계속 늘어날 전망입니다. 따라서 신입 작가의 진입은 좀 더 어려워질 수 있고, 안정적인 일자리를 찾기 위해서는 더 치열한 경쟁을 치를 가능성이 높다고 할 수 있습니다. 이런 모든 것을 감안하더라도 당분간 방송작가의 일자리는 다소 늘어날 것으로 전망됩니다.

방송작가 전공 분석
문예창작학과

어떤 학과인가?

문학을 흔히 '언어로 이루어진 예술'이라고 표현합니다. 실제로 시와 소설은 언어를 통해 형식과 표현의 아름다움을 나타내는 예술입니다. 문예창작학과에서는 이와 같은 시와 소설을 창작하는 데 필요한 능력을 키워 한국 문단의 스타들을 배출하는 데 교육 목표를 두고 있습니다.

한국적 정체성에 기반하고, 문학을 다룬다는 점에서 국어국문학과와 비슷한 점도 있지만, 창의적인 문화 예술 활동에 집중한다는 점에서 다릅니다. 최근에는 시, 소설, 희곡과 같은 전통 순수 문학뿐만 아니라, TV 드라마, 사이버 문학, 만화 및 게임 스토리, 방송 구성 등 응용 문학에 대한 관심이 높아지고 있습니다. 그러나 창의적 사고, 스토리텔링, 글쓰기 등에 대한 사회의 관심이 높은 데 반해, 기본 개념이나 방법론, 그리고 사회의 요구를 충족시킬 만한 인재의 양성과 공급은 그다지 원활하지 못한 편입니다.

이를 위해 문예 창작 관련 전공들은 전적으로 창의성을 함양시키는 교육을 합니다. 창의성을 바탕으로 한 문예 창작은 전통적인 시, 소설 장르의 작품은 물론, 연극, 영화, 뮤지컬, 게임, 만화 등의 원천 텍스트를 생산할 뿐만 아니라, 광고 홍보 및 경영 분야에서 스토리텔링 기법을 활용하는 등 인접 분야로의 응용이 가능하기 때문입니다.

미래 사회는 개인의 창의적 사고와 개성이 존중받는 사회가 될 것입니다. 영상 문화는 기술 발전에 따라 미래 사회에서 변화를 창출하고 압도적인 영향력을 행사할 것으로 예상되는데, 이러한 영상 문화를 가능케 하는 원천은 텍스트입니다. 영상 문화가 강조될수록 텍스트 문화를 생산하고 깊이 있게 해독하는 능력을 갖춘 사람들은 더욱 중요한 역할을 할 것입니다.

교육 목표와 교육 내용은?

미래 사회에는 문화가 경쟁력이 되고, 창의력이 사회 발전의 원동력이 될 것입니다. 이를 위해서는 우선 문학 작품에 대한 깊은 이해와 창작 실습을 통해 인간과 세계에 대한 풍부한 관찰과 해석을 할 수 있어야 하며, 개성과 상상력을 갖춘 창의력을 개발해야 합니다. 이러한 능력은 작가에게만 요구되는 것이 아니라, 언론, 출판, 방송 등의 문화 산업과 교육, 광고 등의 실용적인 분야에서도 필요합니다. 문예창작학과는 작가가 되고자 하는 사람을 위해 전문적인 교육을 제공할 뿐만 아니라, 나아가 지식 문화 사회가 요구하는 창의적인 인재를 양성하는 것을 교육 목표로 합니다.

» 삶과 세계를 깊고 섬세하게 대하는 심성과 안목을 키워 타인을 배려하는 태도를 갖춘 인재를 양성합니다.
» 지식 문화 사회가 요구하는 개성과 상상력을 개발하는 인재를 양성합니다.
» 문학 작품의 감상을 통해 심미적 능력과 창조적인 감수성을 갖춘 인재를 양성합니다.
» 실제 창작 훈련을 통해 언어적 능력을 높이고, 숨어 있는 창의력을 개발하여 다양한 분야에서 활동하는 융복합형 인재를 양성합니다.
» 문학을 통해 세계인과 소통할 수 있는 작가 정신을 갖춘 인재를 양성합니다.

주요 교육 목표

- 창작을 통해 언어적 능력을 높이는 인재 양성
- 개성과 상상력으로 사회에 참여하는 인재 양성
- 심미적인 능력을 지닌 인재 양성
- 삶에 대한 성찰로 타인을 배려하는 인재 양성
- 다양한 분야에서 활동하는 융복합적 인재 양성
- 글로벌 감각과 소통 능력을 지닌 인재 양성

학과에 적합한 인재상은?

평소 소설책 읽기를 좋아하고, 글짓기를 좋아하는 사람, 드라마나 다큐멘터리, 예능 프로그램을 즐겨 보는 사람들은 문예창작학과에 관심을 가져 볼 만합니다.

감수성이 예민하고 상상력이 풍부하여 소설이나 드라마의 줄거리를 유추하거나 이야기를 흥미 있게 만들어 내는 것을 좋아하거나 다양한 글짓기 대회에서 능력을 발휘하여 입상한 경험이 있다면 문예창작학과에서 자신의 잠재력을 충분히 발휘할 수 있습니다.

학교 문예반이나, 독서반, UCC 제작반 등의 동아리 활동을 통해 여러 가지 경험을 하고, 자신의 생각이나 느낌을 기록하는 습관을 들인다면 도움이 됩니다.

관련 학과는?

문예창작학과, 방송문예창작학과, 문예창작비평학과, 극작과, 국어국문·창작학과, **국어국문·문예창작학과**, 미디어문예창작학과, **문예창작전공**, 문예창작학전공, 영상문예창작전공, 미디어문예창작전공, 영상문학전공, 예술창작학부, 공연영상창작학부 등

취득 가능 자격증은?

- **국어능력인증시험**
- 사서
- 한국어교육능력검정시험 등

추천 도서는?

- 러시아 언어문화
  (한국문화사, 정정원)
- 지극히 문학적인 취향
  (오월의봄, 오혜진)
- 언어의 아이들
  (사이언스북스, 조지은 외)
- 언어의 역사
  (한울아카데미, 토르 얀손, 김형엽 역)
- 생각의 기원
  (경북대학교출판부, 마크 터너, 김동환 역)
- 인간 실격
  (민음사, 다자이 오사무, 김춘미 역)
- 데미안
  (민음사, 헤르만 헤세, 전영애 역)
- 언어의 무지개
  (알마, 고종석)
- 내가 있는 곳
  (마음산책, 줌파 라히리, 이승수 역)
- 존재의 세 가지 거짓말
  (까치, 아고타 크리스토프, 용경식 역)
- 해와 그녀의 꽃들
  (박하, 루피 카우르, 신현림 역)
- 우리와 당신들
  (다산책방, 프레드릭 배크만, 이은선 역)
- 영어의 힘
  (사이, 멜빈 브래그, 김명숙 외 역)
- 언어인간학
  (21세기북스, 김성도)
- 우리말의 탄생
  (책과함께, 최경봉)

학과 주요 교과목은?

기초 과목	시창작기초, 시창작과 퇴고, 소설창작기초, 소설창작과 퇴고, 국어문법과 문장론, 표현과 어휘, 한국 문학사, 현대서양문학, 문학과 철학, 문학과 역사, 현대시강독, 현대소설강독, 문예사조, 희곡과 드라마, 현대비평사, 문학과 문학에세이창작, 문학과 신화 등
심화 과목	시창작연습, 소설창작연습, 현대시의 이론, 현대소설의 이론, 현대시인론, 현대작가론, 현대동양문학, 창작심리학, 현대비평의 쟁점, 동화와 창작, 문학과 콘텐츠, 문학비평의 실제, 출판편집 및 창업, 비교문학, 문학과 영상, 장르문학강독, 지역문화강독 등

진출 직업은?

구성작가, **극작가**, 기자, **방송작가**, 번역가, 사서, 방송연출가, 독서지도사, 시인, 소설가, 광고·홍보전문가, 인문과학연구원, 출판기획자, 출판마케팅, 광고기획자, 광고마케팅, 카피라이터, 네이미스트, 국어·논술강사, 스크립터 등

졸업 후 진출 분야는?

일반 기업	출판사, 광고 기획사, 광고 대행사, 기업 일반 사무직, 신문사, 잡지사, 방송국 등
공공 기관	국립국어원, 한국언어연구학회, 한국어교육학회, 한국문화예술위원회 등 언어·문화 관련 국가 연구소 및 민간 연구소, 한국콘텐츠진흥원, 문화 콘텐츠 관련 민간 연구소, 중앙 정부 및 지방 자치 단체 공무원, 대학교, 중고등학교, 교육직 공무원 등
기타	사설 학원 운영, 대학원 진학 등

전공 관련 선택 과목은?

※ 필수 선택 과목: 선택 과목 중 수능 필수 지정 과목

공통 과목		국어, 수학, 영어, 한국사, 통합사회, 통합과학, 과학탐구실험
필수 선택 과목		독서, 문학, 수학Ⅰ, 수학Ⅱ, 영어Ⅰ, 영어Ⅱ, 성공적인직업생활(특성화 고등학교만 해당)
일반 선택 과목	기초	화법과 작문, 언어와 매체
	탐구	세계지리, 한국지리, 사회·문화, 윤리와 사상, 정치와 법
	체육·예술	연극
	생활·교양	철학, 교육학, 논술, 심리학, 논리학
진로 선택 과목	기초	심화 국어, 고전 읽기, 영미 문학 읽기
	탐구	사회문제 탐구, 고전과 윤리, 여행지리, 과학사
	체육·예술	
	생활·교양	가정과학

학교생활기록부 관리는?

✓	출결 사항	• 출결 사항에 미인정(무단) 출결 사항이 없도록 잘 관리해야 해요. 출결 상황은 학교생활에서 성실성을 확인할 수 있는 기본 사항이기 때문이에요.
Ⓐ	수상 경력	• 교내 백일장, 글쓰기 대회, 시화전, 공모전, 토론 대회 등에서의 수상은 전공 적합성 점수에서 높은 평가를 받을 수 있어요. • 단순한 수상 실적 개수와 등위보다는 세부 능력 및 특기 사항 수업 활동과 연계하여 수상의 의미와 가치를 평가해요.
✈	자율 활동	• 국어, 영어, 사회, 예술 등과 관련한 다양한 교내외 활동을 통해 창의적이고 개성적인 사고력이 나타나도록 하세요. • 문학, 언어, 사회 분야에 대한 관심과 흥미를 바탕으로 인성, 나눔과 배려, 협동심, 창의력, 의사 결정 능력, 리더십 등이 드러나도록 하세요.
🎒	동아리 활동	• 교내 문예부, 방송반, 도서반, 시 창작반 등 관련 동아리 활동에 참여하여 전공 적합성이 입증될 수 있도록 하세요. • 동아리 활동을 하면서 의미 있는 역할을 수행한 경험과 구성원의 화합을 이끈 구체적인 행동 경험을 제시하면 좋은 평가를 받을 수 있어요.
♥	봉사 활동	• 나눔 활동의 빈도가 다수이고, 일관되어 이러한 나눔이 체화되어 나타날 때 좋은 평가를 받을 수 있어요. • 일방적인 나눔보다는 상대방의 처지를 헤아려 존중하는 태도, 예를 들면 약간의 불이익이 생기더라도 상대를 배려하고 나누고자 하는 사례 등이 있으면 더욱 좋아요.
🎓	진로 활동	• 방송작가, 소설가 등 관련 직업에 대한 정보 탐색 활동을 권장해요. • 방송국, 출판사 등 관련 기업에 대한 탐방 활동을 권장해요. • 교내 방송제, 시나리오 쓰기, 교지 만들기, 시화전 등에 참여하여 자신의 진로 역량이 나타날 수 있도록 하세요.
🔍	교과 세부 능력 및 특기 사항	• 국어, 사회, 영어 등의 교과에서 우수한 학업 성취를 올릴 수 있도록 관리하고, 관련 교과 수업에서 자기 주도성, 문제 해결 능력, 창의력, 발전 가능성 등의 역량이 발휘될 수 있도록 수업에 적극 참여하세요. • 국어 수업 및 문학 과제 수행(모방시 쓰기, 소설 결말 바꾸기, 우리말 사전 만들기, 우리말 바로 알기 등)과 같은 활동에서 의미 있는 지적 성취를 할 수 있도록 하세요.
📖	독서 활동	• 다독보다는 전공과 관련된 책을 정독하면서 평소 자신이 궁금했던 것을 해소할 수 있는 능동적인 독서 활동을 하는 것도 도움이 돼요. • 시, 소설, 수필, 동화, 방송 대본, 시나리오 등 다양한 장르의 글을 읽고, 자신의 작가적 탐구 의지가 드러날 수 있도록 하세요.
📓	행동 발달 특성 및 종합 의견	• 자신의 장점을 총체적으로 이해할 수 있도록 발전 가능성, 전공 적합성, 인성, 학업 능력, 창의력, 자기 주도적 학습 능력, 문제 해결 능력, 변화 모습 등이 드러나도록 하세요. • 학교생활에서 자기 주도성, 경험의 다양성, 성실성, 나눔과 배려, 학업 태도와 학업 의지에 대한 장점이 기록되도록 관리해야 해요.

통역사 _영어학과

통역사란?

세계적인 스타를 인터뷰하거나 정상 회담을 하는 국가 최고 지도자들 옆에서 의사소통을 도와주는 사람들을 보면 어떤 생각이 드나요?

국제적인 외교 행사에서 빼놓을 수 없는 존재들, 그들이 바로 통역사입니다. 통역사는 국제 학술 대회나 국제회의, 기자 회견, 비즈니스 미팅 등 서로 다른 언어를 사용하는 사람들이 모인 곳에서 언어 장벽을 허물어 주는 일을 하는 사람입니다.

통역사는 업무에 따라 국제회의통역사, 수행통역사, 관광통역사, 법정통역사 등으로 구분할 수 있습니다. 국제회의통역사는 국제회의, 세미나 등에서 활동하는 전문 통역사로, 주로 동시통역으로 행사를 진행하기 때문에 동시통역사로 더 잘 알려져 있습니다. 이들은 장비를 갖춘 부스 안에서 발표자가 하는 말을 청중들이 알아들을 수 있는 언어로 동시에 통역해 줍니다. 청중은 수신기를 통해 통역 내용을 즉시 들을 수 있습니다. 수행통역사는 의뢰인을 따라다니며 통역을 하는 사람입니다. 주로 국제 행사 참가를 위해 입국한 외국 인사들을 위해 일합니다. 관광통역사는 외국 관광객을 대상으로 관광지를 안내하며 통역하는 일을 합니다. 관광통역사는 스토리텔링을 해야 하는 직업이기 때문에 이야기를 재미있고 조리있게 전달할 수 있어야 합니다. 법정통역사는 피고인이나 증인이 외국인일 경우, 법정에서 이들의 진술 내용을 재판부에 전달하거나 재판부나 검사의 심문 내용을 외국어로 통역합니다.

또 통역 방식에 따라서는 동시통역사, 순차통역사, 위스퍼링통역사, 원격통역사 등으로 구분할 수 있습니다. 동시통역사는 듣는 것과 동시에 통역을 해야 하기 때문에 통역사 가운데 수준이 가장 높은 통역사로 꼽힙니다. 순차통역사는 가장 일반적인 통역사로, 외국어 발표가 한 단락씩 끝날 때마다 통역합니다. 정상 회담, 장관 회담 등과 같이 청중이 적은 곳에서 주로 활동합니다. 위스퍼링통역사는 동시통역이 필요하기는 하지만, 청중이 두 사람 이내로 제한되었을 때 바로 옆에서 속삭이듯 작은 목소리로 동시에 통역합니다. 원격통역사는 원격 화상 회의와 같이 연사나 대화를 주고받는 사람이 멀리 떨어져 있을 때, 위성 통신을 통해 들려오는 말을 듣고 통역합니다.

최근 인공 지능 기술의 발달로 통역사는 사라지는 직업이 되지 않을까라고 우려하기도 합니다. 실제로 많은 통번역 프로그램과 어플리케이션이 개발되었고, 스마트폰만 있으면 간단한 말은 통역이 가능해졌습니다. 그러나 사람과 사람 사이의 대화는 글자 그대로의 의미만을 전달하는 것은 아닙니다. 언어가 가지고 있는 느낌이나 감정, 함축적 의미를 파악해야 교감을 기반으로 하는 소통이 가능합니다. 그렇기 때문에 인공 지능 기술이 사람의 언어 이면에 깔린 감정과 느낌까지도 정확하게 전달하고 표현하는 것은 한계가

번역가에 대해 알아볼까요?

번역가는 특정 언어로 쓰인 문서, 보고서 또는 전문 서적 등을 다른 언어로 옮기는 작업을 전문적으로 해요. 번역의 영역은 전문 서류 번역, 영상 번역, 문화 번역 등 다양해요. 따라서 번역 의뢰가 들어오면 번역할 내용을 파악하고, 의뢰자와 협의를 거친 후 작업을 시작해요. 외국 작품이나 영상물의 경우 해당 국가의 문화적 배경 등을 완벽하게 이해해야 정확한 번역이 가능해요. 또한 외국어를 한국어로 번역하기 위해서는 우리말의 다양한 표현, 비유법, 구어체 등의 표현 능력도 갖추어야 해요.

번역가는 번역 업체, 대기업, 정부 기관, 언론 기관, 교육계 등 다양한 분야에서 활동하며, 프리랜서로 재택근무를 할 수도 있어요.

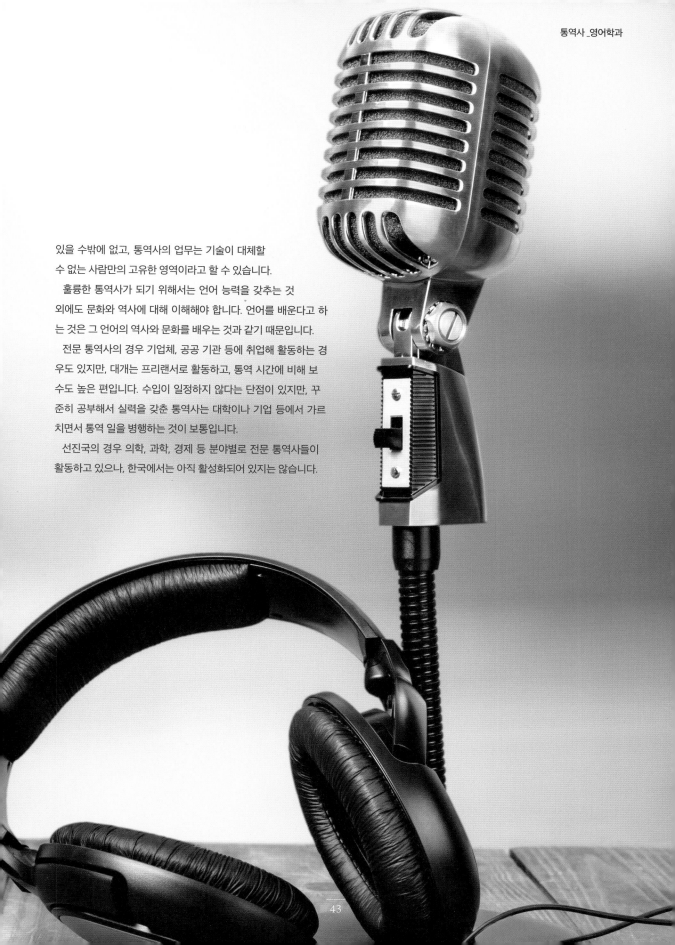

있을 수밖에 없고, 통역사의 업무는 기술이 대체할 수 없는 사람만의 고유한 영역이라고 할 수 있습니다.

훌륭한 통역사가 되기 위해서는 언어 능력을 갖추는 것 외에도 문화와 역사에 대해 이해해야 합니다. 언어를 배운다고 하는 것은 그 언어의 역사와 문화를 배우는 것과 같기 때문입니다.

전문 통역사의 경우 기업체, 공공 기관 등에 취업해 활동하는 경우도 있지만, 대개는 프리랜서로 활동하고, 통역 시간에 비해 보수도 높은 편입니다. 수입이 일정하지 않다는 단점이 있지만, 꾸준히 공부해서 실력을 갖춘 통역사는 대학이나 기업 등에서 가르치면서 통역 일을 병행하는 것이 보통입니다.

선진국의 경우 의학, 과학, 경제 등 분야별로 전문 통역사들이 활동하고 있으나, 한국에서는 아직 활성화되어 있지는 않습니다.

통역사가 하는 일은?

통역사는 다양한 문화권에 속한 사람들의 의사소통을 도와주고 서로의 문화를 알리는 일을 합니다. 특히 다양한 국가의 전문가가 모여 중요한 업무가 이루어지는 회의, 협상, 세미나 등의 자리에서 외국어로 정확하게 의사소통 내용을 전달하는 역할을 합니다.

» 우리나라 말을 모르는 외국인의 말이나 발표를 우리말로 전달 하거나 우리말을 외국어로 전달하는 일을 합니다.

» 국제회의에서 회의장 뒤에 설치된 부스에서 헤드폰을 통해 연 사의 연설을 들으면서 동시에 마이크를 통해 청중이 알아들 을 수 있는 언어로 통역합니다.

» 청중이 두 사람 이내로 제한되었을 때 바로 옆에서 속삭이듯 작은 목소리로 동시에 통역합니다.

» 원격 화상 회의와 같이 연사나 대화를 주고받는 사람이 아주 멀리 떨어져 있을 때, 위성 통신을 통해 들려오는 말을 듣고 통 역합니다.

» 관광지나 고궁 등을 안내하면서 외국인에게 통역합니다.

» 법정에서 외국인 피고인이나 증인의 진술 내용을 재판부에 전달하거나 재판부나 검사 등의 심문 내용을 외국어로 통역 합니다.

» 한국을 찾는 외국인 환자와 의료진 사이에서 통역을 합니다.

통역사
커리어맵

관련기관
- 한국통번역사협회 www.i-kati.or.kr
- 한국외국어대학교 통번역대학원 gsit.hufs.ac.kr

준비방법
- 국어 및 영어, 외국어 관련 역량 키우기
- 영어 및 외국어 관련 동아리 활동
- 외국어 관련 교내외 대회 참여
- 통역사 인터뷰 및 직업 체험 활동
- 국제회의장이나 학과 탐방 활동

관련자격
- 국내여행안내사
- 무역영어능력인정
- 영어번역능력인정

흥미유형
- 사회형
- 진취형

통역사

관련직업
- 번역가
- 의료통역사
- 출판물기획자
- 출판물편집자
- 평론가

관련학과
- 국어
- 영어
- 제2외국어
- 기술
- 사회
  - 사회·문화
  - 정치와 법
  - 경제
- 과학
  - 물리학
- 정보

적성과 흥미
- 외국어 능력
- 어휘력
- 의사소통 능력
- 성실성
- 적용성
- 스트레스 감내력
- 책임감
- 표현력

관련학과
- 국어국문학과
- 영미어문학과
- 일본어(중국어) 문학과
- 프랑스어문학과
- 국제지역학과
- 통역학과 (통역번역대학원)

적성과 흥미는?

통역사는 기본적으로 유창한 외국어 능력이 필요합니다. 비단 외국어만 잘하는 것이 아니라 한글을 정확하게 이해하고 표현하는 능력, 풍부한 어휘력도 중요합니다. 이와 함께 문화와 역사, 정치, 사회에 대한 관심도 많아야 합니다. 언어라는 것은 한 나라의 역사와 문화를 담고 있기 때문입니다. 또한 통역사는 세상과 소통하는 사람입니다. 그렇기 때문에 경제, 정치, 시사 등 국제 사회의 변화에 관심이 많고, 사람들의 관심사가 무엇인지 늘 연구하는 것을 즐기며, 폭넓은 독서 습관을 지니는 것도 중요합니다.

통역사는 많은 사람들과 함께 작업을 하기 때문에 활발한 성격과 민첩성, 상황 대처 능력, 의사소통 능력이 필요합니다. 또한 새로운 사람을 만나는 것을 즐기고 새로운 것을 공부하는 지적 호기심이 있다면 적성에 맞다고 할 수 있습니다.

외국어를 특기로 살리려면 가장 중요한 덕목은 성실성입니다. 외국어는 성실한 자세로 꾸준히 공부해야만 실력을 키울 수 있기 때문입니다. 통역사는 모국어를 정확히 표현하는 것과 폭넓은 지식이 외국어 실력 못지않게 중요하기 때문에 평소 다양한 종류의 서적을 읽어 전문 지식을 쌓고 자기 계발을 해야 합니다.

사회형과 진취형의 흥미를 가진 사람에게 적합하며, 적응성, 스트레스 감내력, 책임감 등의 성격을 가진 사람들에게 유리합니다.

관련 학과 및 자격증은?

▶관련 학과: 국어국문학과, **영미어·영문학과, 일본어·문학과, 중국어·문학과,** 프랑스어·문학과 등 어문계열학과, 국제지역학과, 통역학과(통역번역대학원 등) 등

▶관련 자격증: **관광통역안내사,** 무역영어, **영어번역능력인정,** 국내여행안내사, 실용영어, 영어능력시험(Flex, TOEIC, TEPS, TOEFL 등), 영어회화평가시험 ESPT, 외국어번역행정사 등

관련 직업은?

번역가, 의료통역사, 출판물기획자, 출판물편집자, 평론가, 무역담당자, 언론인(기자, PD, 아나운서 등), 여행안내원, 인문과학연구원, 작가, 호텔지배인 등

진출 방법은?

통역사가 되기 위해 반드시 거쳐야 하는 교육이나 훈련 과정이 있는 것은 아닙니다. 대체로 대학교 이상의 학력을 소지하고 있으면서 외국어에 대한 흥미와 구사 능력을 가진 사람들이 주로 활동하고 있습니다.

하지만, 국제회의 통역사의 경우 국내 통역번역대학원을 졸업하고 활동하는 사람이 대부분입니다. 전문 용어가 쏟아져 나오기 때문에 뛰어난 외국어 능력과 함께 전문적인 지식이 필요하기 때문입니다. 통역번역대학원의 통역학과에서는 1개 이상의 외국어를 선택하여 공부하면서 동시통역, 순차 통역, 위스퍼링 통역 등에서 쓰일 다양한 통역 방법을 배웁니다. 또한 관련 분야의 전문 지식이 필요한 경우가 많기 때문에 정치·경제·기술 분야에 대한 지식도 배웁니다. 통역대학원은 4년제 대학교를 졸업한 사람이면 응시할 수 있지만, 입학시험이 까다로워 전문 입시 학원을 다니며 준비하는 사람도 많습니다. 또한 입학 후에도 학습량이 많다는 것을 염두에 두어야 합니다.

통역대학원을 졸업한 후에는 주변 사람들의 추천이나 통역 알선 전문 에이전시에 소속되어 일하기도 합니다. 대기업이나 공공 기관의 경우에는 공개 채용을 거쳐 전담 통역 담당자로 채용됩니다. 통역사는 주로 프리랜서로 일하게 되므로 업계에서 인정을 받으면 일을 할 수 있는 기회가 늘어납니다. 일반적으로 30대 후반까지는 통역사로 활동하며, 이후에는 번역가, 대학교수가 되거나 무역 회사, 외국인 회사 등에 취업하거나 직접 에이전시를 운영하기도 합니다.

CAREER MAP

미래 전망은?

국제화로 인해 세계의 경제 교류가 늘어나고, 각 기업, 정부 기관, 학교 등의 국제 교류가 빈번해지면서 영어를 중심으로 통역사의 수요는 꾸준히 증가했습니다. 요즘은 비단 영어와 중국어뿐만 아니라 아랍어, 스페인어, 러시아어 등으로 다양화되고 있습니다. 우리나라는 과학 기술 분야와 관련해 포럼, 세미나 등 각종 국제회의를 활발하게 개최하고 있고, 이에 따라 특정 분야의 전문 지식을 갖춘 통역사의 수요가 증가하고 있습니다.

그러나 각 기업에서는 별도의 통역사를 두지 않고 영어가 능숙한 내부 직원에게 통역 업무를 맡기는 경우가 많아지고, 과학 기술의 발달로 인공 지능 기술이 탑재된 로봇 등에 의해 통역 업무가 대체될 수 있는 가능성도 높아지고 있습니다. 이러한 현상은 통역사의 일자리 형성에 부정적인 요소가 될 수 있습니다. 또한 매년 통역번역대학원을 통해 배출되는 전문 인력도 꾸준히 증가하고 있어 이들 간에 경쟁이 치열할 것으로 예상됩니다.

통역사는 고도의 전문성이 필요하다는 직업의 특성상, 좋은 평판을 쌓아 안정적인 직업인이 되기까지 많은 시간이 필요합니다. 따라서 시장에서 요구하는 전문성을 향상시키기 위해 자신의 전문 분야에 대해 꾸준하게 공부해야 합니다.

통역사의 고용 형태는 인하우스(In-House)와 프리랜서 형태로 나눕니다. 인하우스는 기업이나 기관에 취업해 그 업체의 통역만을 전담하는 경우입니다. 고용 형태가 안정적이라는 장점이 있지만, 그만큼 업무의 역동성은 떨어집니다. 반대로 프리랜서는 일이 고정적이지는 않지만, 시간을 유연하게 활용할 수 있다는 장점이 있습니다.

전문 통역은 단순히 영어만 잘한다고 해서 할 수 있는 것이 아니기 때문에 영어 능통자가 많아진다 하더라도 통역사에 대한 수요는 앞으로도 존재할 것입니다.

통역사 전공 분석
영어학과

어떤 학과인가?

영어학과는 영어권 세계의 다양한 문화를 받아들여 여러 분야로 진출할 수 있는 국제적인 영어 전문가를 육성하기 위해 포괄적인 교육 과정을 운영합니다. 체계적인 외국어 교육과 독창적인 전공 학문의 탐구를 통해 무한 경쟁의 사회를 선도할 수 있는 국제적인 감각과 고도의 외국어 능력을 겸비한 전문 인력을 양성하는 데 교육 목표를 두고 있습니다.

세계는 이미 정보와 교통의 혁명적인 발달로 동시 생활권입니다. 세계인으로 호흡하며 경쟁 속에 살아가야 하는 현대 사회에서 문화와 학문, 정보 교류의 신속성과 정확성, 실용성은 절대적 요건이라 할 수 있습니다. 이러한 가운데 세계 공용어로서의 영어의 중요성은 더욱 커지고 있습니다. 영어학과는 유창한 영어 실력을 기본으로 영어와 영어권의 문화와 지역에 대해 깊이 이해하도록 하며, 해당국의 문화 및 언어 사용의 실질적이고 체험적인 습득을 위해 어학연수 및 인터넷을 사용한 강화 프로그램을 통해 국제 사회에서 주역으로 성장할 수 있도록 합니다.

교육 목표와 교육 내용은?

영어학과는 영어권 세계의 다양한 문화를 받아들여 여러 분야로 진출할 수 있는 국제적인 영어 전문가를 육성하기 위한 교육 과정을 운영합니다. 체계적인 외국어 교육과 독창적인 전공 학문의 탐구를 통해 무한 경쟁 사회를 선도할 수 있는 국제적인 감각과 고도의 외국어 능력을 겸비한 전문 인력을 양성하는 데 교육 목표를 두고 있습니다.

» 영미 문화인의 핵심적인 행동 규범인 타인에 대한 배려하는 마음을 지니고, 지성인으로서의 자질을 갖춘 인재를 양성합니다.
» 영미권의 언어와 문학, 문화와 역사 등에 관한 지식을 습득하여 사회를 발전시키는 능력을 갖춘 인재를 양성합니다.
» 영미권 문학 작품(시, 소설, 희곡 등)의 폭넓은 감상을 통해 창조적인 감성을 갖춘 인재를 양성합니다.
» 영어 교육 전문인, 번역가, 통역인, 회의 전문 요원, 국제 관광 전문인과 같은 융복합 전문인으로서의 역량을 갖춘 인재를 양성합니다.
» 공동체 구성원 간의 의사소통에 필요한 의견의 다양성과 문화적 가치에 공감할 수 있는 인재를 양성합니다.

주요 교육 목표

- 영어 능력을 기본으로 사회의 발전에 기여하는 인재 양성
- 다양한 문화적 가치에 공감할 수 있는 인재 양성
- 타인을 배려하는 마음을 지닌 인재 양성
- 영미권 문학 작품 감상을 통한 창조적인 감성을 지닌 인재 양성
- 국내외 사회에 공헌할 수 있는 융복합 분야 인재 양성
- 글로벌 감각과 소통 능력을 지닌 인재 양성

학과에 적합한 인재상은?

영어학을 전공하기 위해서는 기본적으로 언어에 대해 관심이 있어야 합니다. 영어는 기본이고, 국어와 다른 외국어에도 흥미를 가지는 것이 좋습니다. 또한 평소에 사회 과목을 통해 외국의 문화와 역사, 사회, 경제 등에 대해 흥미를 지닌 사람이라면 영어학을 재미있게 공부할 수 있습니다.

세계화 시대에 걸맞게 글로벌 인재로 거듭나고 싶은 사람, 셰익스피어, 디킨스 등 영미권 유명 작가들의 작품에 관심이 많고 깊이 있게 배워 보고 싶은 사람, 영어를 사용하는 다양한 국가의 사회 문화적 특성에 관심이 있는 사람이라면 영어학을 전공하는 데 적합하다고 할 수 있습니다.

영미 문학반, 영어 회화반, 영자 신문 제작반 등의 동아리 활동을 통해 영어와 관련된 여러 가지 경험을 할 것을 권장합니다.

관련 학과는?

영문학과, 영어영문과, 영어영문학과, 영어통번역과, 영어통번역학과, 영미어문학과, 영미언어문화학과, 영미영어문화학과, 영미문학·문화학과, 아동영어학과, **응용영어통번역학과, 영어통상통역학과, 항공비즈니스영어학과**, 실용영어학과, 실용영어일어학과, 글로벌지역문화학과(영미문화전공), TESOL영어과, EICC학과, 영어전공, 영어문학전공, 영어영문학전공, 영어통번역전공, 영어통번역학전공, 영어영미지역학전공, 영어영미문화전공, 영어번역전공, 영어문화학전공, 영미학전공, 영미문학전공, 영미어문전공, 영미언어문화전공, 영어권지역학전공, 아동영어학전공, 실무영어전공, 비즈니스영어전공, 글로벌커뮤니케이션영어전공, 국제통상영어전공, 관광영어통역학전공, 관광영어통역전공, 영미어학부, 영미어문학부, 영어영문학부, 영미언어문화학부, 영어통번역학부, 영·중어문학부, 국제학부(영어학전공) 등

취득 가능 자격증은?

- 중등 2급 정교사
- FLEX
- OPIC
- TOEIC
- TOEFL
- TEPS
- SEPT
- G-TELP
- *각종 번역능력인증시험*
- *관광통역안내사*
- 국내여행안내사
- 무역영어
- 영어번역능력인정
- 호텔경영사
- 호텔관리사 등

추천 도서는?

- 언어 이론과 그 응용
  (한국문화사, 김진우)
- 고흐 영혼의 편지
  (동서문화사, 빈센트 반 고흐, 김유경 역)
- 셰익스피어 4대 비극 세트
  (민음사, 윌리엄 셰익스피어, 최종철 역)
- 죽은 시인의 사회
  (서교출판사, N. H. 클라인바움, 한은주 역)
- 영미문학의 길잡이
  (창작과비평사, 영미문학연구회)
- 오만과 편견
  (시공사, 제인 오스틴, 고정아 역)
- 동물농장
  (민음사, 조지 오웰, 도정일 역)
- 오이디푸스왕
  (범우, 소포클레스, 황문수 역)
- 코스모스
  (사이언스북스, 칼 세이건, 홍승수 역)
- 미국생활과 문화탐방
  (동인, 알리슨 라니에, 이승철 외 역)
- 위대한 개츠비
  (민음사, F. 스콧 피츠제럴드, 김욱동 역)
- 파리대왕
  (문예출판사, 윌리엄 골딩, 이덕형 역)
- 비폭력대화
  (한국NVC센터, 마셜 B. 로젠버그, 캐서린 한 역)
- 이야기 미국사
  (청아출판사, 이구한)
- 더블린 사람들
  (문학동네, 제임스 조이스, 진선주 역)

학과 주요 교과목은?

기초 과목	영문학이해의 기초, 영어학개론, 영미문학의 배경, 영어글쓰기연습Ⅰ(단락글쓰기), 영국문학사, 영문법, 근대영국소설, 미국문학사, 미국드라마, 영어구문론의 기초, 영어음성음운론, 현대미국소설 등
심화 과목	근대미국소설, 미국시와 사회, 현대영국소설, 영국시와 사회, 영국드라마, 영어통사론, 영어의미화용론, 현대이론과 문화영미문학비평, 스토리텔링, 셰익스피어영어교육의 이론과 실제, 문화연구의 이해, 영어글쓰기연습Ⅱ(학문적 글쓰기와 실무적 글쓰기), 영어말하기연습Ⅰ(인터뷰), 영어말하기연습Ⅱ(프레젠테이션), 영어말하기연습Ⅲ(토론) 등

진출 직업은?

신문기자, 방송기자, 작가, **번역가**, **통역가**, 대학교수, 교사, 금융기관 종사자, 광고전문가, 홍보전문가, 외교관, 언론분야외국통신원, 국제회의기획자, 호텔 및 관광사업기획자, 관광통역안내원, 문화유산해설사, 국내외여행안내원 등

졸업 후 진출 분야는?

일반 기업	무역 회사, 여행사, 호텔, 외국계 기업체, 일반 기업의 국제 관련 부서, 일반 기업의 영업직·해외 업무 부서, 해외 현지 기업, 언론사(신문사, 잡지사, 방송사), 출판사 등
공공 기관 및 연구 기관	한국콘텐츠진흥원, 대사관, 한국공항공사, 인천국제공항공사, 수출입 관련 공공 기관(관세청, 한국무역보험공사, 한국무역협회 등), 국제 경제·무역 관련 국가·민간 연구소, 인문과학 관련 국가·민간 연구소, 중·고등학교, 대학교, 공무원, 공공 기관 보도실 등
기타	영어 관련 출판 업무, 학원강사 등

전공 관련 선택 과목은?

※ 필수 선택 과목: 선택 과목 중 수능 필수 지정 과목

공통 과목		국어, 수학, 영어, 한국사, 통합사회, 통합과학, 과학탐구실험
필수 선택 과목		독서, 문학, 수학Ⅰ, 수학Ⅱ, 영어Ⅰ, 영어Ⅱ, 성공적인직업생활(특성화 고등학교만 해당)
일반 선택 과목	기초	영어 회화, 영어 독해와 작문
	탐구	세계지리, 세계사, 동아시아사, 윤리와 사상
	체육·예술	
	생활·교양	심리학, 철학, 논리학, 교육학, 제2외국어Ⅰ
진로 선택 과목	기초	실용 국어, 진로 영어, 영어권 문화, 영미 문학 읽기
	탐구	고전과 윤리, 여행지리, 사회문제 탐구, 과학사, 생활과 과학
	체육·예술	
	생활·교양	제2외국어Ⅱ, 창의 경영

학교생활기록부 관리는?

📋	출결 사항	• 출결 사항에 미인정(무단) 출결 사항이 없도록 관리해요. 미인정(무단) 기록이 있으면 인성 및 성실성 영역 등에서 부정적 평가를 받을 가능성이 높아요.
🅰	수상 경력	• 영어 및 언어 관련 교과 수상이 중요해요. • 단순한 수상 실적 개수와 등위보다는 수업 활동과의 연계나 각 학교별 여건(참가 대상, 수상 인원 등)에 따라 의미가 있는가를 평가해요.
✈	자율 활동	• 영어 등 외국어와 관련된 다양한 교내외 활동을 통해 창의적이고 개성적인 사고가 드러나도록 하세요. • 영어 등 외국어에 대한 관심과 흥미를 바탕으로 인성, 나눔과 배려, 협동심, 창의력, 의사 결정 능력, 리더십 등이 드러나도록 하세요.
🚃	동아리 활동	• 교내 영자 신문반, 영어 토론반, 영미 문학반 등의 동아리 활동에 참여하여 자신이 가지고 있는 우수성이 입증될 수 있도록 하세요. • 동아리 활동을 꾸준히 하면서 의미 있는 성과를 내기 위해 자신이 한 역할과 이 과정에서 배운 점이 드러나도록 하세요.
♡	봉사 활동	• 교내외에서 자신의 전공 적합성이 드러날 수 있는 봉사 활동(영어 멘토멘티 활동, 번역 활동 등)에 적극 참여하세요. • 봉사를 꾸준하고 일관성 있게 하되, 상대방을 배려하는 태도와 진정성이 나타나도록 하세요.
🎓	진로 활동	• 통역사, 번역가 등 외국어 관련 직업들의 정보 탐색 활동을 권장해요. • 영어 및 외국어 관련 학과 체험 활동이 무척 중요해요. • 영어 등 외국어로 말하기, 우리말로 된 시나 노래 가사를 영어로 바꾸기, 영작하기 등의 활동에 참여하여 자신의 진로 역량이 나타날 수 있도록 하세요.
🔍	교과 세부 능력 및 특기 사항	• 영어, 일어, 프랑스어 등 언어 교과에서 우수한 학업 성취도를 올릴 수 있도록 관리하고, 수업과 과제 수행 과정에서 자기 주도성, 문제 해결 능력, 창의력, 발전 가능성 등의 역량이 발휘될 수 있도록 하세요. • 수업 참여 과정에서 영어에 대한 관심과 흥미를 실제 생활에 적용하여 의미 있는 결과를 이끌어 낼 수 있도록 하세요.
📖	독서 활동	• 자신의 관심 사항과 궁금증을 해결하기 위한 독서를 하세요. • 전공과 관련된 책을 정독하면서 자신의 진로 계획을 성찰하는 의미 있는 독서 활동을 해야 좋은 평가를 받아요.
📓	행동 발달 특성 및 종합 의견	• 창의력, 문제 해결 능력, 협업 능력, 자기 주도적 학습 능력 등이 드러날 수 있도록 해요. • 학교생활에서 자기 주도성, 경험의 다양성, 성실성, 나눔과 배려, 학업 태도와 학업 의지에 대한 장점이 기록되도록 관리해야 해요.

사서 _문헌정보학과

사서란?

지중해 해변에 위치한 이집트의 알렉산드리아라는 도시에는 '알렉산드리아 대도서관'이 있었습니다. 클레오파트라 여왕의 집권 당시 그녀가 알고 있는 모든 나라에서 책을 수집해서 만들었다는 이 도서관은, 아리스토텔레스를 비롯해 당시의 위대한 학자들의 책을 원본으로 보관한 지식의 보고였던 것으로 알려져 있습니다. 당시 알렉산드리아 대도서관을 이용할 수 있었던 사람들은 상류 계급뿐이었지만 오늘날 우리 주위에서 흔히 볼 수 있는 도서관은 누구나 자유롭게 이용할 수 있습니다.

우리가 도서관에서 책을 빌리거나 반납할 때 우리를 도와주는 사람을 사서라고 합니다. 사서는 각종 도서관(자료실) 및 정보기관에서 이용자의 정보 요구를 충족시키기 위해 문헌을 수집·정리·보관하고 대출과 필요한 정보들을 알려주는 일을 합니다. 주로 국공립 도서관, 초중등학교 도서관, 대학 도서관, 기업체 자료실 및 의학 도서관, 법학 도서관 등의 전문 도서관과 장애인을 위한 점자 도서관, 환자들이 이용하는 병원 도서관, 군인을 위한 병영 도서관, 재소자들이 이용하는 교도소 도서관 등에서도 근무합니다. 또한 사서는 학술 정보 관련 기관, 인터넷 정보 검색 업체, 인터넷 정보 제공 업체, 도서관 소프트웨어 개발 업체, 외국 학술지 검색 대행 업체 등에서 일할 수 있습니다.

사서의 근무 시간은 도서관의 개방 시간에 따라 다릅니다. 국공립 도서관은 대개 오전 9시부터 오후 6시까지 개방하는데, 사서는 이보다 30분~1시간 정도 일찍 출근하고 늦게 퇴근합니다. 공공 도서관의 경우 주말에 매주 또는 격일로 1일 휴관을 하므로, 휴관하지 않는 때는 교대로 당직 근무를 하기도 합니다. 사서는 가만히 앉아서 일을 하는 편안한 직업이 아닙니다. 공공 도서관은 대부분 야간이나 주말에도 문을 열기 때문에 다른 사람들이 쉴 때 일을 해야 하는 경우도 많습니다. 또한 자료 중에는 부피가 크고 무거운 것들도 많아서 이를 관리하고 배열하려면 생각보다 많은 체력과 에너지가 필요합니다.

도서관이란 기록된 지적 문화재의 내용을 사회적으로 제어하고 제공하는 기관입니다. 그러므로 사서는 이용자를 알고, 자료를 알고, 이용자와 자료를 연결할 수 있어야 합니다.

이러한 사서는 전문 대학이나 대학에서 문헌정보학, 도서관학을 전공한 전문 직종으로 1급·2급정사서, 준사서, 주제전문사서, 사서교사 등으로 구분합니다.

사서 자격증에 대해 알아볼까요?

사서 자격증은 국가 전문 자격으로 그 종류에는 1급정사서, 2급정사서, 준사서가 있어요. 사서 자격증은 자격 요건에 따라 한국도서관협회에서 발급해요.

구분	자격 요건
1급 정사서	• 대학원에서 문헌정보학이나 도서관학 박사 학위를 받은 사람 • 2급 정사서로서 문헌정보학 또는 도서관학 외의 박사 학위를 받거나 정보처리기술사 자격을 받은 사람 • 2급 정사서로서 도서관 근무 경력 또한 연구 경력이 6년 이상으로 석사 학위를 받은 사람 • 2급 정사서 자격증을 소지하고 도서관 근무 경력이 9년 이상으로 소정의 교육 과정을 이수한 사람
2급 정사서	• 대학의 문헌정보학과 또는 도서관학과를 졸업한 사람 • 문헌정보학 또는 도서관학 석사 학위를 받은 사람 • 교육대학원에서 도서관 또는 사서교육 석사 학위를 받은 사람 • 문헌정보학 또는 도서관학 외의 석사 학위를 받고, 소정의 교육 과정을 이수한 사람 • 준사서로서 석사 학위를 받은 사람 • 준사서로서 근무 경력 3년으로 소정의 교육 과정을 이수한 사람 • 대졸자 준사서로서 근무 경력 1년으로 소정의 교육 과정을 이수한 사람
준사서	• 전문 대학 도서관과를 졸업한 사람 • 전문 대학 졸업자로 소정의 교육 과정을 이수한 사람 • 대졸자로서 재학 중 문헌정보학 또는 도서관학을 부전공한 사람

사서가 하는 일은?

사서는 도서관의 소장 자료와 업무에 관한 전문 지식을 바탕으로 이용자들의 편의를 돕고 도서의 열람과 대출, 장서 보관에 관련된 업무를 담당합니다. 또한 각종 문화 활동을 기획·실시하거나 독서 지도, 지역 문고 지원, 순회문고나 이동 도서관을 운영하는 등의 업무를 수행합니다.

JUMPUP

기록물관리사에 대해 알아볼까요?

기록물관리사는 공공 기관, 기업 및 연구소 등에서 영구 기록물이나 역사적 가치가 있는 기록물을 평가하고 편집하며, 기록물에 기초한 조사 활동에 참여하고, 기록물과 기록 자료의 안전한 보존을 관리·감독해요.

국공립 기관에서 근무하는 기록물관리사는 공무원이므로 공무원의 승진 체계를 따라요. 기록물관리사는 각종 전자 자료를 포함한 기록물들을 체계적으로 관리하는 전문성과 객관적 판단 능력이 필요해요. 특히 공공 기록 관리 업무를 하는 경우 업무 중 접한 관련 정보를 누설하지 않는 도덕성과 정직성, 일에 대한 자부심이 중요해요.

기록물관리사가 되기 위해서는 기록물관리학, 역사학, 문헌정보학 등을 전공해야 해요. 최근에는 전문성을 강화하기 위해 대학원에 진학하는 사람도 점차 늘어나고 있어요.

» 책, 비디오, DVD, 연간물 등 이용자가 희망한 자료나 신간 자료를 구입합니다.

» 구입한 자료에 등록 번호가 담긴 바코드를 붙이고 책 윗면, 아랫면에 도장을 찍습니다.

» 자료 명칭, 저자, 출판 사항, 분류 및 주제명 등을 확인하여 컴퓨터에 입력합니다.

» 자료에 숫자와 문자의 기호 체계가 적힌 각각의 라벨을 붙입니다.

» 관련 코너로 운반하여 서가에 배열합니다.

» 이용자에게 자료를 대출하고 반납된 자료를 확인하여 정리한 후 배열합니다.

» 대출 및 반납 자료의 현황을 파악하고 주제별, 자료 형태별로 이용률을 계산하여 장서 개발에 필요한 자료를 작성합니다.

» 이용자가 원하는 자료를 찾아주거나 모든 자료들이 배치되어 있는지 점검합니다.

» 컴퓨터를 이용해 각종 자료를 데이터베이스화하고, 도서 전산화 시스템의 운영 업무를 합니다.

» 시각 장애인을 위한 도서관에 근무할 경우 녹음 자료나 점자 자료를 만듭니다.

» 이용 가치가 없거나 훼손이 심한 자료는 폐기합니다.

» 중고등학교에서 학생들에게 좋은 책을 추천하고, 올바른 독서 방법을 지도합니다.

사서
커리어맵

- 한국도서관협회 www.kla.kr
- 성균관대학교 한국사서교육원 slis.skku.edu
- 계명대학교 사서교육원 slis.kmu.ac.kr

- 국어 및 기술·가정 교과 역량 키우기
- 도서부 등 관련 동아리 활동
- 글쓰기, 독서 감상문 관련 교내외 대회 참가
- 국립도서관이나 학과 탐방 활동
- 사서 직업 체험 활동

- 외국어 능력
- 한문 이해 능력
- 컴퓨터 활용 능력
- 의사소통 능력
- 배려심
- 사회성

관련기관

준비방법

- 사회형
- 관습형

적성과 흥미

흥미유형

사서

- 국어
- 한국사
- 영어
- 한문
- 기술·가정

관련학과

관련자격

- 준사서
- 사서교사

관련학과

관련직업

- 문헌정보학과
- 도서관학과
- 데이터정보학과
- 기록물관리학과
- 역사학과

- 도서관장
- 기록보관원
- 기록연구원
- 학예사
- 문화재보존원

적성과 흥미는?

사서는 한문이나 외국어 능력이 필요합니다. 고서나 과거 자료를 확인할 때 한문을 알면 도움이 되고, 도서관을 이용하는 사람 중에는 외국인도 있을 수 있기 때문입니다. 또한 여러 가지 자료를 체계적으로 정리하고 찾기 위해 도서 전산화 시스템을 운용하기 때문에 엑셀을 비롯한 컴퓨터 프로그램을 활용하는 능력이 필요합니다.

사서는 이용자와의 짧은 상담으로 원하는 자료를 신속하고 정확하게 제공하는 직업입니다. 그렇기 때문에 의사소통 능력이 필요하고, 여러 사람을 대해야 하는 직업이므로 쾌활하고 밝은 성격을 가진 사람이면 더욱 좋습니다. 또한 타인에 대한 배려와 서비스 정신도 필요합니다.

관습형과 사회형의 흥미를 가진 사람에게 적합하며, 스트레스 감내력, 사회성 등의 성격을 가진 사람들에게 유리합니다.

미래 전망은?

현대 사회는 가치관과 생활 양식의 변화로 문화를 향유하려는 사람들이 꾸준히 증가하고 있습니다. 정보화 사회를 맞아 평생 교육의 수요가 증가하고, 공공 도서관의 편의성이 크게 개선되면서 도서관을 이용하려는 사람들도 더욱 많아지고 있습니다. 이러한 현상에 따라 국가에서는 공공 도서관을 확충하고, 사서직 전문 인력을 늘리고 있습니다. 또한 도서관 협력 시스템을 구축하고, 공공 도서관을 지원하는 여러 정책들을 추진하고 있어서 사서의 수요는 앞으로도 꾸준히 증가할 것으로 보입니다.

반면, 도서관 수의 증가에도 불구하고 기본적으로 사서의 일자리는 한정되어 있고, 인력을 늘리기보다는 1인당 소장 자료나 관람 인원수를 높이는 경향이 있습니다. 예산의 제약으로 도서관의 확충에도 불구하고 인력의 증가가 어렵고, 도서관에서의 자료 검색, 열람 등이 전산화되는 것도 사서의 일자리에 부정적인 영향을 미칠 것으로 예상됩니다.

사서가 전문직으로 인정받으면서 대학의 관련 학과에 진학하는 학생이 늘고 있지만, 이에 비해 근무 환경이나 여건은 열악한 편입니다. 이로 인해 상대적으로 임금이 높고 신분이 안정적인 국공립 도서관의 사서직 공무원을 선호하는 경향이 계속돼 공공 분야의 취업 경쟁률은 더욱 치열해질 전망입니다.

이제 도서관은 단순 정보를 제공하는 장소에서 벗어나 종합적인 '정보 문화 센터'로 변모하면서 음악, 예술, 전시, 교육 등 문화 융합적인 역할을 수행함에 따라 전통적인 사서 업무 외에 서비스 마인드 및 전문성이 더욱 요구되고 있습니다. 이에 따라 이용객의 수준 높은 서비스 욕구를 충족시키는 주제 전문사서로서의 역량을 개발하는 것이 주요한 과제라고 할 수 있습니다.

진출 방법은?

사서가 되기 위해서는 전문 대학이나 대학 및 사서 교육원 등에서 관련 교육을 이수하고, 사서 자격증을 취득해야 합니다. 전문 대학의 문헌 정보 관련 학과를 졸업하면 준사서 자격을, 4년제 대학교의 문헌 정보 관련 학과를 졸업하면 2급 정사서 자격을 취득할 수 있습니다. 일부 대학에서 운영하는 사서 교육원을 통해 1년의 교육 과정을 이수하고, 사서 자격을 취득하는 방법도 있습니다. 사서 교육원은 전문 대학 졸업 이상의 학력을 갖추어야 입학할 수 있습니다.

초·중·고등학교에서 사서교사로 일하려면 문헌정보 관련 학과 재학 중에 교직 과목을 이수해야 하고, 임용 시험에 합격하거나, 특히 국공립 초·중·고등학교 사서교사로 재직하려면 사서교사 자격증을 취득한 후, 교사 임용 시험에도 합격해야 합니다.

사서는 주로 국공립 도서관, 전문 도서관, 대학 도서관, 학교 도서관 등에서 일을 합니다. 소규모 도서관은 학교나 관련자 추천을 통해 채용하는 편입니다. 국공립의 도서관이나 대학 도서관에서 일하는 사서는 사서직 공무원에 해당하기 때문에 지방 자치 단체나 각 시도 교육청 등에서 주관하는 9급, 7급 등의 공무원 시험을 거쳐 채용됩니다.

사립 대학교 도서관, 기업체 자료실 등에서는 자체 규정에 따라 사서를 채용하는데, 일반적으로 서류 전형(필기시험), 면접을 거칩니다. 외국어, 한문, 전산 활용 능력을 요구하는 기관도 있으며, 고서 분야를 담당하기 위한 사서로 고고학, 고고미술학 등의 전문 영역의 자료를 다루는 사서직에 대해서는 관련 전공자를 우대하여 채용합니다.

공립 초·중·고등학교의 사서교사가 되기 위해서는 시도 교육청에서 실시하는 교사 임용 시험에 합격해야 합니다. 사서는 문헌 정보의 관리를 필요로 하는 연구소, 자료실, 학술 정보 관련 기관, 인터넷 정보 검색 업체, 인터넷 정보 제공 업체 등으로도 진출할 수도 있습니다. 사서의 경력을 살려 도서관 소프트웨어 개발 업체, 외국 학술지 검색 대행 업체 등으로 진출하는 사람도 있습니다.

관련 직업은?

도서관장, 기록보관원, 기록연구원, 기록연구사, 학예사, *문화재보존원* 등

관련 학과 및 자격증은?

▶관련 학과: 문헌정보학과, 도서관(학)과, 데이터정보학과, 기록물관리학과, 역사학과 등
▶관련 자격증: 정사서1급·2급, 준사서(이상 한국도서관협회), 사서교사(교육부) 등

사서 전공 분석
문헌정보학과

어떤 학과인가?

　문헌정보학은 각종 문헌, 영상 자료 등 모든 종류의 지식과 정보를 이용객이 편리하게 검색하고, 열람할 수 있도록 체계적으로 수집·관리하여 배포하는 것을 연구하는 학문입니다. 문헌정보학과에서는 전통적 수단이나 컴퓨터를 활용하여 이러한 방법들을 이해하고 실제로 운용할 수 있는 능력을 배양하는 것을 교육 목표로 하고 있습니다. 문헌정보학에서는 정보 문제의 극복과 관련된 사회 과학적 측면, 지식의 조직과 내용 및 정보의 유형 분석을 위한 인문학적 측면, 디지털 도서관과 데이터베이스 구축에 관한 공학적 측면을 다룹니다. 따라서 정보 처리에 관한 여러 가지 이론을 세우고, 정보 현상에 대하여 해명하며, 새로운 정보 이용을 위한 처리 방식의 개발에 앞장서고 있습니다. 특히 컴퓨터, 전자 출판, 네트워크, 멀티미디어 등의 발전과 함께 도서관학과 정보학을 연계시킴으로써 시대가 요구하는 전문 사서를 양성합니다.

교육 목표와 교육 내용은?

　문헌정보학과는 지식과 정보가 핵심이 되는 사회에서의 지식 정보의 생산과 흐름, 이용에 관한 다양한 이론을 연구하고 최신의 지식 정보 관리 기법을 교육하여, 각 분야의 지식 정보화에 기여할 수 있는 최고의 정보 전문가를 양성하는 것이 목표입니다.

» 지식 정보의 조직에 관한 개념과 지식을 지닌 인재를 양성합니다.

» 지식 정보의 효율적인 운용 지식을 지닌 인재를 양성합니다.

» 현장에서 지식 정보를 관리할 수 있는 인재를 양성합니다.

» 정보학 관련 이론 및 디지털 정보 처리 기반 기술에 대한 개념과 지식을 탐구하는 인재를 양성합니다.

» 정보 서비스의 효율성을 높이기 위해 정보 서비스의 이론과 실무 능력을 갖춘 인재를 양성합니다.

» 주제전문사서로서의 역할을 발휘할 수 있는 인재를 양성합니다.

» 도서관의 경영 방법, 도서관 및 지식 정보 센터의 조직 및 관리 능력을 지닌 인재를 양성합니다.

» 지식 정보 센터를 전문적으로 경영할 수 있는 인재를 양성합니다.

주요 교육 목표

- 지식 정보의 조직에 대한 개념을 갖춘 인재 양성
- 도서관을 효율적으로 관리하는 인재 양성
- 디지털 정보 처리 기술 능력을 지닌 인재 양성
- 지식 정보를 관리할 수 있는 인재 양성
- 정보 서비스의 이론과 실무 능력을 갖춘 인재 양성
- 지식 정보 센터를 전문적으로 경영하는 인재 양성

학과에 적합한 인재상은?

문헌정보학과는 다양한 학문이 모여서 종합적인 솔루션을 제공하고, 이를 토대로 필요한 정보에 대한 효율적인 접근법, 적절한 이용 방법 등을 연구하는 일에 초점을 두고 있습니다. 어느 한 분야가 아닌 다양한 학생들이 와서 흥미롭게 자신의 길을 찾아갈 수 있는 복합적인 학문 분야라고 할 수 있습니다. 따라서 어떤 적성을 가지고 있는 사람이라도 모두 수용할 수 있을 정도로 광범위하다고 할 수 있습니다. 인문학적 소양이 강한 사람도 잘할 수 있고, 공학적인 기질이 강한 사람도 잘할 수 있습니다. 다만, 모든 정보 자료들이 언어로 이루어져 있으므로 영어 등 외국어와 한문을 잘한다면 유리할 수 있습니다. 또한 지역 사회와 더불어 성장할 수 있는 지식 커뮤니티 구성과 참여에 적극적인 태도를 지니거나, 다양한 정보 자료를 활용하여 새로운 지적 산물을 창출할 수 있는 창의적인 사람에게 적합합니다.

평소에 책을 즐겨 읽고, 신문이나 잡지 등 다양한 분야의 신간 도서 및 자료에 관심을 가지면서 전산 통계 등에 소질을 키우도록 노력하면 좋습니다. 학교 도서반이나 교지 편집반 등의 동아리 활동을 통해 여러 가지 경험을 할 것을 권장합니다.

관련 학과는?

문헌정보학과, 도서관학과, 문헌정보교육과, 아동문헌정보학과, 점자문헌정보학과, 수어통역문헌정보학과, 아동보육·문헌정보전공, 문헌정보학전공, 문헌정보전공, 인문콘텐츠학부, 복지서비스학부 등

취득 가능 자격증은?

- *데이터베이스시스템관련 자격증*
  (OCA, OCP, OCM)
- 사서
- 사서교사
- 인터넷정보관리사
- 컴퓨터활용능력 등

추천 도서는?

- 도서관, 세상을 바꾸는 힘
  (이채, 로널드 B. 맥케이브, 오지은 역)
- 읽는다는 것의 역사
  (한국출판마케팅연구소, 로제 샤르티에 외)
- 생각하지 않는 사람들
  (청림출판, 니콜라스 카, 최지향 역)
- 책과 독서의 문화사
  (책세상, 육영수)
- 책의 미래
  (교보문고, 로버트 단턴, 성동규 외 역)
- 책, 문명과 지식의 진화사
  (플래닛미디어, 니콜 하워드, 송대범 역)
- 미래학 강의
  (김영사, 제임스 마틴, 류현 역)
- 독서의 기술
  (범우사, 모티머 J. 애들러 외, 민병덕 역)
- 최정태의 세계 도서관 순례기
  (한길사, 최정태)
- 도서관, 그 소란스러운 역사
  (넥서스BOOKS, 매튜 배틀스, 강미경 역)
- 위대한 도서관 사상가들
  (한울아카데미, 고인철 외)
- 지상의 아름다운 도서관
  (한길사, 최정태)
- 인류학을 넘어서
  (이학사, 버나드 맥그레인, 안경주 역)
- 밤의 도서관
  (세종서적, 알베르토 망구엘, 강주헌 역)
- 이런 사람 있었네
  (한국도서관협회, 이용남)
- 유럽 도서관에서 길을 묻다
  (우리교육, 전국학교도서관담당교사서울모임)

학과 주요 교과목은?

기초 과목	문헌정보학입문, 문헌정보학개론, 서지학개론, 정보기술론, 웹인터페이스설계, 뉴미디어, 학술정보네트워크기초, 정보시스템분석, 정보이용자교육론, 정보조사제공론, 장서개발론, 전자문서관리, 정보윤리, 기록관리론, 정보와 사회 등
심화 과목	도서관경영, 사회정보학, 학술정보커뮤니케이션, 도서관정보서비스의 특수문제, 문헌정보통계, 정보서비스론, 정보처리연습, 정보조사방법론, 정보분류론, 정보검색론, 데이터베이스시스템, 인문학콘텐츠구축론 등

진출 직업은?

사서, 기록물관리사, 문화재보존가, 언론인(기자, PD, 아나운서 등), 인문과학연구원, 작가, 정보관리전문가, 지식경영전문가, 독서지도사, 웹콘텐츠기획자, 정보검색사, 데이터베이스관리자, 정보네트워크시스템설계 및 분석자, 소프트웨어개발자, 문헌연구사, 서지학자, 지식큐레이터 등

졸업 후 진출 분야는?

일반 기업	일반 기업의 도서관, 신문사, 방송사, 잡지사, 출판사, 대형 서점, 일반 기업의 문헌 자료실, 문화 센터, 정보시스템·데이터베이스 시스템 관련 업체, 정보 네트워크 시스템의 설계 및 분석, 정보 기술 업체의 소프트웨어의 개발 및 뉴미디어의 활용 부서 등
공공 기관 및 연구 기관	초·중·고등학교 및 국립 대학 도서관, 중앙 정부 및 지방 자치 단체 문서실, 국공립 도서관, 국립중앙도서관, 국회도서관, 한국국가기록연구원, 인문·사회 과학 관련 국가·민간 연구소 등
기타	사설 학원, 데이터베이스 구축 능력 등을 바탕으로 창업 등

전공 관련 선택 과목은?

※ 필수 선택 과목: 선택 과목 중 수능 필수 지정 과목

공통 과목		국어, 수학, 영어, 한국사, 통합사회, 통합과학, 과학탐구실험
필수 선택 과목		독서, 문학, 수학Ⅰ, 수학Ⅱ, 영어Ⅰ, 영어Ⅱ, 성공적인직업생활(특성화 고등학교만 해당)
일반 선택 과목	기초	화법과 작문, 언어와 매체, 확률과 통계
	탐구	생활과 윤리, 세계지리, 경제, 한국지리
	체육·예술	
	생활·교양	정보, 기술·가정, 한문Ⅰ, 심리학, 교육학
진로 선택 과목	기초	심화 국어, 실용 영어, 고전 읽기, 경제 수학
	탐구	고전과 윤리, 여행지리, 사회문제 탐구
	체육·예술	
	생활·교양	가정과학, 창의 경영

학교생활기록부 관리는?

출결 사항	• 미인정(무단) 출결 사항이 없도록 관리하세요. 미인정(무단) 결석 등이 있으면 학교생활 충실도나 인성, 성실성 영역에서 부정적인 평가를 받을 가능성이 높아요.
수상 경력	• 단순한 수상 횟수보다는 각 학교별 여건, 참가 대상, 수상 인원 등을 파악하고, 교육 환경 안에서의 수상의 의미를 판단해요. • 글쓰기 대회나 토론 대회 수상은 전공 적합성 부분에서 높은 평가를 받을 수 있어요.
자율 활동	• 도서관과 관련된 다양한 교내외 활동을 통해 창의적이고 개성적인 사고력이 나타나도록 하세요. • 문헌정보학에 대한 관심과 흥미를 바탕으로 인성, 나눔과 배려, 협동심, 창의력, 의사 결정 능력, 리더십 등이 드러나도록 하세요.
동아리 활동	• 교내 도서반, 문예반 등 관련 동아리 활동에 꾸준히 참여하여 새로운 아이디어를 제안하고, 특정한 성과로 이어지는 경험을 하도록 하세요. • 동아리 전체 활동의 결과보다는 동아리 내 자신의 역할, 활동을 통해 배우고 느낀 점을 제시하도록 하세요.
봉사 활동	• 봉사 시간의 양보다는 자발성과 지속성 등이 중요한 평가 요소예요. • 자신의 능력을 나눌 수 있는 다양한 활동을 하고, 일방적인 베풂보다는 상대방을 존중하고 배려하는 태도가 나타날 때 더욱 좋은 평가를 받을 수 있어요.
진로 활동	• 사서 및 도서관 관련 직업들의 정보 탐색 활동을 권장해요. • 도서관, 출판사나 관련 기업 및 기관의 체험 활동을 권장해요. • 좋은 책 소개하기, 도서관 홍보하기, 독서의 날 행사 등에 참여하여 자신의 진로 역량이 나타날 수 있도록 하세요.
교과 세부 능력 및 특기 사항	• 국어, 역사 등의 교과에서 우수한 학업 성취를 올릴 수 있도록 관리하고, 관련 교과 수업에서 자기 주도성, 문제 해결 능력, 창의력, 발전 가능성 등의 역량이 발휘될 수 있도록 하세요. • 수업 과제 수행 과정, 토론과 탐구, 연구 활동, 글쓰기 등을 통해 스스로 탐구하고 이해하려는 열정, 다양한 방법을 모색하려는 열정이 드러나도록 하세요.
독서 활동	• 자신의 진로 계획과 관련하여 자기를 성찰할 수 있는 독서 활동을 하세요. • 과장된 독서 목록이나 고등학교 수준을 벗어난 독서는 오히려 도움이 되지 못할 수 있어요.
행동 발달 특성 및 종합 의견	• 창의력, 문제 해결 능력, 협업 능력, 자기 주도적 학습 능력 등이 드러날 수 있도록 해요. • 학교생활에서 자기 주도성, 경험의 다양성, 성실성, 나눔과 배려, 학업 태도와 학업 의지에 대한 장점이 기록되도록 관리해야 해요.

범죄심리분석관(프로파일러)
_심리학과

범죄심리분석관(프로파일러)이란?

2003년에 개봉된 영화 '살인의 추억'은 공소 시효 만료로 범인을 잡지 못한 채 미궁으로 빠져 버린 화성 연쇄 살인 사건을 소재로 하였습니다. 이 영화의 흥행으로 우리나라에서는 과학 수사의 필요성과 중요성이 강조되기 시작했습니다. 이후 과학 수사는 2009년 경기 서남부 연쇄 살인 사건의 진범인 강호순을 검거하는 데 결정적인 기여를 하였습니다. 범인의 옷에서 발견된 10억분의 1g의 혈흔에서 피해자의 DNA가 검출되었고, 이로써 범인은 자신의 범행을 자백할 수밖에 없게 된 것입니다. 이처럼 범죄에서 과학적 기법을 적용하는 수사원으로는 유전자감식연구원과 범죄심리분석관(프로파일러)이 있습니다.

범죄심리분석관(프로파일러)은 사건의 윤곽을 그리는 사람으로, 주로 증거가 불충분하여 일반적인 수사 기법으로는 한계가 있는 연쇄 살인 사건이나 불특정 다수를 대상으로 한 범죄, 특히 범행 동기가 불분명하거나 상식적이지 않은 범죄 사건을 담당합니다. 범죄의 정황이나 단서들을 분석하여 용의자의 성격과 행동 유형, 성별, 연령, 직업, 취향, 콤플렉스 등을 추론함으로써 수사 방향을 설정하고, 용의자의 범위를 좁히는 데 도움을 줍니다. 또 도주 경로, 은신처 등을 예상하고, 검거 후에는 심리적 전략을 구사함으로써 자백을 이끌어 내기도 합니다. 미국에서는 이미 1972년에 연방수사국(FBI)에서 공식적으로 프로파일링 기법을 활용하였고, 1983년에는 국립흉악범죄분석센터(NCAVC)가 설립되어 전국 경찰로부터 범죄 자료를 받아 데이터베이스를 구축하기 시작했습니다. 그러나 우리나라에서는 2000년에 들어서야 서울지방경찰청에 범죄행동분석팀을 설치했고, 이때 범죄 프로파일링 기법이 본격적으로 도입되었다고 할 수 있습니다. 범죄심리분석관이라는 직업은 그동안 미국의 드라마나 영화에서나 접할 수 있었고, 우리나라에서는 생소했습니다. 그러나 2016년에 드라마 '시그널'이 인기리에 방영되면서 우리나라에서도 범죄심리분석관이라는 직업이 잘 알려지게 되었습니다. 범죄심리분석관은 신체적으로나 정신적으로도 강인함이 요구되는 직업입니다. 근무 시간이 길 뿐만 아니라 범죄자가 언제 사건을 일으킬지 알 수 없기 때문에 항상 긴장을 해야 하며, 출장과 야근도 잦습니다. 그리고 끔찍한 범죄 현장을 감식하는 일이 쉽지 않기 때문에 좋지 않은 기억이나 경험의 충격은 빨리 잊거나 감정적으로 둔감해져야 합니다. 또한 사회를 위해 중요한 역할을 수행한다는 보람은 크지만, 본인과 가족이 감당해야 하는 어려움이 있는 만큼 정의감과 책임감이 필요한 직업입니다.

범죄심리분석관의 역할은 자백 유도 단계에서 가장 빛을 발한다고 합니다. 굳게 닫힌 피의자 마음의 벽을 무너뜨리는 심리전의 달인이기 때문입니다. 범죄심리분석관은 냉철하고 객관적으로 상황을 판단해야 하지만, 범인의 심리를 파악하고 행동을 예상하기 위해서 자신이 범인의 입장이 되어 생각하고 분석해야 합니다. 우리나라에서는 2000년 국내 1호 범죄심리분석관이 탄생한 이래, 경찰청에서는 2005년 제1기 범죄심리분석관 15명이 활동하기 시작했습니다. 범죄심리분석관은 경찰의 신분이기 때문에 경찰공무원의 직급과 호봉에 따라 수입이 다릅니다.

범죄심리분석관(프로파일러)이 하는 일은?

수사 요청을 받은 범죄심리분석관은 사건 현장에 출동해 범죄자가 어떻게 범행을 준비했고, 어떻게 범죄를 저질렀는지, 시신은 어떻게 처리했는지 등 일련의 범죄 과정을 과학적으로 재구성하고, 이를 통해 범행 동기와 용의자의 특징 등을 분석하여 은신처나 도주 경로를 예측하기도 합니다.

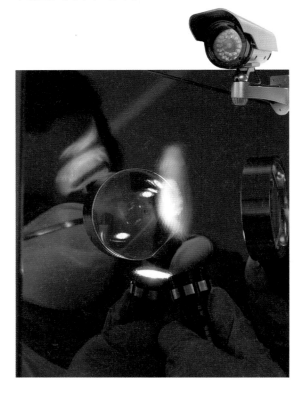

» 일반적 수사 기법으로는 해결되기 힘든 연쇄 살인 사건 수사 등에 투입되어 용의자의 성격, 행동 유형 등을 분석하고, 도주 경로나 은신처 등을 추정하는 역할을 합니다.

» 범죄 사건의 정황이나 단서들을 분석하여 용의자의 성격과 행동 유형, 성별, 연령, 직업, 취향, 콤플렉스 등을 추론함으로써 수사 방향을 설정합니다.

» 도주 경로, 은신처 등을 예상하고, 검거 후에는 심리적 전략을 구사하여 자백을 이끌어 내는 역할을 합니다.

» 사건 담당 경찰로부터 범죄 자료를 받아 데이터베이스로 구축합니다.

» 분석이 의뢰된 내용에 대해 사건 경위, 사건 대상자의 상태 등을 파악하고, 사건 의뢰자와 협의합니다.

» 용의자에게서 자백을 받아 낸 후에는 여죄를 밝히는 심문에도 참여하며, 심문 과정에서 용의자가 한 말과 행동을 상세히 기록하는 일도 합니다.

» 최면에 대해 대상자에게 설명하고 최면을 겁니다.

» 최면 대상자와의 면담을 통해 사건 경위 등에 대해서 다시 파악합니다.

» 최면 과정을 비디오테이프 등에 녹음·녹화합니다.

» 최면 대상자의 최면 능력, 최면 방법, 최면 결과, 담당자의 소견 등이 포함된 결과 보고서를 작성합니다.

» 최면과 관련하여 법정에서 증언을 합니다.

» 경찰, 검찰 등 최면 관련 담당자들을 대상으로 강의를 하기도 합니다.

유전자감식연구원에 대해 알아볼까요?

우리나라의 유전자 감식 업무는 1991년 국립과학수사연구소와 대검찰청에서 유전자 감식을 시작하면서 생겨났어요.

유전자감식연구원은 각종 생물적·화학적 지식으로 사건 해결에 결정적인 단서를 제공하는 일을 해요. 범죄 및 사고 담당자에게서 유전자 검사를 의뢰받으면 뼈, 피부 조직, 모발, 체액 등에서 시료를 채취해요. 채취된 시료에서 DNA를 분리하고 불순물을 제거한 후, DNA 증폭 과정을 거쳐서 판독해요. 검사를 위한 분석 시스템을 개발하고 개량한 후 범죄 예방을 위해 유전자 정보 데이터베이스를 구축해요. 또한 최신 감식 기술을 파악하기 위해 자료를 수집하고 연구하기도 해요.

범죄심리분석관(프로파일러)
커리어맵

관련기관
- 국립과학수사연구원 www.nfs.go.kr
- KCIS 경찰과학수사 www.kcsi.go.kr
- 경찰서 과학수사계

관련자격
- 일반심리사
- 범죄심리분석사

관련직업
- 과학수사원
- 유전자감식연구원
- 범죄심리학자
- 범죄심리연구원
- 피해자전문상담사
- 심리학 교수

흥미유형
- 현실형
- 탐구형

범죄심리분석관(프로파일러)

관련교과
- 국어
- 영어
- 사회
  - 사회·문화
- 심리학
- 기술·가정
- 정보

관련학과
- 심리학
- 사회학
- 범죄심리학

준비방법
- 영어 및 컴퓨터 관련 역량 키우기
- 심리 연구 및 컴퓨터 관련 동아리 활동
- 경찰서 및 학과 탐방 활동
- 프로파일러 인터뷰 및 직업 체험 활동
- 정보 분야 교내외 대회 참여

적성과 흥미
- 정의감
- 책임감
- 인내심
- 사고력
- 유연한 사고
- 외국어 능력
- 인내심
- 컴퓨터 활용 능력

적성과 흥미는?

범죄심리분석관은 사회를 위해 중요한 역할을 하므로 남다른 정의감과 책임감이 필요합니다. 주로 연쇄 살인 사건이나 흉악한 사건, 잘 풀리지 않는 잔혹한 사건을 수사하기 때문에 자신의 감정을 잘 조절할 수 있어야 합니다. 또한 범행을 자백하지 않은 용의자의 심리를 파악하고, 범인의 입장에서 사건을 바라보아야 하기 때문에 상대방의 말을 잘 듣고 이해하며, 냉철한 사고력과 함께 감정 이입을 잘 할 수 있는 사람이라면 좋습니다.

실타래와 같이 얽힌 사건들을 풀기 위해서는 두뇌 회전이 남들보다 빨라야 하며, 통찰력도 필요합니다. 또한 사고가 유연하여 자신이 배운 범죄 심리나 심리학을 상황에 맞게 적용할 수 있는 능력도 필요합니다.

프로파일링 기법은 외국에서 비롯된 수사 기법입니다. 그러므로 외국어로 된 원서를 읽고 해석해야 하는 경우가 많습니다. 관련 자료를 습득하기 위해서는 평소 영어 등 외국어 능력을 키우고, 정보 수집과 관리, 분석을 위해 컴퓨터 활용 능력을 갖추는 것이 필요합니다.

탐구형, 현실형의 흥미를 지닌 사람에게 적합합니다.

국립과학수사연구원에 대해 알아볼까요?

국립과학수사연구원은 행정안전부 소속 기관으로, 범죄 수사 증거물에 대한 과학적 감정 및 연구 업무를 통해 사건 해결과 범인 검거 활동을 지원해요. 경찰, 검찰, 군사 기관 등 각급 수사 기관과 법원 등 공공 기관의 각종 범죄 수사 사건에서 증거물에 대한 과학적 감정을 수행하여 범죄 사실을 입증하고, 판단 근거를 제시해요. 과학적 증거 확보를 위한 실험 연구 및 교육 활동도 실시해요. 업무 영역에 따라 법생화학부(법유전자과, 약독마약분석과, 화학분석과)와 법공학부(법안전과, 디지털분석과, 교통사고분석과, 법심리과), 중앙법의학센터 등으로 구분되어 있어요.

법유전자과는 유전자 감식 업무를 수행하는 부서로, 각종 사건과 관련된 감정물에서 혈흔, 타액 등의 인체 분비물을 검출하고 DNA를 분석하는 등의 일을 해요. 약독마약분석과는 법독성연구실, 식품의약품연구실, 독물연구실, 마약분석팀으로 구성되어 있어요. 화학분석과는 혈중 알코올 농도, 유해 가스류, 독물, 섬유, 토양, 환경오염 물질, 인화성 액체, 도료, 문서 등을 분석·감정해요.

법안전과는 각종 사회적 재난 및 기계·전기·가스 안전사고 관련 증거물을 찾아내는 안전연구실을 비롯해 화재연구실, 방화·폭발연구실, 흔적·총기연구실 등으로 구성되어 있어요. 디지털분석과는 CCTV, 사진, 비디오 등 각종 영상물의 복원, 판독, 위변조 여부, 계측 및 동일성 여부에 대한 감정과 연구를 수행해요.

그 밖에 교통안전실, 사고해석실, 도주차량실로 구성된 교통사고분석과와 심리연구실, 범죄분석실로 구성된 법심리과가 있어요.

중앙법의학센터는 사인 불분명 변사체나 범죄 사건과 연관된 시신의 부검 및 검안을 통해 사망의 종류 및 사인을 규명하고, 그 결과를 의뢰 관서에 통보하는 역할을 하는 부검 실시 기관이에요.

진출 방법은?

　국내에서 범죄심리학은 경기대학교 일반 대학원에 개설되어 있고, 그 외에 학부에 개설된 경우는 거의 없습니다. 따라서 일반적으로는 범죄심리분석관이 되기 위해 심리학과 사회학을 전공하는 것이 유리하며, 석사 이상의 학위를 소지한 사람들이 우선 대상입니다. 특별 채용으로 합격하면 경찰학교에서 6개월간 교육을 받은 뒤 지방청 과학수사계 등에 배치됩니다.

　보통 국립과학수사연구소에서 일하려면 박사 학위가 요구되고, 경찰청은 관련 분야 사회학, 임상심리학 등 석사 학위 이상을 요구합니다. 특별 채용된 범죄심리분석관 외에 경찰관으로 채용되어 과학수사요원을 거쳐 범죄심리분석관이 되는 길도 있습니다. 이를 위해서는 우선 경찰 채용 시험에 합격해야 하고, 6개월간의 경찰학교 교육 후에 일선 경찰서로 배치되는데, 이때 수사 인력의 전문화와 역량 강화를 위해 도입한 '수사경과제'를 신청해야 합니다. 강력범죄수사팀, 지능범죄수사팀, 과학수사팀, 수사지원팀, 유치관리팀 중 과학수사팀을 신청해 승인이 나면 과학수사요원으로 활동하게 됩니다. 여기서 경력을 쌓으면 범죄심리분석관이 될 수 있습니다.

미래 전망은?

　경기 침체와 양극화 등 사회 불안이 심해질수록 강력 범죄와 증거를 찾기 힘든 지능 범죄가 늘어나므로 범죄심리분석관의 범죄 심리 분석 업무의 필요성도 크게 증가하고 있습니다. 이로 인해 경찰청에서는 연쇄 강력 범죄나 지방청 2곳 이상이 연계된 사건, 기타 사회적 이목이 쏠린 사건 등의 긴급 사건이 발생하면 무조건 범죄심리분석관을 현장에 파견하여 수사에 참여시키기로 방침을 정하였습니다. 하지만 범죄심리분석관이 일할 수 있는 부서가 한정되어 있기 때문에 전문적인 자격과 실력을 갖추어야만 범죄심리분석관으로 활동할 수 있습니다. 게다가 범죄심리분석관은 신규 채용보다는 기존 인력을 전문화하여 양성하는 경향이 있습니다. 따라서 프로파일러와 비슷한 직업인 범죄심리학자, 범죄심리연구원, 피해자 전문상담사, 심리학교수 등에 관심을 가져 보는 것도 좋습니다. 그러나 서울경찰청에 5명, 지방경찰청에 2~3명 수준이 배치된 것을 볼 때 채용 규모는 앞으로 늘어날 것으로 예상됩니다.

관련 학과 및 자격증은?

▶관련 학과: *심리학과*, 사회학과, *범죄심리학과* 등
▶관련 자격증: *일반심리사, 범죄심리분석사* 등

관련 직업은?

과학수사원, 유전자감식연구원, 범죄심리학자, 범죄심리연구원, 피해자전문상담사, 심리학 교수 등

범죄심리분석관(프로파일러) 전공 분석
심리학과

어떤 학과인가?

심리학은 인간의 근본 문제인 마음과 행동의 원인을 실험, 조사, 관찰 등의 방법으로 연구하는 학문으로, 철학이나 문학과는 달리 동물이나 인간의 행동을 통제된 상황에서 측정합니다. 연구 방법이 정밀하고 객관적이어서 과학적 사고방식을 통해 다양한 인간 문제를 분석하려는 사람에게 적합한 분야입니다.

'나는 무슨 문제로 이렇게 힘들어 할까?', '이런 일이 있을 때 우리는 왜 이렇게 행동할까? 우리가 가끔 자신을 성찰할 때 하는 생각들입니다. 심리학에서는 이와 같은 개별 인간의 마음과 행동을 자세히 그리고 과학적으로 공부합니다. 심리학과는 특유의 과학적 통찰력에 기반하여, 우리 사회의 많은 문제를 해결하는 동시에 개개인의 삶의 질을 높이는 데 기여하는 인재를 양성합니다.

다른 인문학에 비해 과학적 방법론을 많이 활용하는 심리학은, 자연과학과 사회과학, 인문학의 교차점에 위치하여 여러 학문 분야를 유기적으로 연결해 주고 있습니다. 실제로 심리학은 인간-컴퓨터 공학, 인공 지능, 생체 활동 등 다양한 분야에서 활용되고 있는, 인간학의 중심 학문이자 진정한 융합 학문이라고 할 수 있습니다.

교육 목표와 교육 내용은?

심리학은 인간의 행동과 정신 과정에 관한 연구를 통해 인간을 이해하고, 예측하며, 조절함으로써 조화로운 인격 형성과 인성 회복 및 사회화를 돕는 데 교육 목표를 두고 있습니다. 심리학 하위 영역으로 발달심리, 상담심리, 인지심리, 소비자 및 광고심리, 심리측정 등이 있습니다.

» 심리 과학적 기초 소양과 자기 주도적 문제 해결 능력을 지닌 인재를 양성합니다.
» 자신과 타인에 대한 이해를 바탕으로 사회에 기여할 수 있는 인재를 양성합니다.
» 미래 지향적인 융합적 교육을 통해 새로운 직업의 창출에 기여하는 인재를 양성합니다.
» 조화로운 인격 형성과 인성 회복을 통해 전인적인 인간관을 지닌 인재를 양성합니다.
» 인간 행동에 따른 다양한 현상과 문제들을 종합적·객관적으로 이해할 수 있는 통찰력을 지닌 인재를 양성합니다.
» 인간 행동을 과학적으로 조사·분석할 수 있는 방법론적 능력을 지닌 인재를 양성합니다.
» 다양한 사회생활의 영역에서 미래 사회의 발전에 기여할 수 있는 역량을 지닌 인재를 양성합니다.

주요 교육 목표

- 심리 과학적 기초 소양을 지닌 인재 양성
- 조화로운 인성 형성을 통한 전인적인 인간관을 지닌 인재 양성
- 자신과 타인에 대한 이해를 바탕으로 사회 발전에 기여하는 인재 양성
- 미래 지향적인 융합적 사고력을 지닌 인재 양성
- 다양한 현상에 대한 통찰력을 지닌 인재 양성
- 인간 행동을 과학적으로 분석할 수 있는 인재 양성

학과에 적합한 인재상은?

인간들의 마음에서 일어나는 기쁨, 슬픔, 우울함, 불안 등의 여러 가지 정서와 그 원인에 대해 호기심이 있다면 한번쯤 심리학과에 흥미를 느꼈을 것입니다. 사람의 심리나 행동 및 사람 간의 관계 형성에 깊은 관심을 가지고 있고, 인간의 심리와 사회에 대해 끊임없이 의문을 품고 고민하는 자세를 가진 사람이라면 심리학에 적합한 흥미를 지녔다고 할 수 있습니다.

그러나 심리학은 일반 인문학과 달리 실험이나 조사, 가설 설정 등과 같은 과학적 방법론을 활용하여 연구하는 학문이므로 논리적 사고력이 뒷받침되어야 전공하기에 유리합니다. 또한 연구 방법도 정밀하고 객관적이어서, 세심하고 분석적인 사고력이 발달되어 있는 사람에게 적합합니다.

관련 학과는?

심리학과, 상담학과, 심리상담학과, 상담심리학과, 사회심리학과, 산업심리학과, 군상담심리학과, 상담·산업심리학과, 철학상담학과, 심리철학상담학과, 철학상담·심리학과, 특수치료학과, 상담심리치료학과, 심리치료학과, 미술심리상담학과, 상담코칭심리학과, 포교사회학상담학전공심리치료학과, 상담학전공, **심리학전공, 상담심리학전공, 철학상담학전공**, 뇌·인지과학전공, 상담문화영어학부, 아동복지상담심리학부, 사회학부(상담심리학전공) 등

취득 가능 자격증은?

- **임상심리사**
- **전문상담교사**
- 정신보건임상심리사
- 직업상담사
- 청소년상담사
- 청소년지도사
- 평생교육사
- 경영지도사
- 사회조사분석사
- 소비자전문상담사 등

추천 도서는?

- 사회심리학의 이해
  (학지사, 한규석)
- 사이코패스
  (학지사, 이현수)
- 인간 이해
  (일빛, 알프레드 아들러, 라영균 역)
- 임상심리학
  (시그마프레스, Timothy J. Trull, 권정혜 외 역)
- 마음은 어떻게 작동하는가
  (동녘사이언스, 스티븐 핑커, 김한영 역)
- 우연한 마음
  (시스테마, 데이비드 J. 린든, 김한영 역)
- 내 인생의 탐나는 심리학50
  (흐름출판, 톰 보틀러 보던, 이정은 역)
- 긍정의 심리학
  (황금비늘, 앨버트 엘리스 외, 이은희 역)
- 학습된 낙관주의
  (21세기북스, 마틴 셀리그만, 최호영 역)
- 언어본능
  (동녘사이언스, 스티븐 핑커, 김한영 역)
- 스키너의 심리상자 열기
  (에코의 서재, 로렌 슬레이터, 조중열 역)
- 스피노자의 뇌
  (사이언스북스, 안토니오 다마지오,
  임지원 역)
- 당신의 이야기를 들려주세요
  (바다출판사, 허지은)
- 아웃라이어
  (김영사, 말콤 글래드웰, 노정태 역)
- 설득의 심리학
  (21세기북스, 로버트 치알디니, 황혜숙 역)

학과 주요 교과목은?

기초 과목	심리학개론, 심리통계, 성격심리, 발달심리학, 정서심리학, 사회심리학, 생물심리학, 실험심리학, 지각심리학, 동기심리학, 학습심리학, 행동분석, 조사분석법 등
심화 과목	심리검사, 심리치료, 언어심리학, 문화심리학, 인지심리학, 성인노인심리학, 범죄심리학, 이상심리학, 소비자심리학, 산업심리학, 커뮤니케이션심리학, 임상심리학, 건강심리학, 조직심리학, 대인관계심리학, 인간발달연구, 상담이론과 실제, 인지신경과학의 기초 등

진출 직업은?

상담심리사, 발달심리사, 범죄심리분석관(프로파일러), 카피라이터, 심리치료사, 언론인(기자, PD, 아나운서 등), 인문과학연구원, 심리학연구원, 작가 등

졸업 후 진출 분야는?

일반 기업	신문사, 잡지사, 방송국, 기업체의 마케팅·홍보팀, 광고 대행사, 리서치 회사, 컨설팅 업체, 심리 검사 기관 및 상담 기관, 상담소 등
공공 기관	교도직 공무원, 법무부 교정국, 노동청 산하 연구소, 인문·사회 과학 관련 국가·민간 연구소 등
기타	광고 및 홍보 전문가, 사설 연구소 경영 등

전공 관련 선택 과목은?

※ 필수 선택 과목: 선택 과목 중 수능 필수 지정 과목

공통 과목		국어, 수학, 영어, 한국사, 통합사회, 통합과학, 과학탐구실험
필수 선택 과목		독서, 문학, 수학Ⅰ, 수학Ⅱ, 영어Ⅰ, 영어Ⅱ, 성공적인직업생활(특성화 고등학교만 해당)
일반 선택 과목	기초	
	탐구	사회·문화, 생활과 윤리, 윤리와 사상, 생명과학Ⅰ
	체육·예술	
	생활·교양	철학, 심리학, 보건, 교육학, 논리학
진로 선택 과목	기초	심화 국어, 실용 국어, 수학과제 탐구
	탐구	생활과 과학, 사회문제 탐구, 생명과학Ⅱ
	체육·예술	
	생활·교양	가정과학, 창의 경영

학교생활기록부 관리는?

📋	출결 사항	• 출결은 학생으로서 지켜야 할 기본적인 의무를 성실하게 잘 이행했는지를 알려주는 기본적인 사항이에요. 미인정(무단) 출결 사항이 있으면 인성, 성실성 영역에서 부정적인 평가를 받을 수 있어요.
🅰	수상 경력	• 수상은 관심 분야에 대한 적극성과 우수성을 입증하고, 자신의 성장 과정을 확인시킬 수 있는 항목이에요. • 토론 대회, 논술 대회, 글쓰기 대회 등의 수상은 전공 적합성에서 높은 평가를 받을 수 있어요.
✈	자율 활동	• 희망 전공에 적합한 다양한 교내외 활동과 경험에 참여함으로써 진로 적합성이 드러나도록 하세요. • 심리학 분야에 대한 관심과 흥미를 바탕으로 창의적이고 개성적인 사고력, 리더십, 자기 주도성, 자발적 의지와 태도 등이 나타나도록 하세요.
🎒	동아리 활동	• 교내 심리학 동아리, 상담 동아리 등 관련 동아리 활동에 참여하여 자신이 가지고 있는 역량이 입증될 수 있도록 하세요. • 동아리 활동을 꾸준하게 하면서 의미 있는 성과를 내기 위해 자신이 한 역할과 이 과정에서 배운 점 등이 드러나도록 하세요.
♡	봉사 활동	• 나눔과 배려 정신이 드러나는 봉사 활동은 양보다는 자발성과 지속성이 중요해요. • 일방적인 도움보다는 상대방을 배려하는 태도가 나타나도록 하고, 자신의 능력을 나눌 수 있는 다양한 활동을 하세요.
🎓	진로 활동	• 심리학연구원 등 관련 직업들의 정보 탐색 활동을 권장해요. • 심리상담소, 경찰서 등 관련 기관 및 기업에서 체험 활동을 권장해요. • 진로에 적합한 동아리를 만들거나 진로 체험 학습을 계획하는 등 진로 역량이 나타날 수 있도록 하세요.
🔍	교과 세부 능력 및 특기 사항	• 심리학과 관련 있는 교과에서 학업 성취도를 올릴 수 있도록 관리하고, 수업 활동에서 자기 주도성, 문제 해결 능력, 창의력, 발전 가능성 등의 역량이 발휘될 수 있도록 하세요. • 수업 활동과 과제 수행 과정에서 주도적인 노력, 열의와 관심, 다양한 탐구 방법의 모색, 창의성 등이 드러나도록 노력하세요.
📖	독서 활동	• 교과 학습의 내용을 발전시키기 위해 관련된 분야의 책을 주도적으로 찾아 읽고, 그 내용이 토대가 되어 발전적인 모습이 드러나도록 하세요. • 진로와 관련된 책을 정독하면서 자신의 진로 계획을 성찰하는 시간을 가져 보세요.
📒	행동 발달 특성 및 종합 의견	• 창의력, 문제 해결 능력, 협업 능력, 자기 주도적 학습 능력 등이 드러날 수 있도록 해요. • 학교생활에서 자기 주도성, 경험의 다양성, 성실성, 나눔과 배려, 학업 태도와 학업 의지에 대한 장점이 기록되도록 관리해야 해요.

문화재연구원 _ 역사학과

문화재연구원이란?

'역사를 잊은 민족에게 미래는 없다.'는 말을 들어 보았을 것입니다. 우리가 살아가는 사회와 문화는 역사 속 사람들의 끊임없는 노력을 토대로 발전해 왔습니다. 그러나 현재를 살아가는 우리는 우리의 역사와 문화를 점차 잊고 있는 것은 아닐까요? 현재 우리나라의 자연과 환경은 많은 개발로 인해 훼손되었으며, 지금도 전국적으로 각종 개발 사업이 다양하게 진행되고 있어 어딘가에 묻혀 있을 우리나라의 문화유산들이 소실되고 있습니다. 문화유산은 우리 겨레의 삶의 지혜와 숨결이 깃들어 있는 소중한 보배이자 인류 문화의 자산입니다. 모든 유·무형의 문화재는 민족 문화의 정수이며 기반이 됩니다. 더욱이 우리의 문화유산은 오랜 역사 속에서 많은 재난을 견디어 오늘에 이르고 있습니다. 그러므로 문화유산을 찾고 가꾸는 일은 곧 나라 사랑의 바탕이 됩니다. 문화유산은 한번 손상되면 다시는 원 상태로 돌이킬 수 없으므로 국민들은 유적과 그 주변 환경이 훼손되지 않도록 노력해야 합니다.

문화재연구원은 선사 시대부터 현대에 이르기까지 우리나라 각 지역에 분포하고 있는 문화재를 조사하고 발굴하며 복원하는 것을 전문적으로 연구하는 사람입니다. 즉 우리나라의 문화유산(유·무형 문화재)을 온전하게 보존하거나 기록으로 남겨서 다음 세대에 물려주기 위해 이를 널리 조사, 발굴, 연구, 보존, 복원하는 일을 합니다. 이는 문화유산의 역사성을 회복하여 누구나 언제든지 우리의 전통 문화를 누릴 수 있게 하고, 나아가 세계 속에서 우리 문화유산의 우수성을 알리는 데 크게 기여하고 있습니다.

문화재연구원은 일반적으로 정부나 민간의 관련 문화재 연구 기관이나 대학 부설 연구소에 소속되어 근무하지만 일부 연구원은 파트타임으로 근무하기도 합니다. 업무는 단독으로 진행하는 경우도 있고, 연구원들이 팀을 이루어 공동으로 진행하기도 합니다. 정부 연구 기관의 경우에는 공동 연구를 하는 것이 대부분인데, 연구원들이 함께 모여서 고민하고 토론하며 문제 해결 방법을 찾습니다. 또한 행정 기관과 박물관의 의뢰를 받아 문화재에 관한 데이터베이스 구축 작업을 하기도

합니다.

문화재연구원은 다른 직업에 비해, 근무 환경이 쾌적하고 정신적·육체적 스트레스가 적은 편입니다. 또한 높은 수준의 전문 지식이 필요하기 때문에 직업 전문성이 높아 개인 연구에서의 자율성이 보장되며, 사회 기여나 소명에 대한 의식도 높은 편입니다.

문화재연구원이 하는 일은?

문화재연구원은 대한민국 문화유산(유·무형 문화재) 및 매장 문화재의 조사, 연구, 보호, 보존 관리 및 그 활용을 통해 민족 문화를 전승·보급하고, 문화재의 총체적인 보존 관리 체제를 확립하는 일을 합니다.

» 문화유산에 대한 지표 조사, 발굴 조사, 고건축 조사, 문화재 GIS 조사 등을 합니다.
» 문화재의 수리 체계 개선 및 전통 재료를 활성화합니다.
» 보존 관리, 보수, 복원에 관한 일을 합니다.
» 문화유산 관련 조사 및 연구를 하고, 학술 보고서와 연구서를 발간합니다.
» 전통문화와 문화재에 대한 전문 인력을 양성하기 위해 교육합니다.
» 문화유산과 관련한 문화 콘텐츠를 연구하고 개발합니다.
» 문화유산 관련 각종 학술 행사에 참여합니다.
» 지역 문화유산의 관광 자원화 및 콘텐츠의 활용을 확대합니다.
» 생활 문화유산에 대한 교육을 합니다.
» 세계 유산 등재 체계화와 관리를 강화합니다.
» 국외 문화재를 보호·활용합니다.
» 문화재의 국제 교류를 확대합니다.

JUMPUP

큐레이터에 대해 알아볼까요?

큐레이터는 박물관, 미술관 등에서 관람객들을 위해 전시를 기획하고, 소장품의 수집과 관리, 조사와 연구, 교육 프로그램을 개발하는 일을 해요. 구체적인 업무 내용은 근무하는 장소나 전시품에 따라 차이가 있어요.

큐레이터는 일반적으로 새로운 전시 주제를 선정하여 작품을 섭외하고, 전시장 진열과 관리, 관람객을 대상으로 한 교육 프로그램 준비 업무를 비롯해 전시 개막식 및 리셉션 준비 등 행정적인 업무까지 모든 업무를 총괄해요.

큐레이터가 되기 위해서는 대학에서 고고학, 사학, 미술사학, 예술학, 민속학, 인류학 등을 전공하면 도움이 돼요. 큐레이터 채용 시 관련 전공자로 제한하는 경우도 있으며, 석사 이상의 학력을 요구하기도 해요. 미술관 큐레이터 중에는 동양화, 서양화, 조각, 도예 등 미술 실기를 전공한 사람도 있어요.

요즘에는 각 대학에 큐레이터학과가 생기고, 대학원에 예술 기획전공, 예술경영학과, 박물관학과, 미술관학과, 문화관리학과 등이 개설되어 전문적인 교육을 받을 수 있는 곳이 많아졌어요.

문화재연구원
커리어맵

문화재연구원

관련기관
- 문화재청 www.cha.go.kr
- 국립중앙박물관 www.museum.go.kr
- 국립문화재연구소 www.nrich.go.kr
- 한국문화재재단 chf.or.kr

준비방법
- 국어 및 한국사 교과 역량 키우기
- 역사 및 문화재 관련 동아리 활동
- 박물관, 역사 탐방 등 체험 활동
- 한국사 분야 교내외 대회 참가
- 문화재 연구소나 학과 탐방 활동
- 문화재연구원 직업 체험 활동

적성과 흥미
- 탐구심
- 논리적 사고력
- 판단력
- 통찰력
- 계획성
- 외국어 능력
- 성실성
- 대인 관계 능력
- 집중력

흥미유형
- 관습형
- 탐구형

관련학과
- 동양사학과
- 서양사학과
- 역사학과
- 미술사학과
- 인문콘텐츠학부
- 역사콘텐츠학부

관련교과
- 국어
- 한국사
- 한문
- 사회·문화
- 기술·가정

관련자격
- 문화재수리기술사
- 박물관 및 미술관 준학예사
- 사서
- 사서교사
- 문화예술교육사

관련직업
- 사회이론연구원
- 사상사연구원
- 역사교육연구원
- 감정평가사
- 서양사연구원
- 고고학연구원
- 미술사연구원
- 학예사

적성과 흥미는?

문화재연구원이 되려면 사람과 사회에 대한 폭넓은 이해와 관심을 가지고 있어야 하며, 역사, 사회, 철학 등 인문학과 사회과학 전반에 대한 지식이 필요합니다. 역사적 사실에 대한 호기심과 탐구 정신, 역사적 사실을 객관적으로 기술하고 평가할 수 있는 객관성, 논리적 사고력, 판단력, 통찰력이 필요합니다. 각종 해외 문헌 자료를 보며 연구해야 하는 경우가 많기 때문에 한문과 영어, 중국어 등 일정 수준의 외국어 능력이 필요합니다.

문화재연구원은 장기적으로 연구하는 경우가 많기 때문에 자신이 맡은 과제에 대해 끝까지 연구할 수 있는 계획성과 인내심, 성실한 마음가짐도 필요합니다. 팀을 이루어 연구하는 경우도 많으므로 다른 연구원들의 의견을 존중하고 받아들이는 원만한 대인 관계 능력도 필요합니다. 또한 무엇보다 탐구하는 것에 대한 지적 호기심을 가지고, 연구에 몰두할 수 있는 집중력이 있어야 합니다.

탐구형과 관습형의 흥미를 가진 사람에게 적합하며 꼼꼼함, 인내심, 정직성, 사명감 등의 성격을 가진 사람에게 적합합니다.

관련 학과 및 자격증은?

▶ 관련 학과: 사학과, **동양사학과, 서양사학과, 역사학과,** 한국역사학과, 한국사학과, 역사·문화학과, 미술사학과, 사학전공, 역사·문화학전공, 인문콘텐츠학부, 역사콘텐츠학부, 인문학부(사학전공), 역사관광·외교통상학부(역사관광전공) 등
▶ 관련 자격증: **문화재수리기술사, 박물관 및 미술관 준학예사,** 서서, 사서교사, 문화예술교육사 등

문화재보존원에 대해 알아볼까요?

문화재보존원은 궁궐, 사찰, 미술관, 박물관이 소장하고 있는 미술품, 공예품, 서적 등 유형 문화재와 관련하여, 소장품의 파손된 부위를 복원·관리하는 기술적인 업무를 수행해요. 문화재가 서울, 경주, 부여 등의 옛 도읍지를 중심으로 전국에 산재해 있고, 절이나 사당 등 전통 건축물의 신축 공사도 담당하기 때문에 문화재보존원은 대도시에서부터 산간 오지까지 다니며 작업을 해야 해요.

문화재보존원이 되기 위해서는 다양한 분야의 전문 지식이 필요해요. 대학이나 대학원에서 문화재보존학 관련 학문을 전공한 후 학교의 부설 연구소 또는 관련 업체에서 근무하며 경험을 쌓는 것이 일반적이에요. 국가 지정 문화재의 보수 업무를 하기 위해서는 문화청에서 시행하는 문화재수리기술자 및 기능자 자격시험에 합격해야 해요. 문화재보존원은 유적, 유물에 대한 역사적 지식이 필요하고, 약물 처리 등을 하기 때문에 화학적 지식도 필요하며, 석조물, 미술품 등을 세심하고 정확하게 보존하고 복원하는 기술이 필요해요.

관련 직업은?

문화사연구원, 역사교육연구원, 한국사연구원, 고고학연구원, 미술사연구원, 학예사, **감정평가사,** 사학이론연구원, 사상사연구원, 대학교수, 서양사연구원 등

진출 방법은?

문화재연구원은 주로 문화재청, 국립중앙박물관, 국립문화재연구소, 문화재조사연구단과 같은 정부 출연 연구 기관, 민간 연구 기관, 대학 부설 연구소 등으로 진출합니다. 문화재연구원이 되기 위해서는 대학교에서 고고학, 미술학, 고고미술사학, 문화재보존학 등을 전공해야 합니다. 최근 문화재 연구와 보존 업무가 전문화되고 있기 때문에 대학원에 진학하여 석사 또는 박사 학위를 취득하는 것이 도움이 됩니다. 대학원에 진학하여 관련 지식을 깊이 쌓고, 세부 전공을 선택한 후 자신의 전공 분야를 집중적으로 공부해야 합니다. 또한 문화재 보전을 위해 화학이나 생물학, 물리학 등의 지식이 필요하므로 다양한 지식을 습득하는 것이 좋습니다.

학교의 부설 연구소나 각 지역 문화재 연구소 또는 관련 업체에서 근무하며 경험을 쌓고, 국공립 박물관이나 연구소 등에서 자신의 전공 분야를 좀 더 심층적으로 연구할 수 있습니다.

문화재연구원은 전문직이므로 자신의 전문성을 높이기 위해 끊임없이 새로운 이론을 배우고, 새로운 연구 방법을 익혀 미래 사회가 요구하는 연구 수요에 대처할 수 있도록 노력해야 합니다.

미래 전망은?

문화적 소양이 뒷받침되지 않은 외국어 구사나 파편적 지식만으로는 진정한 세계인이 될 수 없는 세계화 시대에, 우리나라는 물론 세계의 문화에 대해 폭넓은 소양을 지닌 문화재연구원의 역할은 정말 중요합니다. 그러나 최근까지 문화재에 대한 대중의 관심은 낮은 편이었고, 문화재연구원이 진출할 수 있는 정부 출연 연구소는 소수였으며, 단기간에 눈에 띄는 성과물이 드러나지 않기 때문에 기업체 부설 연구소에서도 선호하지 않았습니다. 또한 기업체들의 이공계 선호 현상은 문화재연구원의 일자리 형성에 부정적인 영향을 미쳤습니다.

그러나 요즘은 선조들이 물려준 문화유산을 우리도 후손들에게 그대로 물려주어야 한다는 국민적인 인식이 점점 커지고 있습니다. 이런 이유로 정부는 문화유산의 관리를 체계화하여 국민이 언제, 어디서나 향유할 수 있는 문화유산을 확대하고, 각 지역 문화유산의 관광 자원화 및 콘텐츠 활용을 확대하는 등 문화유산 관련 일자리를 창출하기 위해 노력하고 있습니다.

이처럼 문화유산의 혁신을 통해 변화를 유도한다는 정부의 정책이 계속된다면 문화재연구원의 전망은 비교적 밝다고 할 수 있습니다.

문화재연구원 전공분석
역사학과

어떤 학과인가?

역사학과에서는 인류와 민족의 문화유산을 발굴하고 체계화하는 능력을 갖춘 역사학자와 관련 분야 전문가 및 실무자, 지식인을 양성하는 것이 교육 목표입니다. 이를 위해 한국사를 중심으로 한 연구와 교육을 위주로 교육 과정을 운영하면서도 세계문화 속에서 한국사의 위상을 정립할 수 있도록 동양사, 서양사, 박물관 관련 교육에도 역점을 둡니다. 그 결과 역사학과는 역사 연구를 통해 사회의 다양한 수요에 대응해 왔고, 그 과정에서 역사의 대중화와 콘텐츠 개발 등 여러 방면에 기여해 왔습니다. 이 같은 추세는 앞으로도 이어져 문화유산의 재발견과 콘텐츠화, 과거 역사를 둘러싼 갈등 해결, 역사 속 인물과 사건에 대한 심층 이해와 대중화 등 많은 수요가 창출될 예정입니다. 이에 따라 역사학과는 역사 관련 기본 소양을 갖추며, 역사 콘텐츠를 기획하고 활용할 수 있는 인재 양성을 통해 사회에 기여하고자 합니다.

교육 목표와 교육 내용은?

민족의 문화적 유산을 발굴하고 체계화할 능력을 갖춘 유능한 역사학자와 그것을 보급할 훌륭한 역사교사 및 지식인의 양성을 목표로 합니다. 따라서 역사학과는 한국사의 연구와 교육을 중심으로 운영하지만 세계 문화 속에서 한국 문화의 위상을 정립할 수 있는 능력을 갖추도록 하는 교육에도 역점을 둡니다.

» 한국, 동양, 서양 등 시대와 국가를 망라한 인간의 삶에 접근하기 위해 역사적 지식을 지닌 인재를 양성합니다.

» 정치, 경제, 문화 등에 걸친 분야별 역사 탐구를 통해 종합적 지식을 갖춘 인재를 양성합니다.

» 역사적 통찰력을 바탕으로 미래 사회의 변화에 능동적으로 대응하는 능력을 지닌 인재를 양성합니다.

» 역사학자 및 역사 교육 지도자, 아울러 다양한 분야의 전문인이 될 수 있는 기초 지식과 종합적 능력을 지닌 인재를 양성합니다.

» 역사적 지식을 바탕으로 창의적으로 사고할 수 있는 능력을 지닌 인재를 양성합니다.

» 한국의 역사적 위상과 역할에 대한 인식을 통해 창조적 문화 창달에 기여할 수 있는 인재를 양성합니다.

주요 교육 목표

- 역사적 지식을 갖춘 인재 양성
- 한국의 역사적 위상과 역할을 인지하는 인재 양성
- 역사, 정치, 경제, 문화 등을 통찰하는 인재 양성
- 창의적으로 사고하고 끊임없이 연구하는 인재 양성
- 미래 사회의 변화에 창조적으로 대응하는 인재 양성
- 창조적 문화 창달에 기여하는 인재 양성

학과에 적합한 인재상은?

역사학과는 한국사의 연구와 교육을 중심으로 운영되는 학과이면서도 한국 문화의 위상을 정립할 수 있도록 동양사, 서양사, 박물관학의 연구에 역점을 두는 학과입니다. 따라서 국사, 동아시아사, 중국사, 세계사 등과 같은 역사 과목에 흥미가 많은 사람에게 적합합니다. 역사는 인간의 삶과 밀접한 관계가 있기 때문에 인간에 대해 호기심을 가지고 인류와 사회의 발달 과정을 탐구하고 싶은 사람에게 적합합니다. 사료와 사료 사이의 여러 상황을 생각하는 상상력과 논리적 사고력, 통찰력을 갖추면 유리합니다.

관련 학과는?

동양사학과, 서양사학과, 한국역사학과, 미술사학과, 인문콘텐츠학부, **역사콘텐츠학부** 등

취득 가능 자격증은?

- **문화재수리기술자**
- 박물관 및 미술관 준학예사
- 사서
- 사서교사
- **중등학교 2급 정교사** 등

추천 도서는?

- 한국사특강
  (서울대학교출판부, 한국사특강편찬위원회)
- 다시 찾는 우리역사
  (경세원, 한영우)
- 고려왕조와 경기를 보는 시선
  (경인문화사, 경기문화재단)
- 뿌리 깊은 한국사 샘이 깊은 이야기2
  (가람기획, 강봉룡)
- 한국인을 위한 중국사
  (서해문집, 신성곤 외)
- 가야사 새로 읽기
  (주류성, 주보돈)
- 한국 전근대사의 주요 쟁점
  (역사비평사, 편집부)
- 아틀라스 중국사
  (사계절, 박한제 외)
- 고쳐 쓴 한국근대사
  (창작과비평사, 강만길)
- 실크로드와 한국 문화
  (나남, 최광식)
- 21세기에 다시 보는 고려시대의 역사
  (혜안, 한국중세사학회)
- 고구려이야기
  (명진, 정희철)
- 종묘와 사직
  (책과함께, 강문식 외)
- 토지
  (마로니에북스, 박경리)
- 쟁점 한국사
  (창비, 한명기 외)

학과 주요 교과목은?

기초 과목	역사학입문, 역사고전의 이해, 역사지리와 문화유산, 고고미술사학개론, 박물관과 문화기획, 한국사사료강독, 고대그리스로마사, 인물로 본 서양사, 조선시대사회와 제도, 주제로 본 동양사, 중국고대의 문명과 동아시아의 문화, 동양사사료강독, 개항기 한국사회와 문화, 근대유럽의 형성과 발전, 전통시대 동아시아의 국제관계, 중세봉건시대와 기독교사회, 한국중세사의 탐구 등
심화 과목	서양사사료강독, 서양사회경제사, 서양사료학습론, 현대서양의 팽창과 위기, 공간으로 본 서양문화사, 동서문화교류사, 서양지성사, 근대일본과 동아시아, 일제식민지배와 한국사회, 중국근현대사의 탐구, 한국고대왕권과 불교, 역사자료와 인문콘텐츠, 인물로 본 동양사, 한국현대사의 탐구, 동아세계역사학특강, 미국의 역사와 문화, 영어로 다시 읽는 한국사, 한국사특강 등

진출 직업은?

역사학자, 중등학교 교사, 대학교수, 작가, **학예연구사,** 기록관리사, 기자, PD, 방송작가, 출판편집기획자, 역사물작가, 번역가, 영화·게임·애니메이션·이벤트 등의 콘텐츠 기획 및 개발자, 관광가이드, 사회조사전문가 등

졸업 후 진출 분야는?

일반 기업	신문사, 잡지사, 방송국, 일반 기업의 문헌 자료실, 기업의 사무직 등
공공 기관	문화체육관광부, 국립중앙박물관, 국립현대미술관, 문화재청, 국립문화재연구소, 한국문화재단, 중·고등학교, 대학교, 중앙 정부 및 지방 자치 단체의 문서실, 국공립 대학 도서관, 국공립 박물관, 지역 문화원, 인문·사회과학 관련 국가·민간 연구소, 각종 문화재 관련 연구소 등
기타	대학원 진학, 사설 학원 운영 등

전공 관련 선택 과목은?

※ 필수 선택 과목: 선택 과목 중 수능 필수 지정 과목

공통 과목		국어, 수학, 영어, 한국사, 통합사회, 통합과학, 과학탐구실험
필수 선택 과목		독서, 문학, 수학Ⅰ, 수학Ⅱ, 영어Ⅰ, 영어Ⅱ, 성공적인직업생활(특성화 고등학교만 해당)
일반 선택 과목	기초	
	탐구	한국지리, 세계지리, 동아시아사, 세계사, 사회·문화, 윤리와 사상
	체육·예술	
	생활·교양	철학, 교육학, 종교학, 논술, 한문Ⅰ, 제2외국어Ⅰ
진로 선택 과목	기초	심화 국어, 고전 읽기
	탐구	사회문제 탐구, 과학사, 고전과 윤리, 여행지리
	체육·예술	
	생활·교양	한문Ⅱ, 제2외국어Ⅱ

학교생활기록부 관리는?

📋	출결 사항	• 출결은 학생으로서 당연히 해야 하는 의무를 책임감 있게 수행하고 있는가를 알아볼 수 있어요. 미인정 (무단) 출결 사항이 있으면 성실성 영역에서 부정적인 평가를 받을 수 있어요.
🏅	수상 경력	• 관련 교과와 관련된 연구, 토론 대회 등의 수상은 전공 적합성 평가에서 높은 점수를 받을 수 있어요. • 수상 횟수와 등위보다는 각 학교별 여건이나 세부 능력 및 특기 사항 활동과 연계하여 수상의 의미와 가치를 평가해요.
✈️	자율 활동	• 다양한 교내외 활동을 통해 창의적이고 개성적인 사고력이 나타나도록 하세요. • 역사에 대한 관심과 흥미를 바탕으로 인성, 나눔과 배려, 협동심, 창의력, 의사 결정 능력, 리더십 등이 드러나도록 하세요.
🎒	동아리 활동	• 교내 역사 연구반, 역사 신문반 등 관련 동아리에 참여하여 자신이 가지고 있는 역사학도로서의 자질이 드러나도록 하세요. • 동아리 활동을 꾸준하게 하면서 의미 있는 성과를 내기 위해 자신이 한 역할과 이 과정에서 성장한 점이 드러나도록 하세요.
❤️	봉사 활동	• 교내외에서 자신의 전공 적합성이 드러날 수 있는 봉사 활동에 적극 참여하세요. • 봉사 시간을 꾸준하고 일관성 있게 하되, 상대방을 배려하는 태도가 드러나도록 하고, 봉사의 진정성이 나타나도록 하세요.
🎓	진로 활동	• 문화재연구원 및 역사 관련 직업들의 정보 탐색 활동을 권장해요. • 박물관, 문화재 연구소 등 관련 기관이나 학과 체험 활동을 권장해요. • 우리 역사 바로 알기, 역사의 중요성에 관한 UCC 만들기 등에 참여하여 자신의 진로 역량이 나타날 수 있도록 하세요.
🔍	교과 세부 능력 및 특기 사항	• 역사학과 관련성이 높은 국어, 사회, 세계사, 지리 등의 교과에서 우수한 학업 성취를 올릴 수 있도록 관리하고, 수업에서 학업 역량, 전공 적합성, 인성, 자기 주도성, 문제 해결 능력 등이 발휘될 수 있도록 하세요. • 역사와 관련된 방과 후 학습, 개방형 교육 과정 등을 이수하고 발표, 토론, 주제 탐구, 과제 연구 등에 주도적으로 참여하세요.
📖	독서 활동	• 지적 호기심과 탐구 능력을 중시하기 때문에 다독보다는 몇 권이라도 정독하여 자신의 진로와 관련하여 자기를 성찰하는 시간이 되도록 하세요. • 과장된 독서 목록이나 고등학교 수준을 벗어난 독서는 평가에 불리하게 작용할 수 있어요.
📔	행동 발달 특성 및 종합 의견	• 학업 태도, 의지 등 지적 요소에 대한 교사의 진술을 토대로 하여 학교생활기록부의 다른 요소들과 연관 지어 종합적으로 평가해요. • 학교생활에서 자기 주도성, 경험의 다양성, 성실성, 나눔과 배려, 학업 태도와 학업 의지에 대한 장점이 기록되도록 관리해야 해요.

목사 _종교학과

목사란?

사람들이 살아가면서 마음이 힘들 때나 어려운 일을 당했을 때 신이나 절대자를 찾게 됩니다. 목사나 신부, 승려 등은 성직자로서 신자들에게 정신적·도덕적 지도를 하며, 신자들의 마음에 안식을 주는 상담자로서의 역할을 하는 동시에 사회 지도자로서의 역할도 합니다.

목사는 본래 양을 치는 사람이라는 뜻의 '목자(牧者)'에서 비롯된 단어로, 개신교 신자들에게 교리를 설명하며, 종교 의식을 집행하는 일을 합니다. 목사는 예배를 준비하고 진행하는 사회자, 기독교 교리를 신자 또는 비신자에게 가르치는 교사, 또한 교회 운영의 감독관 등의 역할을 모두 해야 합니다. 규모가 작은 교회의 경우에는 이외에도 신도 사이의 갈등을 중재하거나 개인적 고민을 나누는 상담사의 업무를 수행하기도 합니다.

목사는 사람을 직접 마주 대하면서 활동하는 일이 많으므로 인간 관계의 갈등이 필연적으로 따르고, 이에 대한 스트레스가 많을 수 있습니다. 그러나 목사는 하나님의 사랑을 사람들에게 전해 주는 일을 하기 때문에, 무엇보다도 사람을 사랑해야 하는 직업입니다. 목사들은 잘 변하지 않는 사람들이 설교를 통해서 조금씩 바뀌어 가고, 삶의 가치관이 달라지는 것을 보면 큰 보람과 기쁨을 느낀다고 합니다.

우리나라 목사들은 1945년까지는 대개 구약적 선민의식을 강조하였고, 1960년대에는 신학의 토착화 문제, 그리고 1970년대는 사회 복음에 대해 설교를 했습니다. 그러나 설교 내용은 대부분 복음주의적이고, 영적인 차원의 것이었다고 할 수 있습니다.

교회는 초창기부터 목사의 자격에 대해서는 철저하게 관리해 왔습니다. 장로교는 1916년 외국에서 신학을 연구한 사람이 우리나라에서 목회를 할 때는 반드시 총회 직속 평양신학교에서 교회 헌법과 교리 장정을 학습하도록 규제하였습니다. 초창기 장로교에서는 여자 장로 및 목사 제도를 금했지만 광복 후 허용하였고, 감리교에서는 일찍부터 여자 목사 제도를 허용하고 있습니다.

한국 근대사에서 목사들이 강력한 지도력을 발휘하여 민족의 정신 교육을 담당하였고, 교회를 통해 근대화 추진에 끼친 공헌은 아주 크다고 할 수 있습니다.

목사는 서비스업의 일종이기 때문에 감정 노동이 심한 편입니다. 신도들의 신앙심을 이끄는 일에 소홀히 하는 순간 교인들은 교회를 떠나고 목사들은 설 자리를 잃게 됩니다. 또한 목사는 예배를 하는 것 이외에도, 교회에서 하는 각종 행사, 여름 성경 학교, 수련회, 해외 선교, 부흥회, 특별 기도회, 야외 예배, 추수 감사 예배 등을 주관해야 합니다.

목사는 일반 신도의 집에 심방을 자주 다니는 등 이동을 많이 하고, 교회 소속 봉고차나 승합차 등을 운전해야 할 일이 매우 많기 때문에 1종 보통 운전면허가 있으면 도움이 됩니다.

JUMPUP

우리나라 최초의 목사에 대해 알아볼까요?

우리나라 최초의 목사는 감리교의 경우 1901년 김창식, 김기범이 장립(목사가 장로로 선정된 신자에게 그 직책을 주는 일)되었고, 장로교의 경우 1907년 독로회가 조직되어 길선주, 서경조, 이기풍 등 7명이 안수를 받았어요.

1910년까지는 대개 선교사와 협동 목사(2인 이상의 목사가 합력하여 동등한 권리로 근무하는 목사)의 자격으로 일하다가 그 뒤 단독 목회 당회장으로 교회의 치리(교리에 불복하거나 불법한 자에 대해 당회에서 증거를 모아 심사 책벌하는 일)와 예배를 담당하게 되었어요.

목사가 하는 일은?

종교 의례와 의식을 거행하거나 관리하며, 창조, 속죄 또는 구원 행사의 의식적 재연을 관장합니다. 기본적으로 예배와 세례, 성찬을 주관하고, 몇 십 분 분량의 설교를 하는 것이 가장 기본적인 업무입니다. 그 외에도 신앙 상담, 가정 심방, 예식 집전(혼인, 병자 방문, 장례 등) 등으로 교인들을 하나하나 챙기는 것도 업무입니다.

» 예배와 세례, 성찬을 주관하고 몇 십 분 분량의 설교를 합니다.

» 신자들의 요청에 의해 결혼식이나 장례식을 집행합니다.

» 교육 기관, 의료 기관, 교도소, 경찰서, 군대 등에서 교육적·종교적 활동을 수행하기도 합니다.

» 신도의 가정을 방문하여 신앙심을 고취시키거나 병든 사람을 위로하며 가난한 사람을 도와주고, 정신적인 결핍 또는 안식을 갈망하는 사람들을 도우며 신앙으로 인도합니다.

» 각종 모임이나 종교 교육 프로그램을 지도·감독합니다.

» 단체에 근무하는 경우 성직자 양성을 담당하거나 하위 성직자로 하여금 종단의 관리나 인사, 재무, 사무 등의 일을 제대로 수행하도록 지도·감독합니다.

» 교회에 임금 근로자나 자원 봉사자가 있을 경우에는 이에 대한 관리·감독의 업무를 수행하기도 합니다.

신부에 대해 알아볼까요?

신부는 천주교의 종교 예식이나 의식을 집행하고 관장해요. 신자들을 정신적·도덕적으로 지도하는 사람으로, 교리를 해설하며, 종교 의식을 집행해요.

신부가 되기 위해서는 세례를 받은 지 3년이 지난 다음, 본당 신부의 지도를 받고 교구장의 추천으로 가톨릭대학의 신학과(대신학교)에 입학하여 철학과 신학을 배우고, 기도와 영성 생활을 해요. 보통 각 교구에서는 대신학교 입학 전에 성직 지망 학생(예비 신학생)을 미리 모집하여 교육하고 있으며, 이러한 모임에 참석하여 자신의 성소(성직 또는 수도 생활의 뜻을 품는 것)를 확인해야 해요.

신학과는 본과 4년, 연구과 2년, 부제반 1년 등 총 7년의 과정으로 이루어져 있어요. 신학생도 군대에 가는데, 군 면제 대상자의 경우 교구에서 지정하는 사회 복지 시설에서 군 복무 기간만큼 봉사 활동을 해야 해요. 4학년이 되면 착복식을 하고 독서직을 받으며, 5학년이 되면 시종직, 6학년이 되면 부제품을 받게 되고, 7년의 총 과정을 마치면 주교로부터 서품을 받아 사제가 돼요.

목사
커리어맵

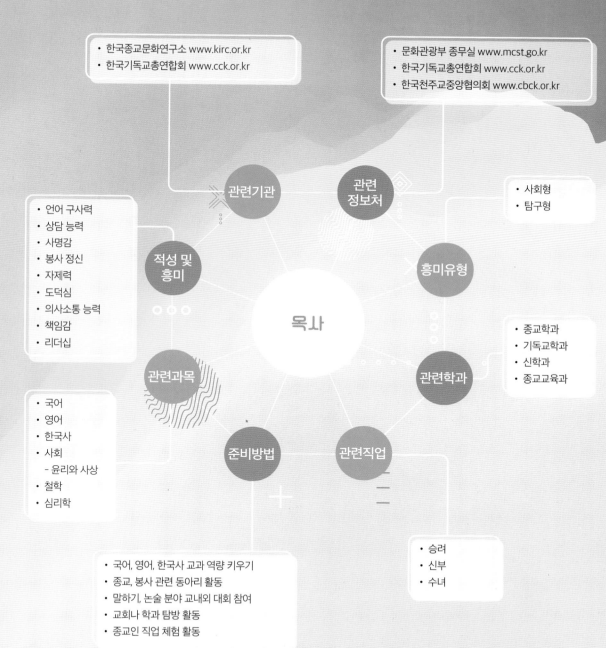

- 한국종교문화연구소 www.kirc.or.kr
- 한국기독교총연합회 www.cck.or.kr

- 문화관광부 종무실 www.mcst.go.kr
- 한국기독교총연합회 www.cck.or.kr
- 한국천주교중앙협의회 www.cbck.or.kr

관련기관

관련
정보처

- 사회형
- 탐구형

적성 및
흥미

흥미유형

- 언어 구사력
- 상담 능력
- 사명감
- 봉사 정신
- 자제력
- 도덕심
- 의사소통 능력
- 책임감
- 리더십

목사

관련과목

관련학과

- 종교학과
- 기독교학과
- 신학과
- 종교교육과

- 국어
- 영어
- 한국사
- 사회
  - 윤리와 사상
- 철학
- 심리학

준비방법

관련직업

- 국어, 영어, 한국사 교과 역량 키우기
- 종교, 봉사 관련 동아리 활동
- 말하기, 논술 분야 교내외 대회 참여
- 교회나 학과 탐방 활동
- 종교인 직업 체험 활동

- 승려
- 신부
- 수녀

적성과 흥미는?

목사가 되려면 기독교의 교리와 종교의 기능, 철학 등에 대한 지식이 필요하고, 이를 여러 사람들에게 전달해야 하기 때문에 언어 구사력과 함께 상담 능력도 필요합니다.

목사는 자신의 이익을 앞세우는 직업이 아니라 사회를 위해 공헌한다는 사명감을 지녀야 하는 직업입니다. 그렇기 때문에 다른 사람을 위해 희생하고 봉사할 수 있는 마음을 지닌 사람에게 적합합니다. 또한 자신과 다른 의견이라도 열린 마음으로 존중할 줄 아는 사람에게 적합합니다.

목사는 다른 직업에 비해 높은 도덕심과 책임감이 필요합니다. 또 여러 사람에게 도덕적인 영감을 주어야 하기 때문에 리더십이 있어야 하며, 의사소통하는 능력도 아주 중요합니다.

사회형과 탐구형의 흥미를 지닌 사람에게 적합합니다.

관련 학과 및 정보처는?

▶관련 학과: *기독교학과*, 신학과, *종교학과*, 종교교육과 등
▶관련 정보처: *문화체육관광부* 종무실, *한국기독교총연합회*, 한국천주교주교회의, 한국천주교중앙협의회 등

관련 직업은?

신부, *수녀*, 승려 등 성직자

진출 방법은?

목사가 되는 방법은 교파마다 다른데, 일반적으로는 소속하고자 하는 교단이 인정하는 대학교에서 신학을 전공하고, 신학대학원에서 목회학 석사 학위를 취득한 후 일정 기간 전도사로 사역한 다음, 목사 고시에 합격해야 합니다. 교파에 따라서 전도사나 강도사 시험에 응시해야 합니다.

대학교에서 신학을 전공하지 않았더라도 신학대학원(3년)을 졸업하면 목사 안수를 받을 수 있습니다. 이외에도 각 교파 및 교단에서 설치한 신학교나 신학원 등 신학 교육 기관에서 성직자를 양성하기도 합니다.

목사는 정규 신학 과정을 이수한 뒤, 일정 기간 동안 교회 치리 기관의 지도 아래 훈련을 마치고 정식 안수를 받은 다음, 기존 교회의 청빙을 받거나 교회를 설립하여야 목사로서의 기능을 발휘하게 됩니다.

현재 한국의 장로교에서는 4년간의 대학 교육과 3년간의 신학 교육을 마쳐야 목사 자격이 주어지지만, 그 밖의 다른 교단에서는 4년간의 대학 과정을 이수하면 목사 안수를 받을 자격이 주어집니다.

CAREER MAP

미래 전망은?

이 세상에 종교가 없다면 인류의 정신문화는 더욱 황폐해질 것이며 세계의 각종 종교 관련 문화유산도 없었을 것입니다. 종교는 우리의 일상뿐만 아니라 인류 문명에 큰 영향을 미치며, 인간과 삶의 참모습을 밝히는 데 중점을 둡니다. 이러한 점을 감안할 때, 성직자로서의 목사는 개인적인 믿음과 소명 의식으로 활동하는 사람들이기 때문에 일자리를 전망하는 것은 적절하지 않습니다. 우리 사회가 점차 물질적인 풍요를 누리면 누릴수록, 인간들의 정신적인 박탈감이나 소외감, 갈등은 더욱 심해질 것으로 예상됩니다. 그렇기 때문에 영혼의 문제, 마음의 문제를 다루는 성직자의 역할은 더욱 중요해질 것으로 보입니다. 문화체육관광부의 '한국의 종교 현황'에 따르면 교회(개신교), 사찰, 성당 중에서 교회의 수와 성직자 수가 가장 많으며, 다음이 불교, 천주교의 순이라고 합니다. 또한 전체적인 성직자 수는 감소하고 있지만, 개신교의 성직자 수는 지속적으로 증가하고 있다고 합니다.

목사는 종교 계통 전문가로서 인간의 삶에 대한 공감적 이해를 바탕으로 교회를 이끌어가면서, 사회의 전반적인 복지 분야에서도 활동할 수 있습니다. 인류의 정신세계와 사회의 보편적인 문제를 포괄적으로 다룰 수 있는 역량을 갖추어 종교 계통의 전문가뿐만 아니라 학술 및 저술 활동을 할 수도 있습니다. 인류 문화의 뿌리와 중요한 유산인 종교를 연구하는 목사는 다양한 문화 콘텐츠에 대한 식견을 겸비하므로 영화, 애니메이션, IT 등 문화 산업과 뉴미디어 분야에서도 특출한 능력을 발휘할 수 있을 것으로 예상됩니다.

목사 전공 분석
종교학과

어떤 학과인가?

종교학은 종교라는 사실을 객관적으로 연구하는 학문입니다. 특정 종교의 신앙을 변호하는 입장이 아니라 인간 속에 내재하는 종교성과 그것이 표현되는 사실들을 서술하고 분석하며 해석하는 인간학의 한 분야입니다. 다른 문화 및 다른 종교에 대한 공감적 이해가 필요한 현대 사회에서, 종교학과의 역할은 크다고 할 수 있습니다. 종교 자체와 종교와 연관된 문화를 배우며 남을 존중하고 더불어 사는 법을 배우게 됩니다.

종교학과의 교육 목표는 종교의 참다운 모습을 규명하는 데 있습니다. 따라서 역사와 문화 및 사회 속에 있는 여러 종교의 신앙과 형태, 조직과 기능, 신화, 제의, 상징 및 종교적 세계관 등을 연구 대상으로 합니다. 그리하여 종교학은 다양한 종교 현상들이 지닌 복합성과 보편성을 고찰함으로써 다른 종교인들의 문화에 대한 이해는 물론, 자신의 종교 문화에 대한 성찰을 가능하게 합니다.

종교는 개인과 사회에서 가장 설득력 있고 역동적인 힘을 가진 생활 양식이기 때문에 종교학은 인간의 이해와 자기 발전에 많은 도움이 될 것입니다.

교육 목표와 교육 내용은?

종교학은 인류 문화의 토대이자 정신문화의 보고라 할 종교를 탐구 대상으로 합니다. 또한 종교적 인간으로서의 존재와 활동을 이해하려는 학문으로서, 인류 문명의 창의적 진화를 위해 필요한 학문이라 할 수 있습니다.

» 다원적 종교 문화에 대한 깊은 이해와 감수성을 지닌 인재를 양성합니다.
» 종교학의 학문적 성격을 가다듬고, 공감적 이해 능력을 지닌 인재를 양성합니다.
» 인간의 종교적 삶을 성찰하면서 인류의 미래를 모색하는 인재를 양성합니다.
» 인격주의적 종교 연구의 전통을 이어가는 역량을 지닌 인재를 양성합니다.
» 세계화된 지구 공동체와 한국의 종교 문화에 기여할 인재를 양성합니다.
» 종교와 연관된 문화를 배우며, 남을 존중하고 더불어 사는 인재를 양성합니다.
» 다양한 종교 현상들이 지닌 복합성과 보편성을 고찰하는 능력을 지닌 인재를 양성합니다.
» 다른 종교인들의 문화와 자신의 종교 문화에 대해 성찰하는 인재를 양성합니다.

주요 교육 목표

- 인간의 종교적 삶을 성찰하는 인재 양성
- 종교 문화에 대한 깊은 이해와 감수성을 지닌 인재 양성
- 종교학의 학문적 성격을 연구하는 인재 양성
- 인격주의적 종교 연구의 전통을 이어갈 인재 양성
- 타인에 대한 공감적 이해 능력을 지닌 인재 양성
- 지구 공동체와 한국의 종교 문화에 기여하는 인재 양성

학과에 적합한 인재상은?

종교학은 문화인류학, 역사학, 고고학, 철학 등 인문학과 깊은 관련성이 있기 때문에 기본적으로 사람에 대한 탐구에 흥미가 있어야 하고, 인문학에 대한 호기심도 필요합니다. 종교학을 공부하는 데 적합한 적성이 따로 있는 것은 아니지만, 인간에 대한 깊이 있는 성찰과 비판 능력이 있다면 도움이 됩니다.

이를 위해 평소에 책 읽기를 즐겨하고, 토의와 토론을 통해 다른 사람들과 의견을 나누며, 사고의 폭을 넓히는 것이 좋습니다.

종교는 역사적으로 변천하면서 그 모습을 바꿨고, 사회 정치의 구조적 변화, 민족의 특수성, 지리적 요건, 문화적 전통, 사회 계층, 심지어는 개인의 개성에 따라서도 그 모습을 달리합니다. 따라서 종교학은 신앙의 유무에 관계없이 종교에 대한 지적 관심을 가졌거나 역사와 문화, 사회와 인간에 대한 진지한 관심을 가진 사람이라면 누구나 공부할 수 있는 학문입니다.

관련 학과는?

종교학과, 성서학과, 종교문화학과, *경배와 찬양학과*, 디아코니아학, 목회비서학과, 종교학전공, 종교철학전공, *선학전공, 종교문화학전공 등*

취득 가능 자격증은?

- *사회복지사*
- *전문상담교사*
- 사서
- 서서교사 등

추천 도서는?

- 열정의 예배자
  (죠이선교회, 팀 휴즈, 홍순원 역)
- 인도의 신화와 예술
  (대원사, 하인리히 침머, 이숙종 역)
- 논어
  (글항아리, 공자, 김원중 역)
- 영적성장을 위한 제자훈련
  (보이스사, 리처드 포스터, 편집부 역)
- 참으로 예배하고 싶다
  (생명의말씀사, 양명호)
- 멈추면, 비로소 보이는 것들
  (수오재, 혜민)
- 서른 번 직업을 바꿔야만 했던 남자
  (라이온북스, 정철상)
- 삼국유사
  (한길사, 일연, 이가원 외 역)
- 설득의 심리학
  (21세기북스, 로버트 치알디니, 황혜숙 역)
- 인간 이해
  (일빛, 아들러, 라영균 역)
- 인류학의 거장들
  (한길사, 제리 무어, 김우영 역)
- 도덕적인 인간과 비도덕적 사회
  (대한기독교서회, 라인홀드 니버, 남정우 역)
- 우리 선비
  (현암사, 정옥자)

학과 주요 교과목은?

기초 과목	종교와 종교학, 기독교개론, 한국종교, 세계종교, 불교개론, 중국종교, 인도종교, 이슬람개론, 유교개론, 도교개론, 종교학의 전개, 종교현상학, 종교사회학, 종교심리학, 현대종교 등
심화 과목	종교철학, 종교인류학, 한국기독교, 한국유교, 신비주의, 고대종교, 신화학, 비교종교학, 한국불교, 일본종교, 경전과 고전, 원시종교, 종교학 등

진출 직업은?

사회복지사, 출판물기획전문가, **목사**, **전도사**, **신부**, **수녀**, **승려**, 인문·사회계열 대학교수, 기자(잡지기자, 편집기자, 사진기자 등), PD, 아나운서, 인문과학연구원, 작가, 광고전문가, 홍보전문가, 중등학교 교사 등

졸업 후 진출 분야는?

일반 기업	신문사, 잡지사, 방송국, 출판사, 기업체의 사무직 등
공공 기관 및 연구 기관	중앙 정부 및 지방 자치 단체, 교육 기관, 인문·사회과학 관련 국가·민간 연구소, 한국종교문화연구소, 종교·문화 관련 국가·민간 연구소 등
기타	교회 설립, 창업 등

전공 관련 선택 과목은?

※ 필수 선택 과목: 선택 과목 중 수능 필수 지정 과목

공통 과목		국어, 수학, 영어, 한국사, 통합사회, 통합과학, 과학탐구실험
필수 선택 과목		독서, 문학, 수학Ⅰ, 수학Ⅱ, 영어Ⅰ, 영어Ⅱ, 성공적인직업생활(특성화 고등학교만 해당)
일반 선택 과목	기초	
	탐구	세계지리, 세계사, 윤리와 사상, 사회·문화, 동아시아사
	체육·예술	
	생활·교양	종교학, 철학, 논술, 제2외국어Ⅰ, 한문Ⅰ
진로 선택 과목	기초	심화 국어, 실용 국어, 고전 읽기
	탐구	사회문제 탐구, 고전과 윤리, 여행지리, 과학사
	체육·예술	
	생활·교양	제2외국어Ⅱ, 한문Ⅱ, 창의 경영

학교생활기록부 관리는?

☑	출결 사항	• 출결 사항에 미인정(무단) 출결 사항이 없도록 관리해야 해요. 출결 상황은 학교생활에서 성실성을 확인할 수 있는 기본적인 사항이기 때문이에요.
🅰	수상 경력	• 인성 및 토론과 같은 인문·사회 계열 관련 수상이 중요해요. • 수상 횟수와 등위보다는 학교별 여건이나 세부 능력 및 특기 사항과 연계하여 수상의 의미와 가치를 평가해요.
✈	자율 활동	• 종교학, 철학과 관련한 다양한 교내외 활동을 통해 창의성과 자기 주도성이 드러날 수 있도록 하세요. • 종교에 대한 관심과 흥미를 바탕으로 인성, 나눔과 배려, 협동심, 창의력, 의사 결정 능력, 리더십 등이 드러나도록 하세요.
🎒	동아리 활동	• 동아리 참여 시간, 활동한 기간 등 정량적 정보를 확인한 후 동아리 내 자신이 한 역할이 무엇인가를 평가해요. • 동아리 활동을 꾸준히 하면서 의미 있는 성과를 내기 위해 자신이 한 노력과 이 과정에서 성장한 점이 드러나도록 하세요.
♡	봉사 활동	• 봉사 시간의 양보다는 자발성과 지속성 등이 중요해요. 자신의 능력을 나눌 수 있는 학습 멘토 활동, 교내 행사나 청소 등에서 나눔이 체화되어 나타나도록 하는 것이 좋아요. • 봉사를 꾸준하게 하되, 상대방을 배려하는 태도가 드러나도록 하고, 봉사의 진정성이 나타나도록 하세요.
🎓	진로 활동	• 목사 및 신부, 승려 등 관련 직업들의 정보 탐색 활동을 권장해요. • 교회, 성당 등의 종교 시설이나 관련 학과 체험 활동을 권장해요.
🔍	교과 세부 능력 및 특기 사항	• 국어, 역사, 윤리 등의 교과에서 우수한 학업 성취를 올릴 수 있도록 관리하고, 관련 교과 수업 활동에서 자기 주도성, 문제 해결 능력, 창의력, 발전 가능성 등의 역량이 발휘될 수 있도록 적극 참여하세요. • 수업 활동과 과제 수행 과정에서 주도적인 노력, 열의와 관심, 성취 수준, 다양한 탐구 방법의 모색 등 의미 있는 지적 성취가 드러나도록 하세요.
📑	독서 활동	• 자신의 지적 호기심과 탐구 능력을 나타낼 수 있는 독서를 하세요. • 관심 있는 전공과 관련된 책을 정독하면서 자신을 성찰하고, 평소 자신의 궁금증을 해소하기 위한 독서를 하세요.
📖	행동 발달 특성 및 종합 의견	• 창의력, 문제 해결 능력, 협업 능력, 자기 주도적 학습 능력 등이 드러날 수 있도록 해요. • 학교생활에서 자기 주도성, 경험의 다양성, 성실성, 나눔과 배려, 학업 태도와 학업 의지에 대한 장점이 기록되도록 관리해야 해요.

시나리오작가
_철학과

시나리오작가란?

한국 영화가 세계 무대에서 인정받고 있습니다. 3대 국제 영화제 (칸, 베를린, 베니스)에서 수상한 한국 영화로는 1987년 '씨받이'가 베니스 영화제의 여우주연상 수상을 시작으로 '화엄경', '취화선', '오아시스', '올드보이', '밀양', '박쥐', '시' 등이 있고, 2019년에는 '기생충'이 칸 영화제에서 최고 영예인 황금종려상을 수상하였습니다. 한 편의 영화가 성공하려면 많은 요소가 있지만, 그중에서도 시나리오가 가장 중요하다고 할 수 있습니다. 시나리오는 영화의 가장 핵심이자 기초가 되는 작업이고, 영화의 흥행 여부와 밀접한 관련이 있습니다.

시나리오작가도 대체로 전문적인 분야를 가지고 일을 합니다. 영상으로 제작될 수 있도록 줄거리, 대사, 장면, 묘사 등을 창작하는 영화시나리오작가와 무대 위의 조명, 음향 효과, 배우들의 움직임 등을 고려하여 연극 대본을 쓰는 희곡작가, 그리고 애니메이션의 전체적인 스토리를 만들고 캐릭터의 성격, 행동, 주변 환경 등 세세한 부분을 창조하는 애니메이션시나리오작가가 있습니다. 그 밖에도 게임의 전체적인 스토리를 만들고 게임할 때 나오는 대사, 액션, 상황, 이벤트를 연출하는 게임시나리오작가도 있습니다.

영화시나리오작가는 영화의 대본인 시나리오를 직접 쓰는 사람입니다. 시나리오상에 나타나는 모든 것, 즉 작품의 내용부터 인물들의 묘사, 배경 등을 직접 글로 쓰는 작업을 합니다. 시나리오는 혼자서 집필하는 경우도 있지만 여러 사람이 공동으로 집필하기도 합니다. 할리우드나 유럽에서는 오래 전부터 감독 못지않게 시나리오작가를 높이 평가했지만, 과거 우리나라 영화계에서는 시나리오의 중요성을 인식하는 제작자가 드물어 제작자나 감독이 일주일에서 한 달만에 후다닥 써 버리기도 했다고 합니다. 그러나 최근 우리나라에서도 시나리오작가의 중요성이 점차 부각되고 있습니다.

시나리오작가는 시나리오라는 장르에 대한 일반인들의 무지와 편견 때문에 힘든 경우가 있습니다. 일반인들이 시나리오는 마음만 먹으면 누구나 쓸 수 있는 이야깃거리라고 여기기 때문입니다. 그러나 각 영화, 연극, 애니메이션, 게임 등 매체에 적합하도록 시나리오를 쓰는 것은 쉬운 일이 아닙니다. 시나리오를 쓰는 것은 건축가가 집을 설계하는 것과 비슷하다고 보면 됩니다. 일반인이 제아무리 멋진 집을 스케치한다 해도 설계도는 그릴 수 없듯이 시나

리오 역시 각 매체의 특성에 따라 전문적인 훈련을 받아야 쓸 수 있습니다.

시나리오작가는 개인적인 경험을 바탕으로 작품을 집필하기도 하지만, 직접 현장 조사를 나가 관련 정보를 얻거나 인터뷰 등을 거쳐서 작품에 반영합니다. 따라서 탄탄한 구성력을 갖춘 하나의 작품을 완성하기까지는 상당한 기간이 걸리는 편입니다.

시나리오작가들은 언제나 새로운 작품을 만들어야 한다는 부담감으로 스트레스를 많이 받습니다. 또한 작업실이 따로 있는 경우도 있지만, 자신의 집에서 작업하는 등 근무 환경에 차이가 있습니다.

게임시나리오작가에 대해 알아볼까요?

게임시나리오작가는 기본적인 스토리를 토대로 세부적인 게임 시나리오를 작성하는 일을 해요. 게임기획자로부터 캐릭터의 역할 및 특징, 기본적인 스토리 등에 대한 설명을 듣고, 게임의 전반적인 개념과 흐름을 이해해야 해요. 또한 게임을 즐기는 사람들의 정서와 시장성, 전체 게임 시간, 게임 주제, 게임의 방법 등을 파악한 후, 게임의 캐릭터 설정, 주제 설정, 소재 탐구, 벤치마킹 등을 하며 게임 전반에 대해 기획을 해요. 그런 후에 게임의 세계관 및 배경, 줄거리, 대사, 주인공의 성격과 감정, 장면 등을 창작하고, 전체적인 스토리를 고려하여 세부적인 대사 등을 구상하여 스토리보드 및 콘티를 제작해요. 최종적으로 게임기획자와 협의하고 수정하여 게임을 완성해요.

게임시나리오작가가 되기 위해서는 게임 관련 학과로 진학해 게임에 관한 전반적인 지식을 습득하거나 국문학과, 문예창작과에 진학해 시나리오 작업에 초점을 맞춰 스토리 창작 능력을 기르는 것이 좋아요. 게임시나리오작가는 게임의 스토리 구성뿐만 아니라 게임 제작 전반에 대한 이해가 필요하므로 프로그래밍, 그래픽 작업, 사운드 작업 등 게임 개발 관련 작업을 파악하는 업무 인지 능력이 필요해요. 또한 게임의 배경 스토리를 작성하기 위한 문학적 소양과 게임을 만드는 과정에서 동료와 원활하게 작업할 수 있도록 의사소통 능력과 협업 능력도 필요해요.

시나리오작가가 하는 일은?

시나리오작가는 영화, 연극, 애니메이션, 게임 등의 제작을 위해 주제를 선택하고, 새로운 대본을 창작하거나, 기존의 작품들을 각색하여 대본을 집필합니다. 그 과정에서 내용에 따른 등장인물의 성격, 시대적 배경, 장소 등을 결정하고, 사건을 전개하는 데 필요한 대사와 동작 등을 구상합니다. 각 장면의 특징에 따라 인물의 표정, 동작, 음향, 조명 등을 고려하여 시나리오를 작성합니다.

» 영화시나리오작가는 영화 제작을 위해 작품의 주제를 선정하고, 그에 따라 새로운 영화 대본을 창작하거나 기존의 문학 작품을 각색하여 대본을 집필합니다.

» 영화의 주제를 선택하고 내용에 따른 역사적 현실이나 사건의 과정 등을 조사·분석하여 작품의 줄거리를 구상합니다.

» 영화·방송·연극 제작을 위해 작품의 주제를 선택하고, 내용에 따른 등장인물의 성격, 시대적 배경, 장소 등을 결정합니다.

» 드라마를 전개하는 데 필요한 대사, 상황, 동작 등을 구상합니다.

» 각 장면의 특징에 따라 인물의 표정, 동작, 음향, 조명 등을 고려하여 시나리오를 작성합니다.

» 자작 각본을 연출하기도 하고, 소설 등의 작품을 각색하기도 합니다.

» 게임시나리오작가는 컴퓨터 게임 개발을 위해 필요한 게임의 시나리오를 구성하고 개발하는 일을 담당합니다.

» 게임에 대한 다양한 자료를 읽거나 조사하며 게임 시장의 동향을 파악하여 새로운 게임 소재를 발굴합니다.

» 게임의 캐릭터 설정, 주제 설정, 소재 탐구, 게임 벤치마킹 등을 하여 게임을 전반적으로 기획합니다.

» 게임의 스토리 전개를 구성하며, 게임의 개발 과정을 관리하고 감독합니다.

애니메이션시나리오작가에 대해 알아볼까요?

애니메이션시나리오작가는 애니메이션의 전체적인 스토리를 만들고, 캐릭터의 성격, 행동, 주변 환경 등 이야기의 세세한 부분을 창조해요. 애니메이션시나리오는 크게 OV용(비디오용 애니메이션), TV용, 극장용으로 나뉘는데, 극장용을 제외하고는 대부분이 시리즈 애니메이션이에요. 시리즈 애니메이션의 시나리오 작업 과정을 살펴보면, 전체적인 스토리를 구상한 후, 1편, 2편, 3편… 등 각 편의 간략한 내용을 정해요. 그리고 마지막으로 각 편마다 세세한 이야기를 작성해요.

애니메이션시나리오작가가 되는 데 가장 좋은 방법은 공모전에 당선되는 것이에요. 최근 애니메이션 관련 업계에서는 애니메이션 산업을 육성하고, 스토리 부족 문제를 해결하기 위해 다양한 노력을 기울이고 있는데, 그중 하나가 시나리오 공모전을 통해 신인 작가를 발굴하는 것이에요. 앞으로 애니메이션시나리오작가에 대한 수요도 점차 늘어날 것으로 보이지만, 그만큼 입직을 위한 경쟁률도 높아질 거예요.

시나리오작가
커리어맵

- 국어 및 영어 교과 역량 키우기
- 글쓰기, 문예 관련 동아리 활동
- 시나리오 교내외 공모전 참가
- 영화사나 관련 학과 탐방 활동
- 시나리오작가 직업 체험 활동
- 시나리오작가 인터뷰 활동

- 한국문화예술위원회 www.arko.or.kr
- 한국시나리오작가협회 www.scenario.or.kr
- 한국극작가협회 kpw.or.kr

- 관찰력
- 언어 감각
- 창의력
- 인내심
- 기획력
- 의사소통 능력
- 컴퓨터 활용 능력
- 글쓰기 능력

- 국어국문학과
- 문예창작과
- 신문방송학과
- 영상예술학과
- 연극영화학과
- 심리학과
- 철학과

준비방법

관련기관

적성과 흥미

관련학과

시나리오작가

흥미유형

관련교과

- 국어
- 영어
- 심리학
- 사회
  - 사회·문화

- 현실형
- 예술형

관련자격

관련직업

- 멀티미디어콘텐츠 제작 전문가
- 문화예술교육사

- 연출가
- 스토리보드아티스트
- 드라마작가
- 스크립터
- 영화감독

- 게임시나리오작가
- 애니메이션작가
- 각본가
- 시인
- 소설가

적성과 흥미는?

시나리오작가는 항상 새로운 감각과 창의성 있는 사고를 지녀야 합니다. 그렇기 때문에 주위의 모든 것에 호기심을 가지고 세밀하게 관찰하는 태도가 필요합니다. 이렇게 관찰한 이후에는 글로써 효과적으로 표현할 수 있어야 합니다.

시나리오작가는 항상 새로운 아이디어를 내야 하기 때문에 강박 관념과 스트레스가 심할 수 있습니다. 이러한 상황을 잘 견딜 수 있는 인내심과 상황 대처 능력이 필요하며, 아이디어를 명확한 논리와 풍부한 감성으로 문장화할 수 있는 언어 구사 능력도 필요합니다. 또한 시각적으로 보이는 작품을 쓰기 때문에 영상에 대한 감각도 필요합니다. 평소 독서와 사색을 즐기고, 이야기의 소재가 될 만한 다양한 경험을 하며, 경험한 것들을 글로 표현해 보는 것이 도움이 될 것입니다.

게임시나리오작가는 시나리오 작성에 대한 창의적인 사고와 글쓰기 능력은 물론 기획력과 컴퓨터 게임에 대한 정보, 컴퓨터 프로그램 활용 능력도 갖추어야 합니다. 그러므로 평소에 컴퓨터 게임에 대한 지식을 쌓아 컴퓨터로 작업할 수 있도록 준비해야 합니다. 게임은 보통 팀을 이루어 시나리오를 개발하므로 팀원과 원만한 대인 관계를 유지할 수 있어야 합니다.

시나리오작가는 평소 사회, 과학, 문화, 역사, 신화, SF 등 다방면의 지식과 교양이 필요하며, 최신 트렌드에도 관심을 가지면 작품 구상에 도움이 됩니다.

현실형과 예술형의 흥미를 가진 사람에게 적합합니다.

관련 학과 및 자격증은?

▶관련 학과: **국어국문학과, 문예창작학과,** 철학·윤리학과, 신문방송학과, 심리학과, 사회학과, 연극영화학과, 영상예술학과 등
▶관련 자격증: **멀티미디어콘텐츠제작전문가,** 문화예술교육사 등

JUMPUP

영화감독에 대해 알아볼까요?

영화감독은 여러 개의 시나리오 중 마음에 맞는 작품을 선정하여 스토리를 분석해요. 작품의 특성과 등장인물에 맞는 배우를 선정하고, 자신과 함께 영화를 제작할 제작진을 구성하지요. 또한 영화제작자와 함께 제작비를 투자할 투자자들을 찾아 작품성과 흥행 가능성을 설명하고, 그들을 설득해 투자를 이끌어 내는 일도 해요. 촬영 현장을 미리 답사하고, 영화 세트 디자인, 배우들의 의상, 각종 소품까지 일일이 신경 써야 해요.

사전 체크를 마치면 리허설을 하고, 연기 연습을 하도록 지시해요. 촬영이 시작되면 현장에서 연기를 지도하고, 제작진을 진두지휘해요. 촬영이 완료되면 편집감독과 함께 촬영된 필름을 촬영 의도에 맞게 편집하며, 녹음실에서 대사, 음악 및 효과음 등의 녹음을 지도해요. 1, 2차 편집이 끝나면 A프린트라 불리는 첫 필름을 가지고 전체 제작진이 모여 자체적으로 평가하는 기술 시사회를 거쳐 완성편을 확정해요.

진출 방법은?

시나리오작가로 진출하는 방법은 다양합니다. 시나리오 공모전에 출품하여 입상하거나 자신이 쓴 시나리오를 영화사, 연극연출자, 게임 회사 등에 투고하여 제작 제의를 받기도 합니다. 또는 개인적 소개를 통해 기존 일을 돕거나 관련된 일을 하다가 시나리오작가로 데뷔하기도 합니다.

영화시나리오작가가 되기 위해서는 대학의 연극영화과나 영화과, 연극과 등에서 전문성을 키우거나, 국어국문학과, 문예창작학과 등에서 공부를 하는 것이 도움이 됩니다. 또한 시나리오 작성 방법은 관련 아카데미, 관련 협회 등 사설 학원에서도 교육을 받을 수 있습니다.

그러나 좋은 시나리오를 만들 수 있으려면 무엇보다도 풍부한 창의력과 아이디어가 뒷받침되어야 합니다. 그렇기 때문에 작가로서의 자질을 스스로 키워 나가는 노력이 더욱 중요합니다. 이를 위해 평소 독서와 사색, 글쓰기 연습을 하고, 다양한 경험을 쌓으며, 무엇보다 영화, 연극, 애니메이션, 게임 등을 좋아하고, 제작 관련 작업에 대한 이해가 뒷받침되어야 합니다.

CAREER MAP

미래 전망은?

당분간 영화시나리오작가의 고용은 현 상태를 유지하는 수준이 될 것으로 전망됩니다. 한국콘텐츠진흥원의 '2016 콘텐츠산업통계'에 따르면, 영화 산업 사업체 수, 종사자 수, 매출액, 부가 가치액 등이 전년도에 비해 전체적으로 감소세를 보이고 있다고 합니다.

그러나 한국 영화에 대한 해외의 반응이 좋기 때문에 수출액은 전반적으로 증가세를 보이고 있습니다. 향후 영화 산업이 크게 호황을 이룰 것이라는 긍정적인 전망은 어렵지만, 한국 영화의 극장 점유율과 디지털 온라인 시장의 성장, 해외 수출액의 증가세 등으로 영화 산업은 계속해서 발전할 것으로 전망됩니다.

또한 영화는 우리나라 사람들이 아주 좋아하는 문화 장르이며, 사람들이 시간이 날 때마다 여가 선용의 차원에서 영화를 관람하기 때문에, 영화 부문 시나리오작가의 고용은 꾸준할 것으로 보입니다. 다만, 영화방송·연극·애니메이션·게임 산업 분야는 경기 변동에 따라 투자액 규모가 크게 달라지기 때문에 경기 불황이 지속되면 지명도가 높고 대중에 잘 알려진 작가들에게 작품 기회가 더 주어지게 됩니다. 따라서 신입 작가의 진입은 좀 더 어려워질 수 있고, 치열한 입직 경쟁을 치를 가능성이 높습니다.

관련 직업은?

드라마작가, 방송작가, *시인*, 소설가, *연출가*, 스토리보드아티스트, 카피라이터, 작사가, 평론가, 스크립터, 영화감독, *게임시나리오작가*, 애니메이션작가, 각본가 등

시나리오작가 전공 분석
철학과

어떤 학과인가?

철학(philosophy)의 어원을 풀어 보면, '지혜를 사랑하다.'라는 뜻입니다. 결국 철학은 자신과 자신의 삶을 둘러싼 세계에 대한 지적인 관심, 즉 끊임없이 진리 탐구를 하는 학문으로, 우주·자연·사회·인간 등 세계의 구조와 원리를 탐구 대상으로 하여 선현들의 사상적 유산을 고찰하고, 바람직한 인간상과 세계관을 모색합니다.

철학과는 논리적·비판적인 사고력을 키우는 학과이므로, 모든 인문 사회과학의 토대를 마련할 수 있습니다. 삶의 의미, 신, 선과 악, 존재 등에 대한 궁극적인 의문을 던지고 이에 합리적으로 대답하는 법에 대해 공부합니다.

철학과는 난해한 고전 텍스트 분석 및 발표와 토론을 강조하는 교과 과정으로 인해 졸업생들은 텍스트 분석 및 기획, 프레젠테이션에서 탁월한 능력을 지니게 되며, 학생들의 자유로운 사고 전개를 중시하므로 졸업 후 진출하는 분야도 다양합니다.

교육 목표와 교육 내용은?

근본적인 원리의 차원에서 인간과 세계를 폭넓고 깊이 있게 이해하여 개인적으로는 자신의 삶을 의미 있게 영위하고, 여러 학문에 대해서는 그 기본적인 기준을 제시하며, 사회적으로는 새로운 가치를 창조할 수 있도록 하는 것이 교육 목표입니다. 전통과 미래, 동양과 서양, 가치와 사실에 관한 철학적 성찰의 균형을 유지하면서, 철학사적 검토와 담론의 지평을 열어가고자 합니다.

» 심층적이고 통합적으로 생각하는 능력을 지닌 인재를 양성합니다.
» 논리적이고 비판적으로 생각하는 능력을 지닌 인재를 양성합니다.
» 주체적이고 창의적으로 생각하는 능력을 지닌 인재를 양성합니다.
» 철학 고전들에 대한 치밀한 독해와 엄정한 분석을 할 수 있는 인재를 양성합니다.
» 고난이도의 텍스트를 정확하면서도 창의적으로 이해하는 힘을 지닌 인재를 양성합니다.
» 어렵고 복잡한 문제 해결에 필요한 고도의 추상 능력과 개념적 이해 능력을 지닌 인재를 양성합니다.
» 자신의 철학적 사고를 말과 글로 논리적이고 명확하게 표현해 내는 능력을 지닌 인재를 양성합니다.
» 사회 각 분야에서의 선도적 공헌을 위해 필요한 합리적 토론 능력과 작문 능력을 지닌 인재를 양성합니다.
» 동서양의 다양한 철학 사상을 비교·연구하여 사회의 지도자가 될 수 있는 인격을 갖춘 인재를 양성합니다.
» 문화 복지 사회 건설에 밑거름이 되는 정신적 지도자의 자질을 갖춘 인재를 양성합니다.

주요 교육 목표

논리적·비판적인 사고력을 갖춘
인재 양성

말과 글로써 논리적이고 명료하게
표현하는 인재 양성

주체적·창의적으로 생각하는
인재 양성

합리적 토론 능력과 작문 능력을
지닌 인재 양성

문제를 해결하는 고도의 추상 능력과
개념적 이해 능력을 지닌 인재 양성

정신적 지도자의 자질과 소통 능력을
갖춘 인재 양성

학과에 적합한 인재상은?

세상에 일어나는 모든 일들 또는 진리에 대해 호기심이 있고 탐구하고 싶은 마음이 있다면 철학과에 흥미를 느낄 것입니다. 철학과에서 학문적 성취를 위해서는 모든 지적 활동의 기초가 되는 논리적·비판적 사고 능력이 중요하므로, 기본적인 논리력을 갖추면 도움이 될 것입니다. 이를 위해서는 평소 자신을 둘러싼 환경 혹은 사회에 대해 끊임없이 의문을 품고, 고민하는 자세를 갖는 것이 필요합니다.

철학은 편협하지 않고 유연한 사고와 진리를 추구하고 실천하려는 학문이기 때문에, 항상 삶의 본질과 사회에 대해 관심을 가지고, 폭넓은 독서로 논리적인 사고력을 키우는 것이 좋습니다. 또한 동양철학을 위해서는 한문을, 서양철학을 위해서는 영어 등 외국어를 열심히 공부해야 합니다. 또한 철학과에서는 과학철학, 문학철학, 심리철학, 수리철학 등 다양한 영역을 공부하므로 수학, 물리학 등 자연과학, 언어, 문학 등을 공부하면 도움이 됩니다.

관련 학과는?

동양철학과, **철학윤리학과**, 역사·철학상담학과, 철학·윤리문화학과, 유학·동양학과, 철학전공, 철학·논술전공, 철학·동아시아문화학전공, 인도철학전공, 독어문화학전공, **철학윤리문화학부**, 역사철학부(철학전공) 등

취득 가능 자격증은?

- **중등학교 2급 정교사**
- **심리상담사**
- 정신건강상담전문가
- 갈등조정전문가
- 분쟁화해조정상담사
- 라이프코치
- 논술지도사 등

추천 도서는?

- 간명한 중국철학사
  (형설, 펑유란, 정인재 역)
- 칸트와 헤겔의 철학
  (아카넷, 백종현)
- 중관사상
  (민족사, 김성철)
- 러셀 서양철학사
  (을유문화사, 버터런드 러셀, 서상복 역)
- 인도불교사1
  (시공사, 에띠엔 라모뜨, 호진 역)
- 윤리형이상학 정초
  (아카넷, 임마누엘 칸트, 백종현 역)
- 양명학의 정신
  (세창출판사, 정인재)
- 중국불경의 탄생
  (창비, 이종철)
- 정의란 무엇인가
  (와이즈베리, 마이클 샌델, 김명철 역)
- 철학, 영화를 캐스팅하다
  (효형출판, 이왕주)
- 생각과 생각을 여는 철학자의 사고실험
  (북캠퍼스, 이브 보사르트, 이원석 역)
- 불교사상과 서양철학
  (민족사, 에드워드 콘즈 외, 김종욱 역)
- 긍정의 배신
  (부키, 바버라 에런라이크, 전미영 역)
- 논어, 사람의 길을 열다
  (사계절, 배병삼)
- 소크라테스의 변론 크리톤 파이돈
  (숲, 플라톤, 천병희 역)

학과 주요 교과목은?

기초 과목	철학의 근본문제, 한국철학사, 동양철학사, 인식론, 서양고대중세철학사, 서양근세철학사, 윤리학, 논리학, 도가철학, 유가철학, 서양철학원전강독, 재가백자의 철학 등
심화 과목	동양철학원전강독, 형이상학, 예술철학, 문학과 역사의 철학, 법과 사회의 철학, 언어분석과 심리철학, 독일관념론, 한국근세철학, 서양현대철학, 현대프랑스철학, 논리와 비판적사고, 주역과 과학기술철학, 성리학과 양명학, 과학-AI-시민, 기술-미디어철학 등

진출 직업은?

언론인(기자, PD, 아나운서 등), **윤리교사, 인문과학연구원**, 작가, 출판물기획전문가, 광고기획자, 카피라이터, 서평가, 영화제작자, 교수 등

졸업 후 진출 분야는?

일반 기업	언론사(신문사, 잡지사, 방송국), 출판사, 영화 배급사, 드라마 외주 제작사, 기업체의 사무직, 광고 회사, 문화 예술 관련 분야 등
공공 기관 및 연구 기관	한국문화예술위원회, 윤리위원회, 환경 단체, 환경 연구소, 각종 시민 사회 단체, 한국연구재단 등 인문·사회과학 관련 국가·민간 연구소, 문화재청 등 문화 관련 국가·민간 연구소, 공무원, 중·고등학교, 대학교 등
기타	기업의 윤리 관련 전문가, 사설 학원 등

전공 관련 선택 과목은?

※ 필수 선택 과목: 선택 과목 중 수능 필수 지정 과목

공통 과목		국어, 수학, 영어, 한국사, 통합사회, 통합과학, 과학탐구실험
필수 선택 과목		독서, 문학, 수학Ⅰ, 수학Ⅱ, 영어Ⅰ, 영어Ⅱ, 성공적인직업생활(특성화 고등학교만 해당)
일반 선택 과목	기초	
	탐구	사회·문화, 윤리와 사상, 세계사, 세계지리, 동아시아사
	체육·예술	
	생활·교양	종교학, 철학, 논술, 논리학, 제2외국어Ⅰ, 한문Ⅰ
진로 선택 과목	기초	심화 국어, 실용 국어, 고전 읽기
	탐구	사회문제 탐구, 고전과 윤리, 과학사
	체육·예술	
	생활·교양	제2외국어Ⅱ, 한문Ⅱ, 창의 경영

학교생활기록부 관리는?

출결 사항	• 미인정(무단) 출결 사항이 없도록 관리하세요. 미인정(무단) 결석 등이 있으면 학교생활 충실도나 인성, 성실성 영역에서 부정적인 평가를 받을 가능성이 높아요.
수상 경력	• 교내외 글쓰기 대회나 토론 대회, 연구 논문 대회 등의 수상은 전공 적합성에서 높은 평가를 받을 수 있어요. • 단순한 수상 횟수와 등위보다는 세부 능력 및 특기 사항 수업 활동, 각 학교의 여건과 연계하여 수상의 의미와 가치를 평가해요.
자율 활동	• 철학, 윤리학 등 인문학과 관련한 다양한 교내외 활동을 통해 창의적이고 개성적인 사고력이 나타나도록 하세요. • 철학 분야에 대한 관심과 흥미를 바탕으로 인성, 나눔과 배려, 협동심, 창의력, 의사 결정 능력, 리더십 등이 드러나도록 하세요.
동아리 활동	• 독서 토론반, 사상가 탐구반, 문예부 등 관련 동아리 활동에 참여하여 자신이 가지고 있는 전공 적합성이 입증될 수 있도록 하세요. • 동아리 안에서 의미 있는 역할을 수행한 경험과 구성원의 화합을 이끈 구체적인 행동 경험을 제시하면 좋은 평가를 받을 수 있어요.
봉사 활동	• 나눔 활동이 일관되게 지속되어 나눔이 체화되어 나타날 때 좋은 평가를 받을 수 있어요. • 상대방의 처지를 헤아려 존중하는 태도, 예를 들면 약간의 불이익이 생기더라도 상대를 배려하고 나누고자 하는 사례 등이 있으면 더욱 좋아요.
진로 활동	• 작가, 철학자 및 관련 직업들의 정보 탐색 활동을 권장해요. • 관련 학과 체험 활동을 통해 자신의 전공 적합성을 살펴보는 것이 좋아요. • 교내 연구 논문 대회, 토론 대회 등에 참여하여 자신의 진로 역량이 나타날 수 있도록 하세요.
교과 세부 능력 및 특기 사항	• 국어, 윤리, 철학 등의 교과에서 우수한 학업 성취를 올릴 수 있도록 관리하고, 자기 주도성, 문제 해결 능력, 창의력, 발전 가능성 등의 역량이 발휘될 수 있도록 수업에 적극 참여하세요. • 수업 활동에서 나타나는 토론이나 실험, 과제 수행, 집단 학습 등에서 의미 있는 지적 성취를 할 수 있도록 하세요.
독서 활동	• 단순히 많은 책을 읽는 것보다는 몇 권의 책이라도 정독을 하여 자기의 진로 계획에 대해 성찰하는 시간을 갖도록 하세요. • 고등학교 수준을 벗어난 독서는 오히려 불리하게 평가될 수 있어요.
행동 발달 특성 및 종합 의견	• 창의력, 문제 해결 능력, 협업 능력, 자기 주도적 학습 능력 등이 드러날 수 있도록 해요. • 학교생활에서 자기 주도성, 경험의 다양성, 성실성, 나눔과 배려, 학업 태도와 학업 의지에 대한 장점이 기록되도록 관리해야 해요.

직업상담사 _교육학과

직업상담사란?

취업 시장이 불황이라고 아우성입니다. 청년 취업난과 고령화, 베이비부머의 퇴직 열풍으로 실업이 늘고, 구직 수요가 증가하는 반면, 정규직 일자리는 많지 않아 많은 사람들이 계약직으로 일하고 있습니다. 이러한 사회적 현상에도 불구하고 호황을 맞는 직종이 있습니다. 취업과 직업 능력 개발, 직업 진단 및 상담을 제공하는 직업상담가가 그 주인공입니다. 얼어붙은 취업 시장에서 양질의 취업 정보를 찾으려는 미취업자와 구직자 수가 늘어나면서 직업상담사는 꼭 필요한 직업이 되었습니다.

직업상담사는 자격증을 취득하면 특성화 고등학교, 대학교, 정부 기관, 시·군·구청 취업 정보 센터, 청소년 상담실, 사회 복지 시설, 성폭력 상담소 등과 같이 다양한 분야에서 업무를 수행하게 됩니다. 특성화 고등학교의 취업지원부 교사로 활동하거나 대학교의

취업 정보실 등에서 근무하며, 직업 및 취업 관련 정보를 제공하고 상담을 하기도 합니다. 고용노동부가 운영하는 고용 센터에 근무하는 직업상담사는 주로 구직자들을 대상으로 취업 지원 및 직업 소개, 직업 지도, 고용 보험 등 고용 지원 업무를 수행합니다. 시·군·구청 취업 정보 센터에 근무하는 직업상담사는 졸업한 청년들과 재취업하려는 여성이나 노인들을 대상으로 직업 정보를 제공하고, 적성 검사를 통한 구직자의 흥미 분야를 안내하는 일을 합니다. 또한 고민과 상처가 있는 구직자의 정서 장애를 예방하고 평가·진단하며, 치료에 초점을 두는 정신 건강의 재활을 위한 역할도 합니다.

직업상담사는 상담 업무가 몰리는 취업 시즌이나 취업 박람회 같은 각종 행사를 앞두고는 더욱 바빠집니다. 주로 상담 업무를 하기 때문에 사무실에서 근무하며, 직업 지도, 취업 특강, 취업처 발굴

등을 위해 출장을 가기도 합니다. 2017년 통계청 조사에 따르면 직업상담사의 여성 비율은 71.6%로 남성에 비해 배가 넘게 많은 실정입니다.

직업상담사 자격증은 단기간에 취득할 수 없습니다. 자격증을 취득했다고 하더라도 실제 구직자와의 상담 과정에 필요한 기본 소양이나 효율적인 상담을 위해 계속 공부해야 합니다.

직업상담사 자격시험의 주무부처는 고용노동부이며, 시험을 주관하는 곳은 한국산업인력공단입니다. 자격시험은 1급, 2급으로 나누어져 있는데, 직업상담사의 자격을 갖추기 위해서는 우선 2급 자격증을 취득해야 합니다. 2급 자격증 취득 후 관련 기관에서 3년 이상 근무를 해야 직업상담사 1급 자격 취득의 기회가 주어집니다.

JUMPUP

직업상담사 2급 자격시험에 대해 알아볼까요?

▶ **응시 자격**
- 대학에서 심리학과, 경영·경제학과, 교육심리학과 등의 교육 과정을 이수한 자
- 사회 교육 기관 직업상담사 과정 및 사설 학원을 통해 경력과 응시 요건을 갖춘 자

▶ **평가 방법**
- 필기시험(4시 선다형 객관식 100문제)

▶ **평가 과목**
- 필기시험: 직업상담학, 직업심리학, 직업정보론, 노동시장론, 노동관계법규
- 실기 시험: 직업상담실무(필답형 18문제 출제)

▶ **합격 기준**
- 필기시험: 매 과목 40점 이상, 전 과목 평균 60점 이상
- 실기 시험: 60점 이상

▶ **시행 횟수**
- 연 3회(일반적으로 필기시험은 각각 3월 초, 4월 말, 8월 초에 시행)

직업상담사가 하는 일은?

직업상담사는 구직자나 미취업자에게 적절한 직업 정보를 제공하고, 경력 설계, 직업 선택, 구직 활동 등에 대한 전문적인 도움을 주는 일을 합니다. 또한 직업 전환, 직업 적응, 실업 및 은퇴 등의 과정에서 발생하는 다양한 문제에 적절히 대처할 수 있도록 정보를 제공하고 전문적인 상담을 수행합니다.

» 직업의 종류, 전망, 취업 기회 등에 관한 자료를 수집하고 관리합니다.

» 구직자와 면담하거나 검사를 통해 취미, 적성, 흥미, 능력, 성격 등의 요인을 조사합니다.

» 적성 검사, 흥미 검사 등 직업 심리 검사를 실시하여 구직자의 적성과 흥미에 맞는 직업 정보를 제공합니다.

» 구직자에게 적합한 취업 정보를 제공하고 직업 선택에 관해 조언합니다.

» 비디오, 슬라이드 등의 시청각 장비를 사용해 직업 정보 및 직업 윤리 등을 교육합니다.

» 청소년, 여성, 중고령자, 실업자 등을 위한 직업 지도 프로그램 개발과 운영을 담당합니다.

» 노동 시장에서 발생하는 직업과 관련된 법적인 사항에 대해 상담합니다.

» 구인을 희망하는 기업에게 적절한 인재를 알선합니다.

» 반복적인 구직 실패로 인해 심리적으로 어려움을 겪는 사람들을 상담합니다.

» 회사에 취업하는 데 필요한 이력서, 자기소개서를 쓰는 방법을 알려줍니다.

직업상담사
커리어맵

- 한국직업상담협회 www.kvoca.org
- 한국상담심리학회 www.krcpa.or.kr
- 고용노동부 www.moel.go.kr

- 국어 및 영어 교과 역량 키우기
- 사회·문화, 상담 관련 동아리 활동
- 논술, 말하기 관련 교내외 대회 참여
- 직업상담사 인터뷰 및 직업 체험 활동
- 관련 학과 탐방 활동

- 의사소통 능력
- 인내심
- 청력
- 언어 능력
- 기획력
- 대인 관계 능력
- 적용성

관련기관

준비방법

- 사회형
- 진취형

적성과 흥미

흥미유형

직업상담사

- 교육학과
- 사회복지학과
- 심리학과
- 상담학과
- 직업학과
- 사회학과
- 아동청소년복지학과
- 특수교육학과

관련학과

관련교과

- 국어
- 영어
- 사회
  - 사회·문화
- 심리학
- 교육학

관련자격

관련직업

- 직업상담사 1급
- 직업상담사 2급

- 사회복지사
- 상담전문가
- 청소년지도사
- 취업알선원

- 커리어코치
- 헤드헌터
- 정신보건사회복지사

적성과 흥미는?

　직업상담사는 직업을 알선하여 채용으로 연결하는 것이 주된 업무입니다. 따라서 사람들과 만나서 상담을 하고, 각각의 특성을 잘 파악하여 적합한 직업을 찾아 줄 수 있어야 합니다.

　직업상담사는 다른 사람들의 말을 잘 들어 주고, 대화를 나누는 것을 좋아해야 합니다. 그리고 자신과 의견이 다르더라도 상대방의 의견에 공감할 수 있는 태도가 필요합니다. 또한 직업이라는 것은 항상 변화하는 것이기 때문에 시대의 흐름을 잘 읽고, 항상 새로운 것을 공부하는 것을 즐겨야 합니다.

　직업상담사는 다양한 진로 지도 프로그램을 운영하기도 합니다. 직업인과의 만남, 기업체 방문, 나에게 맞는 직업 찾기, 성격 유형 검사, 흥미 유형 검사 등의 프로그램을 통해 구직자에게 비전을 제시하고, 꿈을 이룰 수 있도록 도와주는 일을 합니다. 그렇기 때문에 새로운 행사를 기획하고 조직하는 능력이 필요하며, 타인과의 의사소통이 원활하고, 적극적이고 긍정적인 태도로 생활하는 사람이라면 더욱 좋습니다. 사회형, 진취형의 흥미를 지닌 사람에게 적합한 직업입니다.

관련 학과 및 자격증은?

▶관련 학과: **사회복지학과, 심리학과, 상담학과**, 사회학과, 직업학과, 아동·청소년복지학과, 교육학과, 특수교육학과 등
▶관련 자격증: **직업상담사 1·2급** 등

헤드헌터에 대해 알아볼까요?

원래 '헤드헌터(Head Hunter)'란 원시 부족들이 상대 부족들의 머리를 잘라 오는 '머리 사냥(Head Hunting)'에서 나온 말이에요. 우리나라에서는 중역(임원)이나 전문 인력 등을 기업체에 소개해 주는 사람이나 업체를 나타내는 말로 널리 사용돼요.

헤드헌터는 기업의 임원이나 기술자 등과 같은 고급 인력을 여러 단계의 조사 과정을 거쳐 원하는 회사에 소개하는 일을 해요.

헤드헌터가 되려면 대학 졸업 이상의 학력이 필요하고, 외국인을 상대할 경우가 많아 외국어 구사 능력이 필요해요.

헤드헌터 중 기업체를 대상으로 직접 영업 활동을 하거나 구인처를 발굴하는 컨설턴트는 해당 분야에 경력이 있는 사람을 채용하는 경우가 많아요. 왜냐하면 인맥을 활용할 수도 있고, 업계의 흐름에 대해 잘 파악할 수 있기 때문이죠.

헤드헌터로서의 경력이 쌓이면 창업하여 업체를 운영하기도 해요.

진출 방법은?

직업상담사가 되려면 대학교에서 사회복지학과, 심리학과, 사회학과, 직업학과 등을 졸업하는 것이 유리하지만, 그렇다고 해당 학과 전공자만 응시 자격이 있는 것은 아닙니다. 일반적으로 대학교 졸업 이상의 학력이 필요하고, 사회 교육 기관이나 사설 학원에서 관련 수업을 들으면 한국산업인력공단이 시행하는 직업상담사 자격시험에 응시할 수 있습니다. 외국 기업을 고객으로 하는 고급 인력 알선 업체에는 석사 학위 이상의 근무자도 많으며, 외국어 능력을 요구하기도 합니다.

미래 전망은?

한국고용정보원에 따르면 직업상담사는 2016년 약 30.8천 명에서 2026년 약 37.5천 명으로 향후 10년간 6.6천 명(연평균 2.0%)정도 증가할 것으로 전망됩니다.

기업의 채용 문화가 열린 채용, 직무 중심 채용 등으로 다변화되면서 구인처, 구직자 모두로부터 상담 수요가 증가하고 있습니다. 또한 베이비부머 세대의 은퇴와 노인 구직자의 증가, 이민 여성, 외국인 노동자 등 외국 인력 유입, 청년 실업자 증가, 경력 단절 여성 등으로 인해 취업 및 진로 상담에 대한 요구가 꾸준히 늘어나고 있습니다.

또한 초·중·고등학생을 대상으로 진로 상담의 필요성이 증대하여 상담이나 강의 등을 하는 사례도 늘고 있으며, 앞으로도 이러한 현상은 지속될 것으로 예상됩니다.

이러한 이유로 취업난이나 실업으로 인해 상처를 입은 사람의 치유를 도와주고, 원하는 직업을 소개하는 직업상담사가 다양한 시설에 채용되어 업무를 수행할 것으로 예상돼 전망이 밝은 직업으로 평가됩니다.

CAREER MAP

관련 직업은?

사회복지사, 정신보건사회복지사, *상담전문가*, 청소년지도사, 취업알선원, 커리어코치, *헤드헌터* 등

직업상담사 전공 분석
교육학과

어떤 학과인가?

교육학과는 교육학과, 교육공학과, 교육심리학과 등으로 구분할 수 있으며, 주로 4년제 대학에 개설되어 있습니다.

교육학과는 교육학의 기초 개념, 이론, 실제에 대해 교육하며, 교육의 근본적인 문제와 바람직한 교육의 방향을 탐색합니다.

교육공학과는 교육용 소프트웨어 등을 활용한 교육 효과 극대화를 위한 교육을 주로 합니다.

교육심리학과는 교육 콘텐츠의 전달과 활용에 적용할 수 있는 심리학의 기본적인 이론과 원리를 연구하고, 교육 심리 연구를 수행하는 데 필요한 통계, 측정 및 실험 등의 기본 지식과 기술을 교육합니다.

교육 목표와 교육 내용은?

교육학과는 교육학을 가르칠 중등교사를 양성하는 동시에 교육 현상에 대해 이론적으로 탐구하고, 이를 기초로 학교 교육, 사회 교육, 가정 교육 등 실제적인 교육 문제를 해결할 수 있는 교육학자, 교육연구자, 교육행정가 및 교육실천가 등을 양성하는 데 목표를 둡니다.

» 교육 전문가로서 갖추어야 할 건전한 인성과 교육적 사명감 및 윤리 의식을 지닌 인재를 양성합니다.
» 교육학을 이론적으로 탐구하고, 실제적으로 적용할 수 있는 전문 지식을 지닌 인재를 양성합니다.
» 교육 현장에서 요구되는 교육 실천 능력을 지닌 인재를 양성합니다.
» 교육 현상을 다양한 관점에서 총체적으로 이해하고 비판적으로 분석할 수 있는 인재를 양성합니다.
» 교육 개혁을 능동적으로 이끌어 갈 수 있는 교육 리더십을 지닌 인재를 양성합니다.

주요 교육 목표

- 교육 현상을 이론적으로 탐구하는 인재 양성
- 교육 현상을 총체적으로 이해하는 인재 양성
- 교육적 사명감과 윤리 의식을 지닌 인재 양성
- 교육 문제를 창조적으로 해결하는 인재 양성
- 전문적인 지식으로 교육계를 이끄는 인재 양성
- 교육 개혁을 능동적으로 이끄는 인재 양성

학과에 적합한 인재상은?

교육은 가르치고 배우는 과정을 통해 인간의 성장과 발달을 돕는 활동입니다. 따라서 교육학을 전공하려면 기본적으로 사람에 대한 이해와 애정이 있어야 하고, 타인의 가치와 잠재력을 존중하는 자세가 필요합니다.

평소 교육 정책을 비롯한 사회 문제와 청소년 문제에 대해 관심이 있거나, 교육 현상에 대해 과학적으로 분석하거나 논리적으로 해석하는 것을 좋아하면 교육학과에 적합한 사람이라고 할 수 있습니다. 또한 원활한 교육 활동을 위한 정확한 언어 구사 능력과 정직성, 리더십도 필요합니다.

학교생활을 통해 누군가를 가르치고 지도하는 멘토-멘티 활동이나, 논리적 사고력, 합리적인 의사소통 능력을 기를 수 있는 토론반 활동을 꾸준히 한다면 도움이 됩니다. 이를 통해 사회 전반에 대한 폭넓은 이해와 풍부한 표현력을 지닐 수 있도록 노력하는 것이 중요합니다.

관련 학과는?

평생교육학과, 평생교육청소년학과, 평생교육융합학과, **평생교육상담학과**, 평생교육·청소년상담학과, 휴먼케어평생교육학과, 교육과, 교직과, 교직교육과, 기초교육학과, **교육심리학과**, 독서토론논술통합교육학과, **교육학전공, 평생교육학부, 교육학부**, 기초교육학부, 교직학부, 교직부, 교직과정부 등

취득 가능 자격증은?

- 사회조사분석사
- **상담심리사**
- **중등학교 2급 정교사**
- 직업상담사
- 청소년지도사
- 평생교육사 등

추천 도서는?

- 교육공학의 원리와 적용
  (교육과학사, 박성익 외)
- 특수교육학개론
  (학지사, 김동일 외)
- 다시 읽는 조선 교육사
  (살림터, 이만규)
- 특수 아동 교육
  (학지사, 이소현 외)
- 자기효능감과 삶의 질
  (교육과학사, Albert Bandura, 박영신 역)
- 교육 방법 및 교육공학
  (학지사, 백영균 외)
- 교수 학습을 위한 교육공학
  (학지사, T. J. Newby, 노석준 외 역)
- 학습 코칭
  (시그마프레스, Carolyn Coil, 정종진 역)
- 프로젝트 기반 학습 입문서
  (교육과학사, Thom Markham 외, 노선숙 역)
- 정책학원론
  (박영사, 노화준)
- 학습 장애 학생을 위한 교수 학습 전략
  (교육과학사, 김윤옥)
- 한국의 교육 문제
  (원미사, 박인우 외)
- 우리 시대를 위한 교육사회학 다시 읽기
  (한울아카데미, 앨버트 헨리 할지, 강순원 역)
- 교육공학연구의 동향
  (교육과학사, 권성호 외)
- 한국의 사회변동과 교육
  (문음사, 김경근)
- 학습 전략 포트폴리오
  (학지사, 손연아 외)

학과 주요 교과목은?

기초 과목	교육학입문, 교육철학, 한국교육사, 교육행정, 교육행정학, 교육사회학, 교육심리학, 사고와 표현, 교육학개론, 교육과정, 평생교육론 등
심화 과목	교육사, 서양교육사, 가치교육론, 영성교육론, 원격교육론, 교육공학, 교육과 문화, 교육제도론, 특수교육론, 기업교육론, 상담심리학, 인간발달과 학습, 동양교육의 이해, 교육통계, 교육평가, 교육정책론 등

진출 직업은?

대학교수, 중등교사, 학원강사, 교육행정직 공무원, **교육 관련 기관 연구원**, 멀티미디어콘텐츠제작자 등

졸업 후 진출 분야는?

일반 기업	인력개발원, 한국지역사회교육협의회, 문화 센터, 한국여성인력개발센터, 청소년 상담실, 교재 개발 업체, 기업 내 인적 자원 개발 부서, 교육 단체 사무 및 교육 관련 컨설팅 회사, 이러닝 업체 등
공공 기관 및 연구 기관	교육부, 한국교육개발원, 한국교육과정평가원, 교육 관련 연구소, 중·고등학교, 대학교 등
기타	학원강사, 교육 관련 컨설팅 회사 창업 등

전공 관련 선택 과목은?

※ 필수 선택 과목: 선택 과목 중 수능 필수 지정 과목

공통 과목		국어, 수학, 영어, 한국사, 통합사회, 통합과학, 과학탐구실험
필수 선택 과목		독서, 문학, 수학Ⅰ, 수학Ⅱ, 영어Ⅰ, 영어Ⅱ, 성공적인직업생활(특성화 고등학교만 해당)
일반 선택 과목	기초	
	탐구	세계지리, 세계사, 경제, 정치와 법, 사회·문화, 생활과 윤리, 윤리와 사상
	체육·예술	
	생활·교양	교육학, 심리학, 철학, 논리학, 진로와 직업
진로 선택 과목	기초	실용 국어, 심화 국어, 수학과제 탐구
	탐구	사회문제 탐구, 고전과 윤리, 생활과 과학
	체육·예술	
	생활·교양	가정과학, 지식 재산 일반

학교생활기록부 관리는?

	출결 사항	• 미인정(무단) 출결 사항이 없도록 관리하세요. 미인정(무단) 결석 등이 있으면 학교생활 충실도나 인성, 성실성 영역에서 부정적인 평가를 받을 가능성이 높아요.
	수상 경력	• 교내 글쓰기 대회나 토론 대회, 연구 논문 대회 등의 수상은 전공 적합성 점수에서 높은 평가를 받을 수 있어요. • 단순한 수상 횟수와 등위보다는 세부 능력 및 특기 사항 수업 활동, 각 학교의 여건과 연계하여 수상의 의미와 가치를 평가해요.
	자율 활동	• 국어, 철학, 사회, 심리학 등과 관련한 다양한 교내외 활동을 통해 다양한 관점으로 창의적이고 비판적인 사고력을 키우세요. • EBS 다큐멘터리를 보거나 교육 관련 사설, 칼럼 등을 읽고, 사회적 이슈를 교육적 관점에서 고찰하는 활동을 하면서 자신만의 교육 철학을 만들어 보세요.
	동아리 활동	• 시사토론반, 교육연구반 등 관련 동아리 활동에 참여하여 자신이 가지고 있는 전공 적합성이 입증될 수 있도록 하세요. • 꼭 교육 동아리가 아니더라도, 관심 있는 동아리에 들어가 교육에 대한 자신의 생각이 드러나는 활동을 하세요. 예를 들어 교지 편집부나 신문 제작반에서 교육 부분을 맡아, 요즘 주목받는 교육 이슈와 그에 대한 생각을 녹여서 쓴다면 도움이 돼요.
	봉사 활동	• 교내 멘토-멘티 활동과 같은 교육 관련 나눔 봉사 활동의 빈도가 다수이고 일관성이 있으면 좋은 평가를 받을 수 있어요. • 일방적인 베풂보다는 상대의 처지를 헤아려 존중하는 태도, 예를 들면 약간의 불이익이 생기더라도 상대를 배려하고 나누고자 하는 사례 등이 있으면 더욱 좋아요.
	진로 활동	• 교사, 교육행정직 공무원 등 관련 직업들의 정보 탐색 활동을 권장해요. • 중고등학교, 교육과정평가원 등 관련 기관과 관련 학과 체험 활동을 통해 자신의 전공 적합성을 살펴보는 것이 좋아요.
	교과 세부 능력 및 특기 사항	• 국어, 사회, 영어 등의 교과에서 우수한 학업 성취를 올릴 수 있도록 관리하고, 자기 주도성, 문제 해결 능력, 창의력, 발전 가능성 등의 역량이 발휘될 수 있도록 수업에 적극 참여하세요. • 수업 과정에서 나타나는 토의·토론이나 과제 수행, 모둠 학습 등에서 의미 있는 지적 성취를 할 수 있도록 하세요.
	독서 활동	• 철학, 심리학, 사회학, 문학 등 다양한 독서로 교육에 대한 자신의 가치관이 확고하게 드러나도록 하세요. • 과장된 독서 목록이나 고등학교 수준을 벗어난 독서는 오히려 불리하게 평가될 수 있어요.
	행동 발달 특성 및 종합 의견	• 창의력, 문제 해결 능력, 협업 능력, 자기 주도적 학습 능력 등이 드러날 수 있도록 해요. • 학교생활에서 자기 주도성, 경험의 다양성, 성실성, 나눔과 배려, 학업 태도와 학업 의지에 대한 장점이 기록되도록 관리해야 해요.

유치원교사
_유아교육학과

🎯 JUMPUP

어린이집과 유치원의 차이에 대해 알아볼까요?

어린이집과 유치원을 구분하는 가장 큰 차이점은 바로 대상 연령이에요. 어린이집은 0~7세를 대상으로 운영하여 영아 때부터 다닐 수 있는 반면, 유치원은 5세 이상이 되어야 다닐 수 있어요. 또 설립 목적이 어린이집은 아이를 돌보는 '보육'이고, 유치원은 '교육'이에요. 하지만 비중만 다를 뿐 어린이집과 유치원 모두 아이들의 교육과 보육을 책임진다는 것이 공통점이에요.

그 외에 어린이집과 유치원은 소속 기관이 달라요. 어린이집은 보건복지부 소속이므로 기초 자치 단체(시청, 군청, 구청)에서 관리하고, 유치원은 교육부 소속이므로 시도 교육청에서 관리해요. 이런 이유로 어린이집교사는 보건복지부 장관이 수여하는 보육교사 자격증을 취득해야 하고, 유치원교사는 교육부장관이 수여하는 유치원 정교사 자격증을 취득해야 하죠.

부모 중에는 어린이집과 유치원에서 배우는 내용이 다를까봐 걱정하는데, 2012년부터는 어린이집과 유치원에 다니는 5~7세 아동들이 동일한 교육을 받도록 정부에서 누리 과정을 시행하고 있어요.

유치원교사란?

유아 교육은 인간 발달 단계 중 지적·정서적·신체적인 분야의 형성에 중요한 영향을 미치는 시기의 교육이라는 점에서 그 의미가 큽니다. 또한 아동들의 발달을 도와 아동들이 용기 내어 세상으로 나아갈 수 있도록 해 주는 가정 밖의 첫 번째 교육이라는 점에서 중요합니다.

유치원교사는 유치원에서 5세 이상 초등 교육 연령 이하 아동의 언어적·신체적·사회적 기량의 발달을 목적으로 교육하는 교사를 말합니다.

유치원교사는 아동들이 건강하고 안전한 생활을 할 수 있도록 기초 체력을 기르거나 개인위생을 관리하고, 안전 규칙을 지키도록 가르칩니다. 단체 생활과 행사 참여 등을 통해 다른 사람과 더불어 생활하는 태도 및 공동체 의식을 함양할 수 있도록 사회생활도 가르칩니다. 또한 발표, 토의, 관찰, 실험, 조사, 견학, 발표회 등 아동들이 참여할 수 있는 다양한 수업 방법들을 계획하고 활용하여 지도합니다.

이외에도 아동들의 등원과 하원, 실내외에서의 자유 선택 활동, 정리 정돈, 집단 활동, 실외 활동, 식사 등의 교육을 계획·운영하며, 다양한 행정 업무에도 관여합니다.

» 유치원교사는 초등학교 입학 전의 아동에게 필요한 교육을 합니다.

» 아동들이 건강하고 안전한 생활을 할 수 있도록 기초 체력을 기르고, 개인위생과 안전 규칙에 대해 교육합니다.

» 아동들이 단체 생활, 행사에 참여하기 등의 협동을 통해 다른 사람과 더불어 생활하는 태도 및 공동체 의식을 함양할 수 있도록 사회생활 교육을 합니다.

» 발표, 토의, 관찰, 실험, 조사, 견학, 발표회 등 아동들이 참여할 수 있는 다양한 수업 방법들을 계획하고 활용하여 지도합니다.

» 등하원, 실내외 자유 선택 활동, 정리 정돈, 집단 활동(토의, 게임, 노래, 음률, 요리, 신체 활동, 동화, 동시, 동극, 조형 활동 등), 실외 활동(신체 활동), 식사 등의 교육을 계획·운영합니다.

» 학부모를 대상으로 부모 교육, 가정 통신문 발송, 출결 사항 관리, 입학식 및 졸업식 준비 등 행정 업무에도 관여하고, 아동들의 유치원 생활, 학습 능력, 성격 등에 대해 학부모와 상담합니다.

유치원교사가 하는 일은?

유치원은 5세부터 초등학교 입학 전 아동에게 알맞은 교육 환경을 제공하여 심신의 조화로운 발달을 이끌고, 기본 생활 습관, 개인 위생, 안전 생활 등을 교육하기 위해 운영되는 곳입니다. 유치원교사는 아동의 발달 수준과 유치원의 상황, 부모나 지역 사회의 요구, 국가 수준의 교육 과정 등을 고려해 교육 계획을 수립하고, 효과적인 교육을 위해 아동의 발달 단계 및 건강, 심리 상태를 관찰해 기록하며, 그 결과를 교육 계획에 반영합니다.

또한 유치원교사는 아동이 건강하고 안전한 생활을 할 수 있도록 올바른 생활 습관과 개인위생, 안전 생활에 대해 가르칩니다. 단체 생활과 행사 참여하기 등을 통해 타인과 더불어 생활하는 태도 및 공동체 의식, 협동심을 기를 수 있도록 합니다. 발표, 토의, 관찰, 실험, 조사, 견학, 발표회 등 아동이 참여하는 다양한 수업 방법을 활용하여 자연 및 사회 현상에 대한 흥미와 이해력을 가질 수 있도록 돕고, 창의적 표현 능력과 심미감을 기를 수 있도록 교육합니다.

또한 자연스럽고 즐거운 언어생활을 경험하도록 함으로써 언어 능력을 기르고, 바른 언어 습관을 가질 수 있도록 이끕니다. 아동의 관심, 흥미, 발달 수준에 따라 교육 내용을 선정하고, 집단 활동(토의, 게임, 노래, 음률, 요리, 신체 활동, 동화, 동시, 동극, 조형 활동 등), 실외 활동(신체 활동) 등 놀이를 통해 학습할 수 있도록 교재와 교구를 재구성합니다.

그 외에도 학부모를 대상으로 하는 부모 교육, 가정 통신문 발송, 출결 상황 관리, 입학식 및 졸업식 준비 등 행정 업무에 관여하고, 아동들의 유치원 생활, 학습 능력, 성격 등에 대해 학부모와 상담을 하기도 합니다. 유치원에서 운영하는 통학 버스에 탑승하여 아동들이 안전하게 승하차할 수 있도록 돕고, 교육 관련 세미나, 교사 연수 프로그램에 참여하기도 합니다.

보육교사에 대해 알아볼까요?

보육교사는 어린이집, 놀이방 등의 아동 복지 시설에서 근무하면서 유치원 입학 전, 초등학교 입학 전의 아동들을 부모를 대신해 돌보고 교육해요. 아동들의 성격이나 가치관이 형성되는 중요한 시기에 올바른 인성이나 대인 관계를 형성하도록 교육하기 때문에 보육교사의 역할은 매우 중요해요.

유치원교사
커리어맵

관련기관
- 한국국공립유치원교원연합회
  www.kapkt.info
- 교육부 www.moe.go.kr
- 학국유치원총연합회 yoochiwon.or.kr

준비방법
- 유아 교육에 대한 역량 및 책임감 기르기
- 교육 및 봉사 관련 동아리 활동
- 교육 관련 멘토링 활동
- 유아 교육 관련 학과 및 기관, 기업 탐방
- 유치원, 어린이집 등에서 직업 체험 활동

관련학과
- 유아교육(학)과
- 아동(교육)학과
- 아동복지(학)과

적성과 흥미
- 공감 능력
- 의사소통 능력
- 문제 해결 능력
- 상황 대처 능력
- 책임감
- 통솔력
- 인내심
- 꼼꼼함

유치원교사

흥미유형
- 사회형
- 관습형

관련교과
- 국어
- 영어
- 음악
- 미술
- 환경
- 정보
- 보건
- 교육학

관련자격
- 유치원 1급·2급 정교사
- 미술실기교사
- 보육교사
- 사회복지사
- 상담심리사
- 놀이치료사
- 방과후아동지도사

관련직업
- 유치원교사
- 유아정책연구원
- 아동상담사
- 아동심리치료사
- 아동 관련 기자 및 방송인
- 유아프로그램개발자

관련 직업은?

유치원교사, 유아정책연구원, 아동상담사, 아동심리치료사, 아동 관련 기자 및 방송인, 유아프로그램개발자 등

관련 학과 및 자격증은?

▶ 관련 학과: 유아교육(학)과, 아동(교육)학과, 아동복지(학)과 등
▶ 관련 자격증: 유치원 1급·2급 정교사, 미술실기교사, 보육교사, 사회복지사, 상담심리사, 놀이치료사, 방과후아동지도사 등

JUMPUP

유치원 원장 및 원감에 대해 알아볼까요?

유치원 원장과 원감은 사립·공립 유치원에서 교육, 행정 및 기타 운영 활동을 기획·관리하는 관리자로서, 유치원교사 및 직원들의 활동을 관리·감독해요. 유치원의 교육에 대해 유치원교사 및 학부모와 상담하고, 교사들과 협의하여 교육 과정 및 각종 행사 계획 등을 수립·운영하며, 수업 참관을 통해 수업 장학을 실시해요. 이를 위해 주기적으로 회의를 관장하고, 유치원 시설의 안전 문제를 점검하며, 예산을 집행하는 등 유치원의 모든 일을 관리·감독해요.

미래 전망은?

향후 10년간 유치원교사의 고용률은 현 상태를 유지하는 수준이 될 것으로 전망됩니다.

여성의 사회 활동 증가로 가정 내에서 전적으로 자녀를 양육하는 것이 점차 어려워지고 있고, 유치원 아동에 대한 무상 교육, 저소득층 아동에 대한 교육비 지원, 종일반 운영 지원 등 유아 교육 분야에 대한 국가적 지원이 확대되고 있어 만성적인 저출산에도 불구하고 전문적인 능력을 갖춘 유치원교사에 대한 수요는 어느 정도 유지될 것으로 예상됩니다. 이러한 현상을 반영하여 유치원 입학 연령 인구 중 실제 원아 수를 의미하는 취원율은 2009년 39.5%에서 2015년 49.4%로 늘었습니다.

또한 선진국에 비해 우리나라의 취원율은 아직도 낮은 수준이고, 양질의 유아 교육을 위해 교사 1인당 학생 수가 2009년 15.2명에서 2015년 13.4명으로 감소되고 있어 유치원교사에 대한 수요는 어느 정도 유지될 것으로 전망됩니다.

한편, 전문 대학 및 대학교에 유아 교육 관련 학과가 많이 개설되어 있고, 유치원교사에 대한 여학생의 직업 선호도가 높은 편이어서 일자리 수요보다 공급이 많아 일자리의 질이 높지 않은 편입니다. 2015년 '교육 통계 연보'에 의하면 유치원교사의 98.3%가 여성이며, 그중 34세 이전의 가임 여성이 약 66%에 달해 출산과 육아 등으로 유치원교사를 그만두는 인력을 대체하기 위해 채용이 많이 이루어질 수 있습니다. 이러한 경향은 고용이 안정적이지 못한 사립 유치원에서 더욱 많이 발생할 것으로 예상되는데, 전체 유치원교사 중 사립 유치원에서 근무하는 유치원교사가 약 75.2%에 달하기 때문입니다. 따라서 비교적 고용이 안정적이고 근무 환경이 좋은 국공립 유치원으로 이직하려는 경쟁은 더욱 치열해질 것으로 보입니다.

진출 방법은?

유치원교사가 되기 위해서는 전문 대학이나 대학교의 유아교육과, 아동학과를 졸업하거나 유치원 교육 과정이 개설된 교육대학원에서 석사 학위를 취득하여 유치원 2급 정교사 자격증을 취득해야 합니다.

유치원 2급 정교사 자격증을 취득하면 유치원 임용 시험을 볼 수 있는 자격이 주어지며, 임용 시험에 합격해야 국공립 유치원교사가 될 수 있습니다.

임용 시험은 1차·2차 시험으로 진행되는데, 1차에서는 교직 논술, 교육 과정 시험이, 2차에서는 면접과 수업 실연 시험이 진행됩니다.

사립 유치원의 경우, 자체 시험을 통해 교사를 선발하거나 교육청에 위탁하여 국공립 임용 시험과 같은 시험을 통해 1차 선발 인원을 가려낸 후, 2차 시험은 해당 학교 법인에서 시행하여 합격자를 결정하기도 합니다.

유치원 2급 정교사 자격증을 소지하고 3년 이상의 교육 경력을 가지고 재교육을 받거나, 정교사 2급 자격증을 소지하고 유치원 교육 관련 대학원에서 석사 학위를 받은 자로서 1년 이상의 교육 경력이 있으면 유치원 1급 정교사 자격증을 취득할 수 있습니다.

CAREER MAP

적성과 흥미는?

아동들을 배려하고 도와주려는 마음이 강해야 할 뿐만 아니라 사랑하는 마음을 지니고 있어야 하므로 섬세하고 다른 사람을 잘 이해하는 사람에게 적합합니다. 그리고 어려움이 있어도 참고 견디며, 책임감을 갖고 자신을 통제할 수 있는 능력이 필요합니다. 관찰력과 통솔력, 돌발 상황에 대처할 수 있는 능력이 필요하고, 정확하면서도 이해하기 쉬운 어휘를 구사하는 능력을 갖추어야 합니다. 또한 도덕적이고 정직해야 하며, 아이들에게 효과적으로 의사를 전달하기 위해 신체적·언어적 활동과 이를 자연스럽고 정형화되지 않은 방식으로 표현해 내는 것을 선호하는 사람에게 적합합니다. 아울러 돌발적이거나 통제되지 않은 상황 등 고도의 스트레스 환경에서도 효과적으로 대처할 수 있는 차분함과 비판을 받아들이는 인내심, 사소한 부분까지도 주의 깊게 다룰 수 있는 꼼꼼함이 요구됩니다.

JUMP UP

베이비시터에 대해 알아볼까요?

베이비시터는 부모가 없는 시간에 아이의 집에 방문하여 정해진 시간 동안 아이를 돌보는 일을 해요. 아이의 연령에 맞게 부모를 대신하여 아이의 건강, 위생, 습관 등을 관리해 주고, 야외 활동 등을 하기도 해요. 최근에는 돌보는 아이의 연령과 부모의 요구에 따라 하는 일이 다양해져서 유치원생이나 초등학생을 돌보는 베이비시터는 아이의 숙제를 도와주거나 준비물을 챙겨 주며 공부와 놀이를 함께하기도 해요.

유치원교사 전공 분석
유아교육학과

어떤 학과인가?

올바른 사회는 아동들에게 참다운 교육을 실시함으로써 이루어질 수 있다고 합니다. 그렇기에 참다운 유아 교육을 위해서는 아동에 대한 이해가 필요합니다.

유아교육학과는 효과적인 유아 교육을 위해 영유아기 발달 과정을 이해하고, 유아의 특성에 맞는 교육을 개발·적용할 수 있도록 이론과 실습을 병행하여 교육하는 학과입니다.

사람의 일생에서 유아기는 인격의 많은 부분이 형성된다는 점에서 중요한 시기입니다. 유아 교육은 유아를 하나의 인격체로 받아들이며, 한 개인으로서 올바르게 성장하도록 돕는 것을 교육 목표로 합니다.

따라서 유아교육학과는 교육학의 한 영역으로서 폭넓은 사회과학적 인식을 배경으로 삼고 인간의 기본적인 성품이 유아기에 결정된다는 인식을 바탕으로, 유아 교육에 대한 전문 지식 및 기술을 갖춘 유능한 전문가를 양성하는 데 교육의 목표를 두고 있습니다.

교육 목표와 교육 내용은?

유아교육학과는 유아 교육의 이론과 현상에 대한 연구를 통해 전문인으로서의 학문적 소양을 쌓고, 질 높은 유아 교육을 실천하는 창의적이고 유능한 연구자와 교육 실천자를 육성하는 것을 목표로 하고 있습니다. 또한 건전한 인성과 폭넓은 교양을 갖추고, 유아 교육을 통해 사회의 발전과 기초 교육의 실천에 공헌하는 교사로서의 교육관과 사명감을 갖도록 합니다.

» 유아 교육 과정을 효율적으로 운영할 수 있는 전문성과 영유아 교사로서의 능력과 자질을 지닌 인재를 양성합니다.
» 다양한 지식을 융합하여 새로운 가치를 창출할 수 있는 창의적 문제 해결 능력을 지닌 인재를 양성합니다.
» 유아의 개별성과 다양성을 존중하고 배려할 줄 아는 봉사 정신과 공동체 역량을 갖춘 인재를 양성합니다.
» 유아 교육의 질적 향상에 기여할 수 있는 공감 능력과 대인 관계 능력을 갖춘 인재를 양성합니다.

주요 교육 목표

- 전문적 역량을 갖춘 교사 양성
- 돌봄 능력과 리더십을 갖춘 교사 양성
- 올바른 인성과 창의적·융합적 사고를 갖춘 교사 양성
- 공감 능력과 소통 능력을 갖춘 교사 양성

학과에 적합한 인재상은?

　따뜻한 성품, 남을 배려하는 마음, 교사가 되겠다는 뚜렷한 목표가 있어야 합니다. 단순히 대학에 진학하기 위해서, 아이들을 좋아해서 혹은 자신의 아이를 키우는 데 도움이 되기 위해서가 아니라 이 직업을 가짐으로써 자아를 실현하고, 타인의 아이를 교육하는 데 보람을 느낄 수 있다는 소명 의식을 갖추어야 합니다.

　또한 아동의 돌발적이거나 통제되지 않은 상황을 효과적으로 대처할 수 있는 상황 대처 능력과 인내심이 필요하며, 아동의 감정을 수용할 수 있는 수용적 태도가 필수적입니다. 무엇보다 아동을 개성이 있는 인간으로서 존중할 수 있는 인간 존엄성이 있어야 하며, 미래를 살아갈 아동들을 돕고자 하는 자세를 지닌 사람에게 적합합니다.

관련 학과는?

보육학과, 아동보육과, 영유아보육과, 유아보육과, 아동미술보육과 등

취득 가능 자격증은?

- **유치원 정교사**
- 미술실기교사
- **보육교사**
- 사회복지사
- 방과후아동지도사
- 미술심리치료사
- 구연동화지도사
- 상담심리사
- 놀이치료사
- 예절지도사
- 아동지도사
- 유아체육지도자 등

추천 도서는?

- 놀이로 자라는 유치원
  (기역, 이정희 외)
- 유아교사 365 세트
  (북스카우트, 북스카우트)
- 유아를 위한 손끝놀이 활동
  (공동체, 이병희)
- 우리가 꿈꾸는 아름다운 학교
  (교육과학사, 김신일)
- 한 아이1
  (아름드리미디어, 토리 헤이든, 이희재 역)
- 50인의 현대 교육사상가
  (학지사, Joy A. Palmer, 조현철 외 역)
- 나는 대한민국의 교사다
  (해냄출판사, 조벽)
- 에밀
  (돋을새김, 장 자크 루소, 이환 역)
- 딥스
  (시간과공간사, 버지니아 M. 액슬린, 유아교
  육연구회 역)
- 행복 교과서
  (월드김영사, 서울대학교행복연구센터)
- 모리와 함께한 화요일
  (살림, 미치 앨봄, 공경희 역)

학과 주요 교과목은?

기초 과목	영유아발달, 아동복지, 유아교육개론, 유아동작교육, 인지이론과 교육, 유아 교육사상사 등
심화 과목	유아연구방법, 유아교육매체, 유아상담과 지도, 영유아프로그램, 유아관찰 및 평가, 유아교사론, 유아교육실습, 보육실습 등

진출 직업은?

국립·공립·사립 유치원교사, 원감, 원장, 연구원, 방송국 작가 및 연출가, 유아프로그램개발
자, 아동심리사, 인형극연출가, 유아 관련 프로그램 작가 등

졸업 후 진출 분야는?

기업체	아동 상담소, 아동 심리 치료소, 아동 관련 방송 매체, 유아 교육·보육 관련 프로그램 업체, 유아용 멀티미디어 제작 업체, 출판사 등
연구 기관	대학교 연구소, 유아 교육·보육 관련 연구원 등
정부 및 공공 기관	관련 기관 및 연구소, 교육청, 시도 육아 종합 지원 센터, 한국양성평등교 육진흥원, 육아정책연구소, 유아교육진흥원, 한국보육진흥원, 사회 복지 기관 등
교육계	대학교, 국립·공립·사립 유치원 및 어린이집, 직장 보육 민간(법인) 어린이 집, 특수학교 등

전공 관련 선택 과목은?

※ 필수 선택 과목: 선택 과목 중 수능 필수 지정 과목

공통 과목		국어, 수학, 영어, 한국사, 통합사회, 통합과학, 과학탐구실험
필수 선택 과목		독서, 문학, 수학Ⅰ, 수학Ⅱ, 영어Ⅰ, 영어Ⅱ, 성공적인직업생활(특성화 고등학교만 해당)
일반 선택 과목	기초	
	탐구	생활과 윤리
	체육·예술	체육, 미술, 음악, 연극
	생활·교양	정보, 교육학, 진로와 직업, 환경
진로 선택 과목	기초	실용 국어
	탐구	
	체육·예술	스포츠 생활, 음악 연주, 음악 감상과 비평, 미술 창작, 미술 감상과 비평
	생활·교양	가정 과학

학교생활기록부 관리는?

출결 사항
- 미인정(무단) 출결 사항이 없도록 관리하세요. 미인정(무단) 결석 등이 있으면 학교생활 충실도나 인성, 성실성 영역에서 부정적인 평가를 받을 가능성이 높아요.

수상 경력
- 다양한 분야의 교내외 수상이 중요해요.
- 개근상, 선행상, 봉사상, 모범상 등은 인성 평가나 정성 평가 등에서 좋은 인상을 줄 수 있어요.

자율 활동
- 대부분의 학교 활동에 참여하고, 참여 후 느낀 점 등이 학교생활기록부에 기록되도록 하세요.
- 교내외 다양한 활동을 통해 공감 능력, 책임감, 창의력이 드러나도록 하세요.

동아리 활동
- 영유아를 대상으로 하는 교육 또는 봉사 동아리를 결성하세요.
- 동아리 활동을 통해 교육 관련 주제 토론, 교육 관련 신문 만들기, 수업 시연, 교육 관련 독서 토론, 학교를 긍정적으로 변화시키는 프로젝트 등 다양한 활동을 기획하고 참여해 보세요.

봉사 활동
- 다양한 봉사 활동을 통해 남들을 배려하고 문제를 해결할 수 있는 역량을 함양해 보세요.
- 영유아의 멘토링 봉사와 교육 관련 봉사를 통해 다양한 역량을 기르도록 하세요.

진로 활동
- 유아 교육에 대한 자료를 조사하여 발표하는 등 다양한 활동을 통해 자신이 아동을 교육하는 데 흥미와 보람을 느낄 수 있는지 확인해 보세요.
- 유아들과 어울리고 함께하는 일이 적성에 맞는지 경험해 보세요.

교과 세부 능력 및 특기 사항
- 주요 교과뿐만 아니라 비교과 활동에도 열심히 참여하세요.
- 자신의 수업 참여 내용과 그로 인해 변화된 점이 구체적으로 드러나도록 하세요.

독서 활동
- 아동, 교육과 관련된 책을 꾸준히 읽어 풍부한 배경지식을 쌓도록 하세요.
- 인문학적 소양뿐만 아니라 미술, 음악, 체육 등과 같은 분야의 책도 꾸준히 읽어야 해요.

행동 발달 특성 및 종합 의견
- 주변 문제에 공감하고, 이를 해결하기 위한 다양한 활동을 경험해 보세요.
- 학교생활을 하면서 책임감, 성실성, 의사소통 능력 및 갈등 관리 및 해결 능력이 학교생활기록부에 기록될 수 있도록 관리하세요.

특수교사
_특수교육학과

특수교사란?

취학 인구가 줄고 있지만, 장애 학생은 계속 늘어 2018년 기준 특수 교육 대상자가 9만 명을 넘었습니다. 이는 5년 전보다 4.6% 늘어난 것으로, 장애 학생 교육의 필요성에 대한 인식이 확산되면서 특수 교육 대상자로 등록하는 학생 수가 계속 늘어나고 있기 때문입니다.

특수교사는 특수 교육 대상 학생만을 위해 설립된 특수 학교, 일반 학교의 특수 학급, 교육청의 특수 교육 지원 센터 등에서 근무하며, 특수 학생의 교육을 담당하는 교사입니다.

특수 학교는 시각장애특수학교, 청각장애특수학교, 지체장애특수학교, 정신지체특수학교, 정서장애특수학교 등 장애 영역별로 구분됩니다. 특수 학교에는 특수 교육의 대상이 되는 학생들이 다수이고, 이들은 복수의 장애를 가지고 있기 때문에 대부분의 특수 학교가 2가지 이상의 장애 영역을 포함하고 있습니다. 또한 한 학교 안에 유치원, 초등학교, 중학교, 고등학교 과정이 같이 있으며, 최근에는 장애 영아 학급과 고등학교를 졸업한 장애 학생의 직업 교육 학교도 늘어나고 있습니다.

일반 학교에서 운영하는 특수 학급은 일반 초·중·고등학교에 재학하는 장애 학생을 위한 학급으로, 다양한 장애를 가진 학생들이 특수교사의 도움을 받아 교과나 특별 활동, 재량 활동 등을 공부합니다. 특수 교육 지원 센터는 시도 교육청이나 지역 교육청에 설치되어 있으며, 장애 학생의 장애 진단 평가 등을 담당합니다.

한편, 특수 교육의 대상이 되는 학생들이 학교에 다닐 형편이 되지 못할 때 교사가 직접 학생이 거주하는 곳에 방문하여 지도하기도 하는데, 이러한 교사를 순회교사라고 합니다. 이들은 소아암, 심장병 등의 질병과 사고 등으로 장기간 입원해 있거나 집이나 보육 시설 등에서 나올 수 없는 학생을 찾아가 순회 교육을 합니다.

JUMPUP

일반 교사와 특수교사의 차이점에 대해 알아볼까요?

흔히 특수교사라고 하면 일반 교사와 전혀 다르다고 생각해요. 심지어 특공 무술 교육이나 영재 교육을 연상하는 사람들도 있어요. 일반 교사는 국어, 수학, 영어처럼 특정 과목과 관련된 교육과를 졸업하고, 학생들을 대상으로 국가에서 정한 교육 과정에 따라 수업을 해요.

반면, 특수교사는 특수교육과를 졸업하고, 특별한 도움이 필요한 장애 학생을 대상으로 교육을 해요. 국가에서 정한 교육 과정을 따름과 동시에 각 학생의 특성에 맞는 개별화 교육을 실시함으로써 학생들이 재능과 특기를 찾고, 그것을 개발할 수 있도록 도와주는 일을 해요.

특수교사가 하는 일은?

특수교사는 장애가 있어 특수한 교육이 필요한 학생들을 가르치고 돌보는 교사입니다. 특수교사는 교과 학습 지도와 생활 지도는 물론 일상생활을 위한 훈련, 건강 관리, 직업 교육 등에도 관여하는데, 학생의 장애 유형에 따라 교육 방법과 내용을 달리합니다.

시각 장애 학생의 경우 촉각과 소리를 이용해 학습을 진행하며, 주로 점자 익히기, 보행 훈련, 맹인용 물건 사용법 등을 지도합니다. 청각 장애 학생의 경우 수화 및 입술 모양을 보고 말을 알아들을 수 있는 순독 등을 지도합니다. 정신 지체 학생의 경우 기본 생활 훈련과 수 개념 이해, 글자 해독 등을 가르치는데, 이해나 기억을 돕기 위해 구체물, 그림 카드 등을 활용합니다. 지체 장애 학생의 경우 목

발 사용법, 휠체어 사용법, 서기 자세 등을 훈련시켜 학생이 스스로 움직임을 제어할 수 있도록 합니다.

대부분의 특수 학교가 장애 유형별로 학생을 모집하여 그에 맞는 교육을 하고 있으나, 중복 장애를 가진 학생도 상당수이므로 특수교사는 장애에 따라 알맞은 교육 방법과 교육 내용을 활용할 수 있어야 합니다. 이와 같은 이유로 특수교사는 일반 교사에 비해 담당하는 학생의 수가 적은데, 학급당 정원은 유치원은 4명, 초등학교와 중학교는 6명, 고등학교는 7명입니다. 수업은 학급 학생 전체를 대상으로 먼저 진행한 뒤 개별 지도를 하는 방식으로 진행됩니다.

> » 신체적·정신적 장애를 겪고 있는 학생이 장애를 극복하고, 사회 구성원으로서 살아갈 수 있도록 지식 및 기능을 가르칩니다.
> » 장애 학생의 장애 정도, 발달 상황 등을 고려하고, 적절한 교재와 교육 방법을 활용해 지도합니다.
> » 식사 및 등하교 지도, 의복 착탈의, 몸단장, 씻기 등 학생의 생활 지도 및 인성 지도를 담당합니다.
> » 장애에 따라 학생들이 겪는 어려움에 맞추어 도움을 줍니다.

특수 교육에 대해 알아볼까요?

특수 교육이란 시각 장애, 청각 장애, 지체 부자유, 정신 지체 등으로 인해 일반 학교나 학급에서는 교육 목표에 도달하지 못하는 학생을 위해 특별 학급을 마련하고, 각 장애의 특성에 맞는 교육 과정과 서비스로 교육하는 것을 말해요.

특수 교육이 국가 교육 체제로 정립된 것은 18~19세기로, 1755년 래퍼에 의해 파리에 세계 최초의 농아 학교가 설립되었고, 1784년 아위에 의해 파리에 세계 최초의 맹아 학교가 설립되었어요. 이 맹아 학교에서 채택한 수화법과 점자법은 맹아 교육의 주류가 되어 유럽과 미국에도 큰 영향을 미쳤어요.

한국의 특수 교육은 1894년 로제타 셔우드 홀 여사가 시각 장애인 소녀에게 점자를 가르치면서부터 시작되었어요.

특수교사
커리어맵

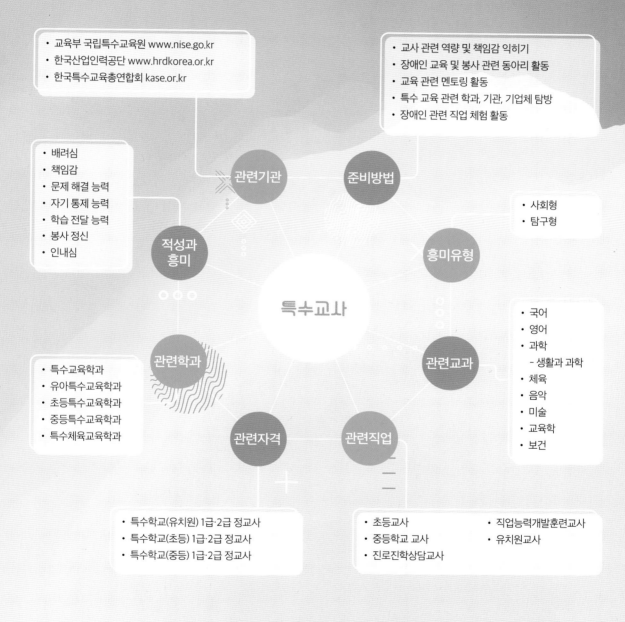

- 교육부 국립특수교육원 www.nise.go.kr
- 한국산업인력공단 www.hrdkorea.or.kr
- 한국특수교육총연합회 kase.or.kr

- 교사 관련 역량 및 책임감 익히기
- 장애인 교육 및 봉사 관련 동아리 활동
- 교육 관련 멘토링 활동
- 특수 교육 관련 학과, 기관, 기업체 탐방
- 장애인 관련 직업 체험 활동

- 배려심
- 책임감
- 문제 해결 능력
- 자기 통제 능력
- 학습 전달 능력
- 봉사 정신
- 인내심

관련기관

준비방법

- 사회형
- 탐구형

적성과 흥미

흥미유형

특수교사

- 국어
- 영어
- 과학
  - 생활과 과학
- 체육
- 음악
- 미술
- 교육학
- 보건

- 특수교육학과
- 유아특수교육학과
- 초등특수교육학과
- 중등특수교육학과
- 특수체육교육학과

관련학과

관련교과

관련자격

관련직업

- 특수학교(유치원) 1급·2급 정교사
- 특수학교(초등) 1급·2급 정교사
- 특수학교(중등) 1급·2급 정교사

- 초등교사
- 중등학교 교사
- 진로진학상담교사

- 직업능력개발훈련교사
- 유치원교사

125

적성과 흥미는?

여러 가지 형태의 장애가 있는 학생들의 욕구나 느낌에 민감하고, 이해하고 도와주려는 등 장애인에 대한 배려심이 필요합니다. 장애인을 돕는 데 어려움이 있어도 포기하지 않는 인내심, 장애인에 대한 남다른 애정과 희생, 봉사 정신이 필요합니다.

특수교사는 학생을 가르치는 교사로서의 자질과 함께, 어떤 상황에서도 침착하게 문제를 해결할 수 있는 문제 해결 능력과 상황 대처 능력, 자기 통제 능력, 학습 전달 능력이 필요합니다.

다른 사람들을 훈련시키고 발달시키며 치료하는 활동을 선호하는 사회형과 물리적·생물학적·문학적 현상에 호기심을 가지고 관찰하는 것을 즐기는 탐구형의 흥미 유형을 지닌 사람에게 적합합니다.

미래 전망은?

향후 10년간 특수교사의 고용률은 현 상태를 유지할 것으로 전망됩니다. 2015년에 특수교사의 수는 2010년 대비 20% 증가하였습니다. 그러나 특수교사의 증가율은 2012년 5%를 정점으로 감소하기 시작하여 2015년에는 2.3% 수준인 것으로 나타났고, 특수교사의 수요처인 특수 학급의 증가율 역시 2010년 12.5%를 정점으로 증가세가 둔화되고 있습니다.

그동안 사회적 약자에 대한 인식과 관심이 높아지면서 특수 교육 대상 학생에 대한 교육 기회 확대와 적극적 지원이 필요하다는 요구가 반영되어, 2015년 특수 교육 대상 학생은 5년 전인 2010년에 비해 약 10.4% 증가하였습니다. 또한 장애 학생을 특수 학교가 아닌 일반 학교에서 통합 교육을 하려는 경향이 증가하고 있어 일반 학교의 특수 학급이 늘어나고 있습니다. 이를 반영하듯 특수 학급은 2010년과 비교하여 2015년 26.6%가 증가하였습니다. 다만 최근 특수 학급 증가율은 하락세를 보이고 있어 향후 인력 수요 창출에 한계를 보일 것으로 전망됩니다.

한편, 사회 전반적으로 고용 불안이 심화되면서 국립·공립·사립 학교에서 근무하기 위해 교원 임용 시험에 도전하는 사람이 증가하고 있어, 최근에는 특수교사가 되기 위한 경쟁률이 높아지고 있는 상황입니다.

통합 교육의 정의에 대해 알아볼까요?

'특수교육진흥법' 제2조 6항에는 통합 교육을 '특수 교육 대상자의 정상적인 사회 적응 능력의 발달을 위해 일반 학교에서 특수 교육 대상자를 교육하거나 특수 교육 기관의 재학생을 일반 학교의 교육 과정에 일시적으로 참여시켜 교육하는 것을 말한다.'로 정의하고 있어요. 그러나 교육 대상자나 교육 과정을 물리적으로 통합한다고 해서 진정한 통합 교육이라고는 할 수 없어요.

이런 이유로 최근에는 통합 교육을 '모든 아동에게 일반 학교의 구성원으로서 자격을 부여하고, 양질의 교육이 제공되는 생활 연령에 적합한 일반 학교 교실에서 함께 교육받음으로써 모든 아동의 가치를 인정하고, 교육적인 욕구를 충족시켜 나가는 교육'이라고 새롭게 정의하고 있어요.

관련 학과 및 자격증은?

▶관련 학과: **특수교육학과**, 유아특수교육학과, 초등특수교육학과, 중등특수교육학과, 특수체육교육과 등
▶관련 자격증: **특수학교(유치원) 1급·2급 정교사, 특수학교(초등) 1급·2급 정교사, 특수학교(중등) 1급·2급 정교사** 등

관련 직업은?

초등교사, 중등교사, 진로진학상담교사, 직업능력개발훈련교사, 유치원교사 보육교사 등

진출 방법은?

특수교사가 되려면 대학에서 특수 교육 관련 학과를 졸업하거나 대학원에서 특수 교육 관련 석사 학위를 취득하여 특수교사 2급 정교사 자격증을 취득해야 합니다. 특수 교육은 학교에 따라 유아특수교육과, 초등특수교육과, 중등특수교육과 등으로 전공이 세분화되어 있습니다. 유치원과 초등 과정의 특수 학교 교사는 시·청각 장애, 지체 부자유 등의 심신 장애별로 자격을 구분하며, 중등 과정은 중등교사의 담당 과목과 심신 장애 구분을 동시에 적용하여 자격을 구분합니다.

국립 특수 학교의 특수교사가 되기 위해서는 특수교사 2급 정교사 자격증을 취득한 후 임용 시험에 합격해야 합니다. 유·초등 특수교사 임용 시험의 경우, 1차에서는 교직 논술, 교육 과정, 한국사(한국사능력검정시험으로 대체 가능)를 평가하며, 2차에서는 교직 적성 면접 및 수업 실연으로 평가합니다.

중등 특수교사 임용 시험의 경우, 1차에서는 교육학, 교과교육학, 교과내용학에 해당하는 전공 A, B 및 한국사(한국사능력검정시험으로 대체 가능)를 평가하며, 2차에서는 유·초등과 같이 교직 적성 면접 및 수업 실연으로 평가합니다.

사립 특수 학교에서 특수교사를 임용할 때에는 교육청에 위탁하거나 해당 학교 법인의 시험 절차에 따라 합격자를 결정합니다.

임용되어 3년 이상 교육 경력이 있는 교사는 특수교사 1급 자격 취득을 위한 연수를 받을 수 있습니다. 또한 일반 교사 자격증을 가진 사람이 교육대학원과 특수 교육대학원에서 석사 과정을 이수하면 특수교사 자격증을 취득할 수 있습니다.

JUMPUP

통합 학급의 교사의 역할에 대해 알아볼까요?

통합 학급의 교사는 일반 아동의 교육 전문가로서, 통합 학급 내에서 일반 교육 과정을 수행할 뿐만 아니라 일반 아동의 연령에 적합한 학습이나 행동들의 일반적인 기준을 토대로 장애 아동과 일반 아동들의 행동을 관찰하고 평가해요.

통합 학급의 교사는 장애 아동이 지닌 문제의 본질과 심각성을 확인하기 위해서 일반적인 발달 단계별 기준과 장애 아동의 행동을 비교하면서 장애 아동의 행동을 관찰할 수 있는 능력도 갖추어야 해요. 또한 책임 의식과 적극적인 태도를 가지고, 특수 교사와 협력하여 장애 아동이 통합 학급에서 통합 교육을 받을 수 있도록 역할을 수행해야 해요.

특수교사 전공 분석

특수교육학과

어떤 학과인가?

우리나라 특수 교육은 1960년 한국사회사업대학(현 대구대학교)에 특수교육과가 개설되면서 근간을 확립했습니다. 특수교육과가 급속도로 늘어나게 된 배경은 김대중 대통령 시절 장애인 관련 법률이 급속히 신설되면서 특수교사의 필요성이 대두되었고, 이에 20개 대학에 특수교육학과가 설립되었습니다.

특수교육학과는 지적 기능, 사회적 기술, 의사소통, 감각 기능, 신체 기능 중 한 가지 이상 결함이 있어 학습과 사회 활동에 어려움이 있는 아동과 학생들을 특별한 방법으로 교육함으로써 사회 구성원으로 당당히 설 수 있는 방법을 연구하는 학과입니다.

장애인은 신체적·정서적으로 어려움이 있기 때문에 비장애인과 똑같은 교육을 받는 데 힘든 면이 있습니다. 일반 교육을 받기 곤란한 시각 장애아, 청각 장애아, 지체 부자유아, 언어 장애아 등에게 그들의 특성에 맞는 교육을 제공하여 장애를 효과적으로 극복하고 사회에 잘 적응할 수 있도록 해야 합니다.

특수교육학 분야는 인간의 존엄성에 대한 실천적·응용적 접근을 중시합니다. 장애인이 지닌 가능성과 강점에 관심을 가지고 더불어 사는 사회를 실현함으로써 그들이 만족스런 삶을 살아갈 수 있도록 도와주는 학문입니다. 연구 분야는 의학, 심리학, 과학, 철학, 생리학, 영양학, 사회학 및 교육학을 바탕으로 의료교육학, 치료교육학, 재활교육학, 정형교육학 등의 분야가 있습니다.

교육 목표와 교육 내용은?

특수교육학과는 장애 학생에게 전문적인 특수 교육을 실시하여 이들의 잠재력을 최대한 개발하고, 장애 학생이 일반 사회의 시민으로 살아갈 수 있는 자질과 능력을 함양하는 데 기여할 수 있도록 철학적 기초와 전문적 지식을 교육하여 특수 교육 전문인을 양성하는 것에 목표가 있습니다.

» 특수 교육을 통해 복지 국가 및 사회의 건설에 공헌하려는 사명감을 지닌 인재를 양성합니다.
» 특수 아동의 발달 단계에 기초한 현장 적용 능력을 갖춘 인재를 양성합니다.
» 특수 교육의 현장 적용 원리 및 방법에 대한 이해와 기능을 지닌 인재를 양성합니다.
» 특수 교육 대상 학생 지도 능력, 연구 능력, 그리고 행정 능력을 갖춘 인재를 양성합니다.
» 미래 사회가 요구하는 특수 교육 프로그램 개발 능력과 첨단 학습 매체 활용 능력을 갖춘 인재를 양성합니다.

주요 교육 목표

- 특수 아동 지도에 전문적 역량을 갖춘 인재 양성
- 특수 교육의 현장 적용 능력을 갖춘 인재 양성
- 복지 사회 건설에 공헌하려는 사명감을 지닌 인재 양성
- 학교 현장을 이해하고 실무 능력을 겸비한 인재 양성

학과에 적합한 인재상은?

특수교육학과는 신체적·정신적으로 불편을 겪고 있는 학생을 교육하는 방법에 대해 배우는 학과이므로 특수교사가 되는 데 필요한 자질과 소양을 갖추어야 합니다.

무엇보다도 장애 학생들이 더 밝은 내일을 준비할 수 있도록 도와주고 싶어 하는 사랑하는 마음과 소명 의식이 필요합니다. 또한 가르치는 일과 장애를 가진 학생들과 생활하는 것에 대해 관심과 흥미가 있어야 합니다.

이를 위해 투철한 봉사와 희생정신을 갖고 있어야 하며, 어떠한 상황에서도 당황하지 않고 항상 침착하게 행동할 수 있는 자기 통제 능력과 상황 대처 능력이 필요합니다. 일반 학생에 비해 학습 능력이 떨어지는 장애 학생들을 교육하려면 인내심도 필요합니다.

관련 학과는?

특수교육과, 초등특수교육과, 중등특수교육과, 유아특수교육과, 특수체육교육과, 수화통역학과 등

취득 가능 자격증은?

- **특수학교 2급 정교사**
  (이수 과목에 따라 유치원·초등·중등 특수 교육으로 구분함)
- 언어치료사
- 청각치료사
- 사회복지사
- 의지보조기기사 등

추천 도서는?

- 학습장애 학생을 위한 교수-학습전략
  (교육과학사, 김윤옥)
- 아이들의 목소리가 보여!
  (한울림스페셜, 웬디 모스, 조선미 역)
- 장애와 사회 그리고 개인
  (올벼, 줄리 스마트, 윤삼호 역)
- 한 아이1
  (아름드리, 토리 헤이든, 이희재 역)
- 어느 자폐인 이야기
  (김영사, 템플 그랜딘, 박경희 역)
- 오체 불만족
  (창해, 오토다케 히로타다, 전경빈 역)
- 리틀 몬스터
  (학지사, Robert Jergen, 조아라 역)
- 경계에 선 아이들
  (뿔, 페터 회, 박현주 역)
- 다르게 사는 사람들
  (이학사, 윤수종)
- 당신은 장애를 아는가
  (메이데이, 김도현)
- 괜찮아 3반
  (창해, 오토다케 히로타다, 전경빈 역)
- 기적은 당신 안에 있습니다
  (황금나침반, 이승복)
- 소리 없는 파이팅
  (iwbook, 조일연)
- 나는 멋지고 아름답다
  (부키, 이승복 외)

학과 주요 교과목은?

기초 과목	교육학개론, 교육사회학, 교육심리학, 생리학개론, 심리학개론, 사회복지학개론, 언어발달과 지도 등
심화 과목	시각장애아교육, 정신지체아교육, 정서장애아교육, 중증중복장애아교육, 학습장애아교육, 특수교육과 철학, 물리작업치료 등

진출 직업은?

특수교사, 물리치료사, 보육교사, 심리상담사, 복지사, 병원 및 클리닉 교사, 언어치료사, 장애 관련 협회 사무원, 장애 관련 연구위원 등

졸업 후 진출 분야는?

기업체	특수 교육 관련 기관, 병원 부설 치료실 및 상담실, 장애인 단체, 지역의 직업 재활 센터, 장애인 보호 작업장 등
연구 기관	특수 교육 관련 연구 기관, 특수 교육 지원 센터, 장애인권익문제연구소, 한국발달장애인가족연구소, 발달장애교육치료연구소, 한국장애인개발원, 한국뇌발달연구소, 재활공학연구소 등
정부 및 공공 기관	교육행정직 공무원, 장학사, 장학관, 한국장애인고용공단, 한국장애인복지시설협회, 한국장애인단체총연합회, 종합 사회 복지관, 장애인 복지관 등
교육계	대학교수, 특수교사 등

전공 관련 선택 과목은?

※ 필수 선택 과목: 선택 과목 중 수능 필수 지정 과목

공통 과목		국어, 수학, 영어, 한국사, 통합사회, 통합과학, 과학탐구실험
필수 선택 과목		독서, 문학, 수학Ⅰ, 수학Ⅱ, 영어Ⅰ, 영어Ⅱ, 성공적인직업생활(특성화 고등학교만 해당)
일반 선택 과목	기초	
	탐구	윤리와 사상
	체육·예술	체육, 음악, 미술
	생활·교양	교육학, 보건, 진로와 직업
진로 선택 과목	기초	
	탐구	
	체육·예술	스포츠 생활, 음악 연주, 음악 감상과 비평, 미술 창작, 미술 감상과 비평
	생활·교양	가정과학

학교생활기록부 관리는?

출결 사항	• 미인정(무단) 출결 사항이 없도록 관리하세요. 미인정(무단) 결석 등이 있으면 학교생활 충실도나 인성, 성실성 영역에서 부정적인 평가를 받을 가능성이 높아요.
수상 경력	• 다양한 분야의 교내외 수상이 중요해요. • 개근상, 선행상, 봉사상, 모범상 등은 인성 평가나 정성 평가 등에서 좋은 인상을 줄 수 있어요.
자율 활동	• 대부분의 학교 활동에 참여하고, 참여 후 느낀 점이 학교생활기록부에 기록되도록 하세요. • 봉사 활동 및 교내외 다양한 활동을 통해 공감 능력, 책임감, 창의력이 드러나도록 하세요.
동아리 활동	• 멘토링과 같은 교육 봉사 동아리를 결성하여 활동하면 도움이 됩니다. • 교육 관련 주제 토론, 수업 시연, 교육 관련 독서 토론, 장애인과 함께하는 프로그램 등에 참여하면서 자신의 활동에 대한 느낀 점을 기록하세요.
봉사 활동	• 장애인에게 진정 필요한 부분은 무엇인지를 배울 수 있는 봉사 활동을 하세요. • 멘토링 봉사와 교육 관련 봉사를 통해 다양한 역량을 기르도록 하세요.
진로 활동	• 특수교육학과는 학교급별(유치원, 초등, 중등 등), 심신 장애별(시·청각 장애, 지체 부자유 등)로 구분되는데, 중등 특수교사의 경우 담당 과목에 따라 자격이 구분되니 자신의 관심과 적성 등을 확인해 보세요. • 장애인과 자주 어울리면서 함께하는 일이 적성에 맞는지 경험해 보고, 자신이 왜 특수교사가 되어야 하는지 고민해 보세요.
교과 세부 능력 및 특기 사항	• 주요 교과뿐만 아니라 비교과 활동에도 적극적으로 참여하세요. • 교과에 대한 이해를 바탕으로 자신이 이해한 내용을 발표하고, 멘토링하는 활동에 적극 참여하세요. • 수업 참여 활동과 그로 인해 자신의 변화된 사항이 나타나도록 해야 해요.
독서 활동	• 특수교육, 교육과 관련된 책을 꾸준히 읽어 배경지식을 쌓도록 노력하세요. • 전공 관련 서적 외에 인문학, 미술, 음악, 체육과 같은 다양한 분야의 책도 꾸준히 읽으세요.
행동 발달 특성 및 종합 의견	• 자신의 주변에서 발생하는 문제를 인식하고, 이를 해결하는 다양한 활동을 해 보세요. • 학교생활을 하면서 책임감, 성실성, 의사소통 능력 및 갈등 관리 능력 등이 학교생활기록부에 기록될 수 있도록 하세요.

초등교사 _초등교육학과

초등교사란?

유럽에서는 중세 시대까지 아이들을 돌봄의 대상이라기보다는 '작은 어른'으로 여겼습니다. 그래서 대다수 아이들이 정식 교육을 받지 못하고, 힘든 노동을 해야 했습니다. 교육이라고는 마을 성당에서 하는 인성 교육이 전부였습니다.

그러다 18세기에 영국에서 산업 혁명이 일어나면서 사람들이 하던 일을 기계가 대신하게 되고, 아이들에게도 기계 다루는 법을 가르쳐야 했기에 교육의 필요성이 대두되었습니다. 그러나 당시 노동자 가정에서는 아이들을 제대로 교육시킬 수가 없었습니다. '하루 종일 공장에서 일하는 부모 대신 아이들에게 여러 가지 지식을 가르쳐야 한다.'라는 부모들의 목소리가 커지자 학교가 생겨나기 시작했고, 아이들을 가르치는 교사라는 직업도 필요하게 되었습니다.

초등학교는 아동들이 지식은 물론, 사회적 규범과 역할을 배우고 익히도록 적극적으로 돕는 기관입니다.

초등교사는 부모만큼 가까이에서 아이들의 발달을 돕는 사람입니다. 수업은 물론, 생활 지도도 하고 학부모와 협력해 학교와 가정에서 조화롭게 교육이 이루어지도록 노력합니다. 초등학생 시기에는 신체적·정신적 발달의 기초가 다져지므로 초등교사는 아이들 한 명 한 명을 세심하게 이해하고 돌보아야 합니다. 그러기 위해서는 초등교사는 아이들의 눈높이에서 생각할 수 있어야 하고, 높은 사명감과 도덕성이 필요합니다.

또한 초등교사는 아동의 심리적 특성을 파악하고, 국어, 수학, 미술 등 다양한 교과에 대한 이론적 기초를 가르치는 직업입니다.

하지만 단순 지식 전달자가 아닌 인성 발달을 위한 전인 교육을 한다는 점에서 다른 직업과 다소 차이가 있습니다. 특히 초등교사는 학생에게 매우 큰 영향력을 미치기 때문에 전문성이 더욱 중요합니다.

JUMPUP

초등교사와 중등교사의 차이에 대해 알아볼까요?

초등교사와 중등교사의 가장 큰 차이점은 교육의 대상으로, 초등교사는 초등학생을, 중등
교사는 중학생과 고등학생을 교육해요.

두 번째 차이점은 자격증이에요. 초등교사 2급 자격증은 각 지역의 교육대학교를 졸업하거
나 이화여대, 제주대, 한국교원대 등의 초등교육과를 졸업해야 발급돼요. 반면, 중등교사 2
급 자격증은 각 대학의 사범대학을 졸업하거나 일반 대학에서 교직을 이수한 후 졸업하거
나 대학 졸업 후 교육대학원에서 석사 학위를 이수해야만 발급돼요.

그 외 차이점으로는 초등교사는 담임 교사가 특수 교과를 제외한 전 과목을 가르치는 반면,
중등교사는 자신이 전공한 과목만 가르친다는 것이에요.

초등교사가 하는 일은?

초등교사는 초등학교에서 초등학생에게 도덕, 국어, 사회, 수학, 과학, 체육, 음악, 미술 및 실과, 영어 등 초등 전 교과목을 가르치는 것이 일반적입니다. 또한 바른 인성과 품행을 갖도록 생활 지도도 합니다.

학교 교육 계획과 수업 일수 등을 고려하여 각 교과목의 학급 계획안을 작성하고, 이에 맞게 교재 연구 및 교수·학습 자료를 준비합니다. 대부분의 수업은 교실에서 이루어지지만 과학, 체육, 음악 등은 과학실, 운동장, 체육관, 음악실 등에서 수업을 하기도 합니다. 교과목에 따라 실험·실습을 하거나 현장 체험 학습, 야외 수업을 하여 학생들의 흥미를 높이기도 합니다.

방과 후에는 학습 부진아를 지도하기도 하며, 학습 과제물을 검사하고, 시험 문제를 출제하기도 합니다. 학생들이 원만한 친구 관계를 맺고 다른 사람과 더불어 생활하는 법, 안전사고 및 폭력 예방, 성교육, 기본 생활 습관 지도, 급식 지도, 등·하교 지도 등의 생활 지도를 합니다. 학생들의 학교생활, 가정생활, 교우 관계 등에 대해 학생 및 학부모와 상담을 합니다. 이외에 학생들의 전학, 입학, 출석 사항 관리, 학교생활기록부 관리, 가정 통신문 준비 등의 담임 업무를 수행하거나 교육기획부, 교육과정부, 방과후교육부, 과학정보부, 교육연수부, 생활체육부 등의 부서에 소속되어 담당 업무를 수행합니다.

» 국립·공립·사립 초등학교에서 초등학생을 대상으로 수업 지도, 학급 운영, 생활 지도 등을 합니다.

» 교육 계획과 수업 일수 등을 고려하여 각 교과목의 학습 계획안을 작성하고, 이에 맞는 교재 연구 및 학습 자료를 준비합니다.

» 학습 과제물을 검사하고, 시험을 출제하고 평가하는 등 학습 평가를 실시합니다.

» 학생들이 원만한 친구 관계를 맺고, 다른 사람과 더불어 생활하는 법과 안전사고 및 폭력 예방, 성교육, 기본 생활 습관 지도, 급식 지도, 등·하교 지도 등 생활 지도를 합니다.

» 학교생활, 가정생활, 교우 관계 등에 대해 학부모 및 학생들과 상담합니다.

» 전학, 입학, 출석 사항 관리, 학교생활기록부 관리, 가정 통신문 준비 등의 학사 업무를 합니다.

» 학교 교육 과정의 편성 및 운영에 참여하고, 교직원 회의에 참석하는 등 학교 업무를 합니다.

초등학교 교과전담교사에 대해 알아볼까요?

초등학교에서 한 사람의 담임 교사가 모든 과목의 수업을 하며 다양한 생활 지도까지 한다는 것은 쉽지 않기 때문에 교과전담교사 제도를 도입하게 되었어요.

초등교사의 업무 부담을 줄이고, 교육의 질을 높이기 위해 '초·중등교육법시행령'에는 체육, 음악, 미술, 영어 등의 교과전담교사를 학교별로 3학년 이상 3학급마다 0.75인으로 산정해 배치하도록 하였으나, 교육부가 2013년에 이를 폐지하여 현재는 시도 교육청별로 자체 기준을 만들어 운영하고 있어요.

초등교사
커리어맵

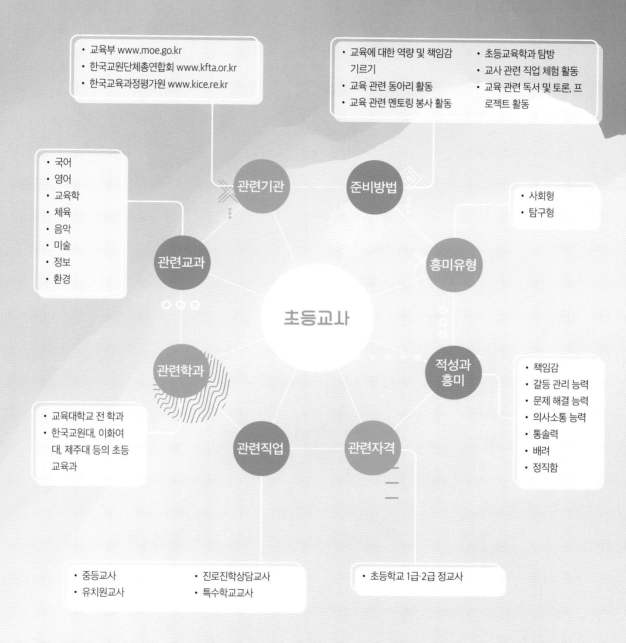

- 교육부 www.moe.go.kr
- 한국교원단체총연합회 www.kfta.or.kr
- 한국교육과정평가원 www.kice.re.kr

- 교육에 대한 역량 및 책임감 기르기
- 교육 관련 동아리 활동
- 교육 관련 멘토링 봉사 활동
- 초등교육학과 탐방
- 교사 관련 직업 체험 활동
- 교육 관련 독서 및 토론, 프로젝트 활동

- 국어
- 영어
- 교육학
- 체육
- 음악
- 미술
- 정보
- 환경

관련기관

준비방법

- 사회형
- 탐구형

관련교과

흥미유형

초등교사

관련학과

적성과 흥미

- 책임감
- 갈등 관리 능력
- 문제 해결 능력
- 의사소통 능력
- 통솔력
- 배려
- 정직함

- 교육대학교 전 학과
- 한국교원대, 이화여대, 제주대 등의 초등교육과

관련직업

관련자격

- 중등교사
- 유치원교사
- 진로진학상담교사
- 특수학교교사

- 초등학교 1급·2급 정교사

적성과 흥미는?

초등교사는 어린 학생들을 대하므로 솔직하고 도덕적인 성격을 지니고, 다른 사람들과 즐거운 관계를 유지하며, 협조적인 태도를 지니는 것이 필요합니다. 어린 학생들의 욕구나 느낌에 민감하고, 이를 이해하고 도와주는 등 배려심을 갖추는 것이 필요합니다. 또한 다양한 교과를 가르치게 되므로 국어, 수학, 미술, 음악, 사회, 과학 등 다양한 과목에 관심을 가지며, 다양한 교육 방법을 적용할 수 있는 창의성을 지닌 사람에게 유리합니다.

초등교사는 다른 사람을 훈련시키고 발달시키며 치료하는 활동을 선호하는 사회형과 물리적·생물학적·문화적 현상에 호기심을 가지고 관찰하는 탐구형의 흥미 유형을 지닌 사람에게 적합합니다.

관련 학과 및 자격증은?

▶관련 학과: 각 지역 교육대학교의 전 학과, 한국교원대학교 초등교육과, 이화여자대학교 초등교육과, 제주대학교 초등교육과 등

▶관련 자격증: 초등학교 1급·2급 정교사, 논술지도사, 독서지도사, 방과후아동지도사, 미술심리치료사, 구연동화지도사, 상담심리사, 놀이치료사, 예절지도사, 아동지도사, 유아체육지도자 등

관련 직업은?

특수학교교사, 진로진학상담교사, 유치원교사 등

방과후지도사에 대해 알아볼까요?

방과후지도사는 학령기의 아동들에게 학교 수업 전이나 학교 수업 후에 이루어지는 모든 교육 관련 활동을 지원하는 전문가로서, 아동이 건강하고 올바르게 성장하는 데 적합한 교육을 지원해요.

방과후지도사는 주로 초·중등학교, 지역 아동 센터 등에서 방과 후 지도를 하는데, 이외에도 어린이집 및 유치원의 방과 후 교실, 학습 상담 교사, 문화 센터, 복지 시설 등으로 진출할 수 있으며, 교습소, 홈스쿨, 학원 등을 창업할 수 있어요.

진출 방법은?

초등교사가 되기 위해서는 우선 전국의 10개 교육대학교를 졸업하거나 한국교원대학교, 이화여자대학교, 제주대학교의 초등교육과를 졸업하여 초등학교 2급 정교사 자격증을 취득해야 합니다.

초등교사는 공립 초등학교나 교육대학교 부설 국립 초등학교 또는 사립 초등학교에서 근무합니다.

국공립 초등학교의 교사가 되려면 초등학교 2급 정교사 자격증을 취득한 후 각 시도에서 시행하는 국공립 초등학교 교사 임용 후보자 선정 경쟁시험(교원 임용 시험)에 합격해야 합니다. 교원 임용 시험은 매년 11~12월에 치러지며, 1차 전공 필기, 2차 전공 논술, 3차 수업 실기 및 면접시험 등으로 평가합니다.

교원 임용 시험에 합격하지 못하더라도 2급 정교사 자격증이 있으면 사립 초등학교 교사 채용에 응시할 수 있지만, 2015년 기준 전체 초등교사 중 사립 초등학교의 교사 수는 약 1%에 불과하므로 경쟁률이 매우 높은 편입니다.

초등학교 1급 정교사 자격증은 2급 정교사 자격을 가진 자가 3년 이상의 교육 경력을 가지고 소정의 재교육을 받거나, 2급 정교사 자격증을 가지고 초등 교육 관련 교육대학원에서 석사 학위를 받은 자로서 1년 이상의 교육 경력이 있으면 취득할 수 있습니다.

학교 내에 특별한 승진 체계는 없지만 '평교사→부장교사→교감→교장'의 단계를 밟을 수 있습니다. 또한 일정 이상의 교육 경력이 되면 시험을 통해 장학사나 교육연구사 등으로 진출할 수 있습니다.

미래 전망은?

향후 10년간 초등교사의 고용률은 현 상태를 유지할 것으로 전망입니다.

'교육 통계 연보'에 따르면 공교육 내실화 방안의 일환인 초등학교의 학급당 학생 수를 감축하려는 정부 정책으로, 2015년 초등학교 교원 수는 2010년 대비 약 3.3% 증가하였고, 학급 수도 다소 증가하였습니다. 이런 이유로 교원 1인당 학생 수도 줄어들어 2000년 28.7명에서 2015년 14.9명으로 낮아졌습니다. 또한 초등학교의 수는 2015년에는 2010년과 비교하여 약 2.1% 증가하였습니다. 앞으로 한동안은 교원 1인당 학생 수를 낮추려는 정부 정책은 지속될 것이며, 이는 초등교사의 수요를 늘리는 데 긍정적인 요인으로 작용할 수 있습니다.

그러나 저출산 문제의 심화에 따라 초등학생 수의 감소세는 향후에도 지속될 것으로 전망되며, 이는 초등교사의 수요에 부정적인 영향을 미칠 것입니다.

JUMPUP

초등학교 돌봄 교실에 대해 알아볼까요?

핵가족화의 심화와 여성 경제 활동 인구 증가로 양육 환경이 변화함에 따라 돌봄에 대한 사회적 요구가 증가하였고, 영유아 보육 지원과 비교해 초등학교 대상 돌봄 지원은 상대적으로 부족하여 방과 후와 방학 중 돌봄 사각지대가 발생하게 되었어요.

이런 문제를 해결하기 위해 별도 시설이 갖추어진 공간에서 돌봄이 필요한 학생들을 대상으로 정규 수업 이외에 이루어지는 돌봄 활동을 초등 돌봄 교실이라고 해요.

초등교사 전공 분석
초등교육학과

어떤 학과인가?

초등교육학과에서는 아동의 심리적 특성을 파악하고 국어, 수학, 미술 등 다양한 교과에 대한 이론적 기초를 토대로 교육 현장에서 교사로서 활약할 수 있는 방법들을 공부합니다. 교사는 단순히 지식 전달자가 아닌 인성 발달을 위한 전인 교육을 해야 한다는 점에서 다른 직업과 다르다고 할 수 있습니다.

특히 초등교사는 아동에게 매우 큰 영향을 미치는 위치이므로 교사로서의 전문성이 더욱 중요합니다. 초등교육학의 교육 과정은 교육학 분야와 교과 교육 분야로 구분됩니다. 교육학 분야는 초등교사와 학계 전문 인력이 될 사람들에게 교육학의 기초 이론과 교사로서의 사명과 의무를 교육합니다. 교과 교육 분야는 초등교사로서 알아야 하는 교육 과정과 교수 방법을 교육하고, 모의 수업을 통해 실습의 기회를 가집니다.

초등교육학과에서는 아동의 학습에 필요한 능력을 사용하거나 또는 그 기능을 발전시켜 나갈 수 있는 내용으로 말하기, 듣기, 읽기, 쓰기를 비롯해 가르치는 능력, 계산 능력, 문제 분석 능력, 추리 능력, 물건을 만드는 능력 등을 길러 주는 내용을 교육합니다. 또한 집단 생활에서 일어나는 여러 가지 문제를 해결할 수 있는 능력을 길러 주는 내용과 인간생활의 물질적·자연적 환경에 대해 이해할 수 있도록 하는 내용, 아동이 창조적 표현을 할 수 있도록 하는 내용, 아동의 건강 생활에 관한 내용 등을 교육합니다.

 JUMP UP

교육대학교와 일반 대학의 초등교육과의 차이점을 알아볼까요?

교육대학교는 초등학교 교원을 전문적으로 양성하기 위해 설립된 교원 양성 대학이에요. 교육 과정도 철저히 초등 교원 양성에 초점이 맞춰져 있어 초등교사의 전문성 향상시키는 데 매우 유리해요.

한편 한국교원대학교, 이화여자대학교, 제주대학교에도 초등교육과가 있어요. 그중 한국교원대학교는 초등교육과에 입학해 중등 교육을 복수 전공하면 중등 임용 자격을 받을 수 있는 장점이 있어요. 이화여자대학교나 제주대학교는 종합 대학이기 때문에 초등교육과 뿐만 아니라 다양한 일반 학과(경영, 사회 등)도 복수 전공을 할 수 있어 교사 이외의 다양한 분야로 진출할 수 있는 장점이 있어요.

» 올바른 품성과 건강한 신체, 올바르게 판단할 수 있는 교직에 관한 확고한 가치관을 지닌 인재를 양성합니다.
» 아동 학습 지도에 대한 체험의 기회를 많이 갖춘 인재를 양성합니다.
» 교사에게 필요한 교육 체험과 연구 활동을 지속적으로 진행할 수 있는 인재를 양성합니다.

주요 교육 목표

- 각 교과를 가르칠 수 있는 교수 학습 능력을 갖춘 인재 양성
- 아동의 성장 발달과 행동에 대해 이해 능력을 갖춘 인재 양성
- 건전한 인격과 헌신적 생활 태도를 갖춘 인재 양성
- 교육자로서의 사명과 확고한 신념을 갖춘 인재 양성

교육 목표와 교육 내용은?

국가와 사회 발전에 헌신할 수 있는 교육자로서 아동 교육을 이끌어 갈 초등교사를 양성하고, 초등 교육을 학문적으로 연구하는 전문인을 양성하는 것을 목표로 합니다.

학과에 적합한 인재상은?

초등교사는 유아기에서 아동기로 변하는 아이들을 대상으로 교육하므로 이 시기의 아이들을 좋아하고, 잘 이해할 수 있으면 좋습니다. 다양한 교과를 가르쳐야 하므로 국어, 수학, 미술, 사회, 과학 등 다양한 과목에 관심이 있어야 합니다. 한창 자라나는 아이들에게 다양한 교육 방법을 적용할 수 있는 창의력이 필요하고, 다양한 상황 속에서도 차분하게 일을 처리할 수 있는 상황 대처 능력이 필요합니다.

또한 솔직하고 도덕적인 성격을 지닌 사람에게 적합하며, 다른 사람들과 즐거운 관계를 유지하며 협조적인 태도를 갖추는 것이 필요합니다.

관련 학과는?

각 지역 교육대학교의 전 학과, 한국교원대학교 초등교육과, 이화여자대학교 초등교육과, 제주대학교 초등교육과 등

취득 가능 자격증은?

- **초등학교 2급 정교사**
- 논술지도사
- 독서지도사
- 방과후아동지도사
- 미술심리치료사
- 구연동화지도사
- 상담심리사
- 놀이치료사
- 예절지도사
- 아동지도사
- 유아체육지도자 등

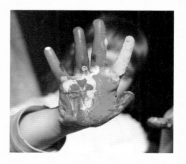

추천 도서는?

- 초등교사를 위한 내공 있는 연극 놀이터
(아이스크림, 광주초등교육연극연구회)
- 경계선 지능을 가진 아이들
(이담북스, 박찬선 외)
- 대한민국에 이런 학교가 있었어?
(한문화, 이승헌)
- 회복적 생활 교육을 위한 교실 상담
(지식프레임, 이주영 외)
- 교육 정책 스포트라이트1
(테크빌교육, 교육 정책디자인연구소 정책팀)
- 초등 학부모 상담
(푸른칠판, 김연민)
- 캐나다 교육 이야기
(양철북, 박진동 외)
- 학급긍정훈육법: 문제 해결편
(에듀니티, 제인 넬슨 외, 김도윤 외 역)
- 교사119 이럴 땐 이렇게
(에듀니티, 송형호 외)
- 신학기가 두렵지 않은 차근차근 학급경영
(우리학교, 장홍월 외)
- 학교란 무엇인가2
(중앙북스, EBS 학교란 무엇인가제작팀)
- 아이들의 목소리가 보여!
(한울림스페셜, 웬디 모스, 조선미 역)
- 프로젝트 수업, 배움을 디자인하다
(행복한미래, 이현정 외)
- 교실 속 자존감
(비전과리더십, 조세핀 킴)
- 가족 세우기를 통한 교실 혁명
(샨티, 마리엔 프랑케그리쉬)

학과 주요 교과목은?

기초 과목	아동발달과 교육, 초등교육론, 아동문학, 특수교육의 이해, 교육현장의 이해, 학교폭력예방의 이론과 실제 등
심화 과목	초등교육과정, 초등수학기초이론, 초등영어기초이론, 초등실과교육, 초등학교교육사, 창의성교육, 초등교육행정 및 경영, 초등교육이론 및 실제, 다문화 교육의 이론 및 실제 등

진출 직업은?

초등교사, *교감*, *교장*, 장학사, 교육연구사, 아동 관련 방송작가 및 연출가, 아동용앱개발자, 출판기획자, 아동교재개발자, 병원의 아동생활전문가, 난독증학습장애지도사, 아동발달전문가, 아동상품기획자, 1인 미디어 콘텐츠창작자 등

졸업 후 진출 분야는?

기업체	방송국, 출판사, 몬테소리, 교재 제작 업체, 아동용 앱 개발 업체, 눈높이 대교닷컴, 웅진씽크빅, 에듀넷, 초록우산어린이재단 등
연구 기관	한국교육개발원, 한국교육과정평가원, 초등교육연구소, 육아정책연구소, EBS미래교육연구소 등
정부 및 공공 기관	초등 교육 관련 교육 전문가, 교육청, 교육부, 과학영재교육원, 미술 영재 교육원, 소프트웨어 영재 교육원 등
교육계	국립·공립·사립 초등학교, 특수학교 등

전공 관련 선택 과목은?

※ 필수 선택 과목: 선택 과목 중 수능 필수 지정 과목

공통 과목		국어, 수학, 영어, 한국사, 통합사회, 통합과학, 과학탐구실험
필수 선택 과목		독서, 문학, 수학Ⅰ, 수학Ⅱ, 영어Ⅰ, 영어Ⅱ, 성공적인직업생활(특성화 고등학교만 해당)
일반 선택 과목	기초	화법과 작문, 언어와 매체, 영어 독해와 작문, 영어 회화
	탐구	생활과 윤리, 사회·문화, 한국지리
	체육·예술	체육, 음악, 미술, 연극
	생활·교양	정보, 교육학, 논리학, 환경, 진로와 직업
진로 선택 과목	기초	수학과제 탐구
	탐구	생활과 과학
	체육·예술	스포츠 생활, 음악 연주, 음악 감상과 비평, 미술 창작, 미술 감상과 비평
	생활·교양	가정 과학

학교생활기록부 관리는?

☑️	출결 사항	• 미인정(무단) 출결 사항이 없도록 관리하세요. 미인정(무단) 결석 등이 있으면 학교생활 충실도나 인성, 성실성 영역에서 부정적인 평가를 받을 가능성이 높아요.
🏅	수상 경력	• 다양한 교과 관련 수상뿐만 아니라 여러 대회에 꾸준히 참여하고 노력하는 모습을 보여주는 것이 중요해요. • 개근상, 선행상, 봉사상, 모범상 등은 인성 평가나 정성 평가 등에서 좋은 인상을 줄 수 있어요.
✈️	자율 활동	• 학급 자치 활동 등에 적극 참여하여 갈등 관리, 리더십, 상황 대처 능력 등이 드러나도록 하세요. • 학교생활 속에서 불편한 점을 찾아 개선하기 위한 활동을 하세요.
🎒	동아리 활동	• 교육 관련 동아리를 만들어 멘토링 및 교육 관련 프로젝트를 진행하고, 이를 통해 다양한 지식을 효율적으로 전달할 수 있는 방법을 습득해 보세요. • 교육 관련 주제 토론, 독서 활동 등을 통해 교사로서의 태도와 마음가짐을 함양해 보세요.
🤍	봉사 활동	• 선후배 멘토링 활동, 초등학생 학습 도우미 등 교육 봉사에 참여하여 다양한 지식을 효율적으로 전달할 수 있는 방법을 찾아 경험해 보세요. • 다양한 계층의 사람을 만날 수 있는 봉사 활동을 추천해요.
🎓	진로 활동	• 다양한 진로 경험을 통해 아동을 상대하는 일이 자신의 적성에 맞는지 확인해 보세요. • 초등교사 인터뷰, 교육대학교에 진학한 선배와의 만남, 교육 관련 독서 등 진로 탐색에 관련된 활동을 하고, 이를 기록해 두세요.
🔍	교과 세부 능력 및 특기 사항	• 언어, 수학, 영어, 사회, 과학뿐만 아니라 체육, 음악, 미술 및 교양 과목 모두 성적이 좋아야 해요. • 다양한 교과 활동에 적극 참여하고, 그로 인한 자신의 성장 과정이 학교생활기록부에 기록되도록 노력하세요.
📖	독서 활동	• 인문학, 철학, 역사, 사회 등 다양한 분야의 책을 읽고, 인접 학문과 연계하여 통합적으로 이해하는 노력이 필요해요. • 독서를 통해 느낀 점과 자신의 성장에 도움이 된 점 등을 기록하세요.
📒	행동 발달 특성 및 종합 의견	• 친구들과 소통하려는 모습, 자신의 재능을 향상시키기 위해 노력하는 모습 등이 학교생활기록부에 기록되도록 노력하세요. • 이러한 활동을 통해 책임감, 리더십, 의사소통 능력, 문제 해결 능력이 표현될 수 있도록 하세요.

국어(영어 및 기타 외국어) 교사 _국어(영어 및 기타 외국어)교육학과

국어(영어 및 기타 외국어)교사란?

국어는 대한민국의 공용어로서 사고와 의사소통의 도구입니다. 학습자는 국어를 활용하여 자아를 인식하고, 타인과 교류하며, 세계를 이해하고, 다양한 국어 활동을 통해 문화를 향유하며, 문화의 발전에 참여합니다.

영어는 국제적으로 통용되고 있는 언어로서 서로 다른 언어적 배경을 가진 사람들 간의 주요한 의사소통 수단입니다. 따라서 글로벌 시대 및 지식 정보화 시대라는 변화에 부응하고, 더 나아가 국제 사회에서 선도적인 역할을 수행하기 위해 영어를 이해하고 표현하는 능력을 갖추어야 합니다.

이러한 언어는 학습의 중요한 토대이기도 합니다. 대부분의 학습은 언어를 통해 이루어지므로 언어 능력은 학습의 성패를 결정하는 중요한 요인이 됩니다. 언어 능력이 부족하면 효과적인 학습이 어렵고, 결과적으로 성공적인 삶을 영위하기도 어렵습니다.

따라서 국어교사는 학습자에게 폭넓은 언어 경험을 쌓도록 하여 일상생활과 학습에 필요한 실질적인 언어 능력을 가르치고, 이를 통해 학습자는 더 깊이 있는 사고와 효과적인 소통, 발전적인 문화 창조 능력을 갖추게 됩니다. 나아가 자신의 말이나 글에 책임지는 태도를 지니고, 바람직한 인성과 공동체 의식을 기름으로써 언어 교육의 목적을 달성할 수 있게 됩니다.

또한 영어교사는 학습자가 영어 의사소통 능력을 갖추어 세계인과 소통하며 그들의 문화를 알고, 우리 문화를 세계로 확장시켜 나갈 사람을 길러 내는 것을 목표로 합니다. 이를 위해 학습자가 영어에 대한 흥미와 관심을 갖고, 이를 바탕으로 자기 주도적인 영어 학습을 지속할 수 있도록 이끄는 교육을 합니다.

JUMPUP

교사, 교수, 선생의 차이에 대해 알아볼까요?

교사, 교수, 선생은 모두 비슷해 보이나 제각기 다른 뜻을 가지고 있는 단어예요.

먼저 교사는 일정 수준의 자격을 가지고 유치원, 초등학교, 중학교, 고등학교 등에서 학생을 가르치거나 돌보는 사람을 뜻하고, 선생은 어떤 일에 대한 경험이 많거나 아는 것이 많아 남을 가르칠 수 있는 사람을 뜻해요.

한편, 교사와 교수는 계급적으로 구분한 직업명인데, 초·중·고등학생을 가르치는 사람을 교사로, 대학생을 가르치는 사람을 교수로 지칭해요.

국어(영어 및 기타 외국어)교사가 하는 일은?

국어(영어)교사의 역할은 교육 과정 운영과 관련된 거시적 역할과 실제 학습과 관련된 미시적 역할로 나눌 수 있습니다.

우선, 교육 과정 운영과 관련된 거시적 역할을 살펴보면 다음과 같습니다.

국어(영어)교사는 언어 교육의 목표와 내용을 분석하고, 지역 및 학교, 학급의 특성에 맞게 구체화합니다. 또한 교육 과정을 고려해 교과서를 중심으로 학급 특성에 적합한 교재를 구성하며, 이를 통해 언어 교육의 목표, 다른 교과와의 관련성, 교육의 질과 양, 속도에 관한 프로그램을 설계합니다.

그리고 실제 학습과 관련된 미시적 역할을 살펴보면 다음과 같습니다.

단원의 학습 목표와 관련해 학급의 특성과 개별 학습자의 사전 지식 및 기능, 태도를 진단하며, 학습자 특성에 적합한 단원 및 차시당 학습 목표와 학습 방법을 결정하고, 이를 토대로 교사와 학습자의 상호 작용을 중심으로 실제 수업을 진행합니다. 또한 학습 과정을 통해 학습자 평가와 수업 평가를 하고, 그 결과를 확인합니다.

결국 국어(영어)교사는 학생들의 언어 사용 양상을 관찰하여 진단하고, 학생 스스로 언어 사용에 관한 자신들의 문제점을 깨달을 수 있도록 돕습니다. 이로 인해 학생은 효과적으로 듣고, 말하고, 읽고, 쓸 수 있는 언어 능력이 향상되고, 언어에 대한 바람직한 가치관과 태도를 가질 수 있습니다.

» 국어교사는 듣기, 말하기, 읽기, 쓰기, 국어 지식, 문학 등의 국어 교과 내용을 국어 생활, 화법, 독서, 작문, 문법, 문학 등으로 나누어 가르칩니다.

» 영어교사는 듣기, 말하기, 읽기, 쓰기 방법을 가르쳐 기초적인 의사소통 능력을 향상시키고, 평생 교육으로서의 영어에 대한 흥미와 동기, 자신감을 유지하도록 가르칩니다.

» 국어(영어) 사용 능력을 신장시키기 위해 언어 표현과 창작 실습을 지도합니다.

» 교과서 및 시청각 자료 등 다양한 학습 자료를 활용하여 수업을 진행합니다.

» 수업을 설계·운영한 결과를 평가하고, 학생의 생활 태도와 진로 선택을 지도하며, 이 과정을 취합하여 학교생활기록부에 기록합니다.

» 학생 교육 및 안전과 관련된 학습 지도, 생활 지도, 행정 업무를 수행합니다.

JUMP UP

한국어강사에 대해 알아볼까요?

요즘 국내 대학의 어학당에 한국 문화와 한글을 배우려는 외국인이 늘고 있는 것으로 보아 한국어의 인기가 점점 높아지고 있다는 것을 알 수 있어요. 특히 K-POP의 영향으로 외국에서 인기가 더욱 높아지고 있어요.

흔히 한국어강사로 불리는 한국어 교원은 국어를 모어(母語)로 사용하지 않는 외국인과 재외 동포를 대상으로 한국어를 가르치는 사람이에요. 따라서 국어를 모어로 사용하는 내국인을 대상으로 국어를 가르치는 초등학교 및 중·고등학교의 국어교사와는 구별돼요.

한국어강사는 주로 대학의 부설 어학원이나 평생 교육원, 복지관 등에서 한국어를 전문적으로 지도해요. 수강생이 대부분 외국인이므로 한국 생활에 대한 상담을 하거나 도움을 제공하여 한국 문화를 이해할 수 있도록 돕는 활동도 병행해요.

국어(영어 및 기타 외국어)교사
커리어맵

관련기관

- 교육부 www.moe.go.kr
- 창의인성교육넷 www.crezone.net
- 에듀넷 www.edunet.net
- 학교알리미 www.schoolinfo.go.kr
- 교육과정평가원 www.kice.re.kr
- 한국교육개발원 www.kedi.re.kr
- 국어교육학회 www.koredu.net
- 한국영어교육학회 www.kate.or.kr

준비방법

- 언어 능력 향상시키기
- 교육에 대한 역량 및 책임감 기르기
- 교육 및 봉사 관련 동아리 활동
- 언어 교육 관련 멘토링 활동
- 국어 교육 관련 학과 탐방 및 직업 체험 활동
- 국어·영어 교육 관련 독서 활동

관련직업

- 교감, 교장
- 특수교사
- 국어교사
- 영어교사
- 한문교사
- 장학사
- 교육연구사
- 학원강사

적성과 흥미

- 의사소통 능력
- 공감 능력
- 배려심
- 리더십
- 갈등 관리 능력
- 상황 대처 능력
- 문제 해결 능력

국어 (영어 및 기타 외국어) 교사

관련교과

- 국어
- 영어
- 교육학
- 정보
- 제2외국어

흥미유형

- 사회형
- 탐구형

관련자격

- 중등 1급·2급 정교사

관련학과

- 교육학과
- 국어교육학과
- 영어교육학과
- 한국어교육학과
- 문예창작학과
- 국어학과
- 영어학과

적성과 흥미는?

중등교사는 청소년기 학생들을 대하므로 솔직하고 도덕적인 성격을 지니고, 다른 사람들과 즐거운 관계를 유지하며, 협조적인 태도를 갖추는 것이 필요합니다. 또한 학생들의 욕구나 느낌에 민감하고, 이들을 이해하고 도와주는 등 타인에 대한 배려심을 갖추는 것이 필요합니다. 질풍노도의 시기인 청소년기의 학생들을 올바른 길로 이끌고, 바람직한 삶의 자세를 일깨워 주기 위해서는 책임감과 리더십이 필요합니다.

국어(영어)교사에게는 국어(영어)에 관한 지식과 다양한 방법으로 가르칠 수 있는 교수 방법이 필요합니다. 더불어 학생들과 함께 생활하며 발생할 수 있는 다양한 문제를 해결하기 위해 성실성, 의사소통 능력, 공감 능력, 문제 해결 능력, 상황 대처 능력이 요구됩니다.

중등교사는 다른 사람들을 훈련시키고, 발달시키며, 치료하기 위한 활동을 선호하는 사회형과 물리적·생물학적·문화적 현상에 호기심을 가지고 관찰하는 것을 즐기는 탐구형의 흥미 유형이 적합합니다.

인문과학연구원(언어학연구원, 교육학연구원)에 대해 알아볼까요?

인문과학연구원은 철학, 역사학, 언어학, 교육학, 심리학 등 인문과학 분야의 전문 지식을 바탕으로 연구 활동을 하며, 인문과학에 대한 개념, 이론 및 운영 기법을 개발하고, 각종 현안에 대해 조사·분석해 정책 입안을 지원하며, 학술적 논문이나 보고서를 작성해요. 연구 분야에 따라 언어학연구원, 교육학연구원, 철학연구원, 역사학연구원, 심리학연구원 등으로 불려요.

이 중 언어학연구원은 특정한 언어의 구조와 변천, 발달을 연구하여 언어 사용자들의 언어생활을 향상시키는 일을 해요. 교육학연구원은 교육 문제의 개선과 발전을 위해 교육 제도, 교육 과정, 교수 방법, 교육 평가 등에 관한 체계적인 연구 활동을 해요.

미래 전망은?

향후 5년간 국어(영어)교사의 고용률은 현 수준을 유지하거나 다소 감소할 전망입니다.

2016년 한국고용정보원의 '중장기 인력 수급 수정 전망 2015~2025'에 따르면, 중등교사는 2025년에는 2015년과 비교해 연평균 0.3% 감소할 것으로 전망됩니다. 한편, '교육 통계 현황'에 따르면 2015년 중등교사의 수는 2010년 대비 약 4.7% 증가하였습니다. 중등교사의 고용에 영향을 미치는 요인으로는 학생 수의 감소와 교육 정책의 변화 등을 꼽을 수 있는데, 이는 긍정적·부정적인 영향을 모두 미칠 것으로 보입니다.

먼저 긍정적인 영향으로는 교육부가 공교육의 내실화를 목표로 교원 1인당 학생 수를 줄이기 위한 노력을 지속한다는 것입니다. 이에 교원 1인당 학생 수는 꾸준히 감소하여 2015년 현재 중학교 교사는 1인당 14.3명의 학생을, 고등학교 교사는 1인당 13.2명의 학생을 담당하고 있습니다. 연도별 중등교사의 수를 보면 최근 매년 소폭으로 증가하고 있음을 알 수 있습니다.

반면, 부정적인 영향으로는 사범대학 등 중등 교원 양성 기관을 통해 배출되는 인력은 증가하는 데 반해, 중등학교 학생 수는 급격히 줄어들고 신규 채용 예정 교원 수는 제한되어 있다는 것입니다. 교육부는 매년 과목별 교원 수요 변동, 교원 증원 상황 등을 반영하여 임용 시험을 통해 선발할 중등교사의 수를 정하고 있습니다. 교사를 지원하는 사람은 많고, 선발 인원은 제한되어 있어 중등교사로 취업하는 데 경쟁이 치열할 것으로 예상됩니다.

CAREER MAP

진출 방법은?

중등학교 교사가 되기 위해서는 대학교나 대학원에서 중등학교 2급 정교사 자격증을 취득해야 합니다. 그러기 위해서는 사범계열 학과를 졸업하거나 비사범계열 학과인 경우는 재학 중 교직 과목을 이수하거나 졸업 후 교육대학원에 진학하여 석사 학위를 취득해야 합니다.

국공립 중·고등학교의 교사가 되려면 중등학교 2급 정교사 자격증 취득 후 각 시도 교육청에서 시행하는 '국공립 중등학교 교사 임용 시험 후보자 선정 경쟁시험(교원 임용 시험)'에 합격해야 합니다. 교원 임용 시험은 매년 11~12월에 시행되며, 시험 내용은 필기, 논술, 면접 등으로 이루어집니다.

사립 중·고등학교의 교사가 되려면 2급 정교사 자격증은 취득하되 교원 임용 시험에 합격하지 않아도 됩니다. 결원이 생기면 각 학교별로 채용 공고를 내고, 학교장의 제청에 따라 이사회의 의결을 통해 채용합니다.

출산 및 육아 휴직 등으로 일정 기간 휴직하는 교사를 대체하기 위한 기간제교사의 경우에도 교원 임용 시험의 합격 여부와 관계없이 중등학교 2급 이상 정교사 자격증이 있다면 채용 가능합니다.

학교 내에 특별한 승진 체계는 없지만 '평교사→부장교사→교감→교장'의 단계를 밟을 수 있습니다. 1급 정교사 자격을 취득하려면 교원으로 임용되어 3년 이상의 교육 경력을 가지고 소정의 재교육을 받거나, 교육대학원 또는 교육부장관이 지정하는 대학원 교육과에서 석사 학위를 받고 1년 이상의 교육 경력이 있어야 합니다.

또한 일정 이상의 교육 경력이 되면 시험을 통해 장학사나 교육연구사 등으로 진출할 수 있습니다.

관련 학과 및 자격증은?

▶관련 학과: **국어교육과,** 한국어교육과, 국어국문학과, 문예창작과, 문예창작학과, **영어교육과,** 영어영문학과, 교육학과, 국어국문창작학전공, 영어과, 외국어학부 등
▶관련 자격증: **중등학교 1급·2급 정교사 자격증,** 평생교육사 등

관련 직업은?

국어교사, 영어교사, 수학교사, 사회교사, 과학교사, **한국어강사,** 학원강사 등

🖋 JUMPUP

언어재활사(언어치료사)에 대해 알아볼까요?

언어재활사는 과거 언어치료사로 불렸으나, 국가 자격으로 전환되면서 명칭이 변경되었어요. 언어재활사는 언어 장애의 원인과 증상을 진단하고, 이에 대한 치료 계획을 수립하여 환자를 치료하는데, 구체적인 업무 내용은 다음과 같아요.

환자와 상담하여 가족력, 임신력, 태생력, 언어 발달력 등을 조사하여 기록해요. 환자의 발음, 지능 및 어휘력 측정을 위한 각종 의학적 검사를 실시하여 조음 장애, 언어 지체, 실어증, 음성 장애, 말더듬증, 난청, 구개 파열, 뇌성 마비 등 언어 장애의 원인, 유형 및 정도를 진단해요. 단어, 글자, 그림 카드, 보청기, 녹음기, 퍼즐, 거울 등을 이용하여 치료해요. 또한 사회관계 형성과 유지에 필요한 언어 사용 능력을 향상시키기 위해 집단적 치료 활동을 수행해요.

국어(영어 및 기타 외국어)교사 전공 분석

국어(영어 및 기타 외국어)교육학과

어떤 학과인가?

국어(영어 및 기타 외국어)교육학과는 중·고등학교에서 중·고등학생들에게 국어, 영어, 독일어, 프랑스어, 일본어, 중국어, 한문 등을 가르치기 위한 학과입니다. 국어(영어 및 기타 외국어)교육학과에서는 언어 분야의 다양한 교과목과 각 교과의 교재 연구, 교육 방법 연구 등을 교육합니다.

국어(영어 및 기타 외국어) 교육의 목적은 언어의 이해 및 표현 활동을 통해 말하기, 듣기, 읽기, 쓰기의 기능을 향상시키는 것입니다. 이를 위해 국어(영어 및 기타 외국어)교육학과에서는 언어를 교육하고, 그 언어를 통해 형상화되는 문학을 연구하며, 이렇게 배운 내용들을 학생들에게 가르치는 방법 등을 교육합니다.

국어교육학과는 우리의 언어와 문화를 연구하고 교육하는 학과입니다. 국제화·다문화 시대에 우리의 언어와 문화를 세계에 전파하고, 서로의 사고와 문화를 원활하게 주고받으며, 우리나라의 국어 교육을 주도할 수 있는 전문가를 양성합니다.

영어(기타 외국어)교육학과는 세계화 시대에 적합한 국제적 안목과 교육적 사명감을 겸비하여 한국의 영어 교육을 주도할 수 있는 전문가를 양성합니다.

교육 목표와 교육 내용은?

국어교육학과에서는 국어 교육 관련 이론과 실습 등 다양한 전문 교육을 실시하여 중등학교 국어교사 및 국어 교육 전문가를 양성하는 것이 목표입니다.

영어(기타 외국어)교육학과에서는 국제적 경쟁 시대가 요구하는 유창한 영어(기타 외국어) 구사 능력과 지도 능력을 갖추고, 교육적 사명감과 건전한 인성을 겸비한 중등학교 영어(기타 외국어)교사 및 영어(기타 외국어) 교육 전문가를 양성하는 것이 목표입니다.

» 언어 교육학의 이론과 실천 능력을 갖춘 언어 교육 전문가를 양성합니다.
» 언어 교육을 위한 교과 내용과 이론을 바탕으로 교육 현장에 적용할 수 있는 언어 교과 지도 능력을 갖춘 인재를 양성합니다.
» 사명감이 투철하고, 건전한 윤리 의식을 갖춘 언어 교사와 전문가를 양성합니다.
» 언어 교육에 대한 능동적 대처 능력을 지닌 인재를 양성합니다.

주요 교육 목표

이론과 실천 능력을 겸비한 언어 교사 및 전문가 양성

교과 지식과 지도·평가 방법 등을 교육 현장에 적용할 인재 양성

투철한 사명감과 건전한 윤리 의식을 갖춘 언어 교사 양성

언어 교육에 대한 능동적 대처 능력을 갖춘 인재 양성

학과에 적합한 인재상은?

국어(영어 및 기타 외국어)교육학과에서는 언어에 대한 이론적 지식과 함께, 생활에서 바른 언어 사용을 위한 지식과 생활 지도 능력을 교육합니다. 따라서 국어(영어)교육학과에 진학하려면 고등학교에서 배우는 국어와 외국어, 교육학 등에 대한 관심과 지식이 필요합니다.

국어(영어 및 기타 외국어)교육학과는 언어와 교육 서비스에 대해 배우는 곳이므로 사람과 만나는 것을 좋아하고, 상대방에 대한 배려심과 이해심, 공감 능력이 있다면 도움이 됩니다. 언어를 이해하기 위해 여러 문화, 철학, 예술 등 다양한 분야에 관심이 있고, 언어의 기본적인 구조를 잘 이해하며, 언어 표현 능력이 뛰어나면 좋습니다.

또한 다양한 상황에서 발생하는 문제를 해결하기 위한 문제 해결 능력과 갈등 관리 능력, 상황 대처 능력, 의사소통 능력이 필요합니다.

관련 학과는?

국어교육과, 영어교육과, 한국어교육과, 국어국문학과, 영어영문학과, 문예창작학과, 국어국문창작학전공, 영어과, 외국어학부, 문예창작과 등

취득 가능 자격증은?

- **중등학교 1급·2급 정교사**
- 평생교육사
- 한국어교육능력검정시험
- 관광통역안내사
- 국내여행안내사
- 무역영어
- 영어번역능력인정
- TOEIC
- TOEFL
- TEPS
- SEPT

추천 도서는?

- 국어 교육의 이해
  (사회평론아카데미, 최미숙 외)
- 한국 문학통사
  (지식산업사, 조동일)
- 우리말 문법론
  (집문당, 고영근 외)
- 우리 고전을 찾아서
  (한길사, 임형택)
- 한국 문학의 이해
  (민음사, 김흥규)
- 언어 이론과 그 응용
  (한국문화사, 이익환 외)
- 선생님으로 산다는 것
  (살림, 이석범)
- 서른일곱 명의 애인
  (휴머니스트, 김은형)
- 가르칠 수 있는 용기
  (한문화, 파커 J. 파머, 이종인 외 역)
- 생각, 세 번
  (한국고전번역원, 권경열 외)
- 사랑한다 우리말
  (하늘연못, 장승욱)
- 사랑으로 매긴 성적표
  (양철북, 이상석)
- 월든
  (은행나무, 헨리 데이빗 소로우, 강승영 역)
- 에밀
  (돋을새김, 장 자크 루소, 이환 역)
- 공병호의 인생강독
  (21세기북스, 공병호)

학과 주요 교과목은?

기초 과목	국어교육학개론, 국어문화교육론, 문학교육원론, 매체언어교육론 등 영어학입문, 영어청해 및 회화, 영미문학교육 등
심화 과목	국어학교육론, 한국 문학교육론, 한국 문학사교육론, 국어지식교육론, 작문교육론, 한국어교육론, 국어교수학습론, 국어교육연습 등 영어독해 및 작문, 영어교육론, 영어교수이론과 지도, 영어문법의 이해, 영어작문교육론, 영문법교육론, 영어멀티미디어교육론 등

진출 직업은?

중등교사, 장학사, 교육연구사, 대학교수, 독서지도사, 논술지도사, 번역가, 시인, 소설가, 문화문명비평가, 출판편집자, 광고제작자, 외국어학원강사, 교육행정직 공무원, 언론인, 방송기자 등

졸업 후 진출 분야는?

기업체	방송국, 출판사, 대기업, 공기업, 방송국, 학습지 관련 업체, 무역 관련 업체, 국제 협력 관련 기업, 시사영어, 해커스톡, 파고다어학원 등
연구 기관	한국교육개발원, 한국교육과정평가원, 한국교육정책연구소, 국립국어원 등
정부 및 공공 기관	교육청, 교육부, 외교부, 해외문화홍보원, 출입국관리사무소 등
교육계	중등교사, 교감, 교장, 장학사, 교육연구사, 대학교수 등

전공 관련 선택 과목은?

※ 필수 선택 과목: 선택 과목 중 수능 필수 지정 과목

공통 과목		국어, 수학, 영어, 한국사, 통합사회, 통합과학, 과학탐구실험
필수 선택 과목		독서, 문학, 수학Ⅰ, 수학Ⅱ, 영어Ⅰ, 영어Ⅱ, 성공적인직업생활(특성화 고등학교만 해당)
일반 선택 과목	기초	화법과 작문, 언어와 매체, 영어 독해와 작문, 영어 회화
	탐구	
	체육·예술	
	생활·교양	제2외국어Ⅰ, 한문Ⅰ, 교육학
진로 선택 과목	기초	심화 국어, 고전 읽기, 진로 영어, 영어권 문화, 영미 문학 읽기, 실용 영어
	탐구	고전과 윤리
	체육·예술	
	생활·교양	제2외국어Ⅱ, 한문Ⅱ

학교생활기록부 관리는?

	출결 사항	• 미인정(무단) 출결 사항이 없도록 관리하세요. 미인정(무단) 결석 등이 있으면 학교생활 충실도나 인성, 성실성 영역에서 부정적인 평가를 받을 가능성이 높아요.
	수상 경력	• 각종 글쓰기 및 말하기 대회, 영어 및 제2외국어 에세이 발표 대회 등에 지속적으로 참여하여 수상할 수 있도록 노력해 보세요. • 교내외 각종 대회에 적극 참여하는 적극성을 보여 주세요.
	자율 활동	• 학급 자치 활동 등에 적극 참여하여 리더십과 상황 대처 능력을 표현해 보세요. • 학급의 반장, 부반장 등의 역할을 맡아 주체성과 적극성을 보여 주세요.
	동아리 활동	• 교육 관련 멘토링 동아리, 독서 토론 동아리를 결성하거나 가입하여 다양한 활동에 참여하세요. • 진로와 관련된 주제로 토론하거나 진로에 도움이 되는 다양한 프로젝트에 참여하세요.
	봉사 활동	• 다양하되 일관성이 있는 봉사 활동을 하고, 이를 통해 상대방을 배려하는 태도가 드러나도록 하세요. • 저소득층 학생을 위한 봉사 또는 멘토링 활동에 적극 참여하고, 이를 기록해 두세요.
	진로 활동	• 관심 학과 탐방, 선배와의 대화 등을 통해 진로 정보를 탐색하세요. • 진로 관련 독서 및 토론 활동을 통해 지속적으로 진로 정보를 탐색하세요.
	교과 세부 능력 및 특기 사항	• 언어 관련 교과뿐만 아니라 다양한 과목에 관심을 가지고 수업에 참여하세요. 학기말에 과목별로 가장 인상 깊었던 단원과 더 알고 싶은 내용, 학습을 위한 자신의 노력 등을 적어 담당 과목 선생님께 제출해 보세요. • 국어(영어) 교과 부장을 맡아 과목 선생님과 함께 친구들의 수업 준비를 도움으로써 과목에 대한 이해를 높여 보세요.
	독서 활동	• 지식의 융합을 위해 진로뿐만 아니라 인문학, 철학, 역사, 사회 등 다양한 분야의 책을 읽고, 느낀 점을 적어 보세요. • 진로와 관련된 다양한 책을 정독하면서 자신의 진로 계획을 성찰하는 시간을 가져 보세요.
	행동 발달 특성 및 종합 의견	• 학교 활동에 주체적으로 참여해 보세요. 학교에서 정한 자율 활동이라도 그 활동에서 책임감, 공감 능력, 리더십, 의사소통 능력, 문제 해결 능력이 표현되도록 하세요.

사회(지리, 역사, 윤리)교사
_사회(지리, 역사, 윤리)교육학과

사회(지리, 역사, 윤리)교사란?

사회교사는 중·고등학교에서 학생들이 사회 분야의 이해를 넓히도록 일반사회, 세계사, 국사, 한국지리, 세계지리, 정치, 경제 및 사회·문화 등의 과목을 교육하는 교사를 말합니다.

넓은 의미에서의 사회는 사회, 지리, 역사, 윤리 교과를 포함하는 사회 교과군을 뜻하며, 좁은 의미에서의 사회는 사회·문화, 정치와 법, 경제 등의 과목을 가리킵니다.

현재 교육 과정 기준에 의하면 중학교 사회교사는 사회·문화, 정치와 법, 경제와 지리 내용이 합쳐진 사회 교과를 가르칩니다. 고등학교 사회교사는 고등학교 1학년에게 역사, 지리, 사회, 윤리 과목이 통합된 통합사회를, 고등학교 2, 3학년에게 사회 영역으로 분과된 정치와 법, 경제, 사회·문화 과목을 가르칩니다.

각 과목의 내용에는 차이가 있으나 사회 교과군의 과목은 일반생활과 밀접한 관련이 있다는 공통점이 있기에, 학생들이 다양한 지식과 기능을 토대로 사회 현상을 정확하게 인식하고, 민주 사회 구성원에게 필요한 가치와 태도를 함양하도록 하는 것을 교육 목표로 하고 있습니다.

이를 위해 사회교사는 시대의 패러다임이나 주변 국가와의 마찰, 정치적 흐름에 의해 다양한 의견이 나올 수 있는 현안을 어떻게 가르쳐야 할지 끊임없이 고민해야 합니다. 이러한 과정을 통해 학생들이 인권 존중, 관용과 타협, 사회 정의의 실현, 공동체 의식, 참여와 책임 의식 등의 민주적 가치와 태도를 습득할 수 있도록 교육하며, 나아가 개인적·사회적 문제를 합리적으로 해결하는 역량을 갖추도록 지도해야 합니다.

자연과학과 사회과학의 차이점에 대해 알아볼까요?

과학은 연구 대상에 따라 크게 자연과학, 사회과학, 인문과학으로 구분돼요.

자연과학과 사회과학의 첫 번째 차이점은 연구 대상인데, 자연과학은 객관의 세계를, 사회과학은 인간이나 인간의 의도적 행위를 연구 대상으로 해요. 두 번째 차이점은 예측 정도인데, 자연과학은 미래에 발생할 어떤 일에 대한 예측을 하는 데 반해, 사회과학은 사람 사이의 의사소통에 더 큰 비중을 두고 있어요.

이러한 차이점이 있음에도 불구하고 자연과 사회를 인식 방법이 과학적이라는 것은 공통점이에요.

사회(지리, 역사, 윤리)교사가 하는 일은?

사회교사는 사회, 경제, 정치, 역사, 윤리 등의 교과를 가르치고 평가하는 일을 합니다. 과목의 특성에 따라 차이는 있지만 일반적으로 다양한 교수 학습 방법을 활용하여 사회 현상에 대한 기초적 지식을 전달합니다. 학생들이 지리, 역사 등 여러 사회과학의 특징과 세계의 여러 모습을 종합적으로 이해하고, 다양한 사회 문제를 해결하는 데 적극적으로 참여하는 능력을 함양하도록 합니다.

사회는 타 교과보다 시대적·정치적 변화에 민감한 과목이기에 교육할 때 가치 판단의 문제가 크게 나타나는 특성이 있으므로, 사회교사는 사회 문제에 대해 끊임없이 고민하고 소통하며 공부해야 합니다.

인문과학연구원(역사학연구원)에 대해 알아볼까요?

인문과학연구원은 철학, 역사학, 언어학, 교육학, 심리학 등 인문과학 분야의 전문 지식을 바탕으로 연구 활동을 하며, 인문과학에 대한 개념, 이론 및 운영 기법을 개발해요. 각종 현안에 대해 조사·분석해 정책 입안을 지원하며, 학술적 논문 및 보고서를 작성해요. 연구 분야에 따라 역사학연구원, 철학연구원, 언어학연구원, 교육학연구원, 심리학연구원 등으로 불려요.

이 중 역사학연구원은 선사 시대부터 현대에 이르기까지 정치, 경제, 사회, 문화 등과 관련된 사건을 기록한 1차 자료원과 고고학적·인류학적 발견물 등의 2차 자료원을 수집하여 조사·분석해요.

» 지리, 역사 및 여러 사회과학 개념과 원리, 사회 제도와 기능, 사회 문제와 가치 등의 연구 방법과 절차에 관해 교육합니다.

» 사회의 여러 현상과 특성을 그 사회의 지리적 환경, 역사적 발전, 정치적·경제적·사회적 제도 등과 관련지어 수업합니다.

» 자연 환경 및 인문 환경에 대한 이해를 통해 지역별 인간 생활의 다양성을 파악하고, 지역적·국가적·세계적 지리 문제와 쟁점에 관심을 갖도록 교육합니다.

» 우리나라의 역사적 전통과 문화의 특수성을 파악하여 민족사의 발전상을 이해하고, 이를 바탕으로 인류 생활의 발달 과정과 각 시대의 문화적 특색을 교육합니다.

» 사회생활에 관한 기본적 지식과 정치·경제·사회·문화 현상에 대한 기본 원리를 이해하고, 여러 문제를 해결하기 위한 역량을 교육합니다.

» 사회 현상과 문제를 파악하는 데 필요한 지식과 정보를 획득·분석·조직·활용하는 능력을 기르며, 사회생활에서 나타나는 여러 문제를 합리적으로 해결하기 위한 탐구 능력, 의사 결정 능력 및 사회 참여 능력을 교육합니다.

» 개인과 사회생활을 민주적으로 운영하고, 사회가 당면한 문제들에 관심을 가져 민주 국가 발전과 세계의 발전에 이바지하려는 태도를 갖도록 교육합니다.

» 수업을 설계·운영한 결과를 평가하고, 학생의 생활 태도와 진로 선택을 지도하며, 이 과정을 취합하여 학교생활기록부에 기록합니다.

» 학생 교육 및 안전과 관련된 학습 지도, 생활 지도, 행정 업무를 수행합니다.

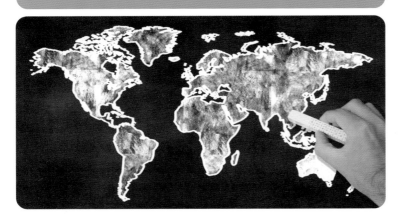

사회(지리, 역사, 윤리)교사
커리어맵

- 공감 능력
- 배려심
- 리더십
- 성실성
- 통찰력
- 분석적 사고력
- 의사소통 능력
- 상황 대처 능력
- 갈등 관리 능력
- 비판적·분석적 사고력

- 대인 관계 능력 키우기
- 동아리 활동을 통해 다양한 지식과 경험 쌓기
- 다양한 교내외 대회 참가
- 사회 및 역사 교육 관련 학과 탐방
- 사회 및 역사 관련 직업 체험 활동
- 사회, 역사 관련 독서 활동

적성과 흥미

준비방법

- 중등교사 1급·2급 정교사

관련자격

사회 (지리, 역사, 윤리)교사

- 사회형
- 탐구형

흥미유형

- 국어
- 영어
- 한국사
- 사회
- 교육학

관련교과

관련학과

- 사학과
- 법학과
- 사회교육학과
- 사회학과
- 역사·고고학과
- 정치외교학과
- 철학·윤리학과

관련기관

관련직업

- 교육부 www.moe.go.kr
- 창의인성교육넷 www.crezone.net
- 에듀넷 www.edunet.net
- 학교알리미 www.schoolinfo.go.kr
- 교육과정평가원 www.kice.re.kr
- 한국교육개발원 www.kedi.re.kr
- 한국교육사회학회 soe.or.kr
- 한국역사교육학회 www.historyedu.or.kr

- 국사교사
- 세계사교사
- 일반사회교사
- 지리교사
- 학원강사

적성과 흥미는?

사회교사에게 가장 중요한 업무는 학생들을 가르치고 지도하는 것이므로 교육자로서 투철한 사명 의식과 책임감이 필요하며, 교육과 학생에 대한 열정과 애정이 필요합니다. 또한 학교 현장에서 접하는 다양한 문제 상황을 해결해야 하므로 원만한 대인 관계 능력과 의사소통 능력, 상황 대처 능력, 갈등 관리 능력이 필요합니다.

사회교사는 다양한 정보를 수집할 수 있는 능력과 이를 해석할 수 있는 비판적 사고력이 필요합니다. 또한 사람과 사회에 대한 폭넓은 이해와 지적 호기심이 필요하며, 인문학과 사회과학 전반에 걸친 지식이 필요합니다. 다른 사람의 주장을 분석·비판하고, 자신의 의견을 논리적으로 설명할 수 있는 논리적 사고력과 통찰력이 필요합니다.

또한 학생에 대한 통제력, 리더십, 판단력, 분석적 사고력이 필요하며, 원만한 수업 진행을 위한 언어 구사 능력이 필요합니다.

미래 전망은?

향후 5년간 사회교사의 고용률은 현 수준을 유지하거나 다소 감소할 전망입니다.

중등교사의 고용에 영향을 미치는 요인으로는 학생 수의 감소와 교육 정책의 변화 등을 꼽을 수 있는데, 이는 긍정적·부정적인 영향을 모두 미칠 것으로 보입니다.

먼저 긍정적인 영향으로는 교육부가 공교육의 내실화를 목표로 교원 1인당 학생 수를 줄이기 위한 노력을 지속하고 있다는 점을 들 수 있습니다. 이에 교원 1인당 학생 수는 꾸준히 감소하여 2015년 현재 중학교 교사는 1인당 14.3명의 학생을, 고등학교 교사는 1인당 13.2명의 학생을 담당하고 있습니다. 교원 1인당 학생 수를 감소시키기 위한 정부의 정책이 지속될 것으로 예상되며, 이는 중등교사의 일자리에 긍정적인 영향을 미칠 수 있습니다. 연도별 중등교사의 수를 보면 최근 매년 소폭으로 증가하고 있음을 알 수 있습니다.

반면, 부정적인 영향으로는 사범대학 등 중등 교원 양성 기관을 통해 배출되는 인력은 증가하는 데 반해, 중등학교 학생 수는 급격히 줄어들고 신규 채용 예정 교원 수는 제한되어 있다는 점을 들 수 있습니다. 교육부는 매년 과목별 교원 수요 변동, 교원 증원 상황 등을 반영하여 임용 시험을 통해 선발할 중등교사의 수를 정하고 있습니다. 교사를 지원하는 사람은 많고, 선발 인원은 제한되어 있어 중등교사로 취업하는 데 경쟁이 치열할 것으로 예상됩니다.

JUMPUP

문화재보존원에 대해 알아볼까요?

문화재보존원은 역사적 또는 예술적으로 가치가 있는 건조물, 서적, 미술품, 공예품, 조각품 등의 유형 문화재를 보존하고 수리하며 복원하는 등의 업무를 수행해요. 과학적인 방법을 활용해 손상되거나 훼손된 문화재의 원형을 되살리며, 복원에 사용될 재료를 개발하는 등 관련 기술을 연구해요. 국가 중요 문화재에 대해 정기적으로 보존 상태를 조사하여 장기 보존 대책을 마련하는 등 문화재 보존 환경에 대한 연구 개발을 수행해요. 또한 문화재의 생물학적 손상 방지 및 이에 따른 손상 원인 규명을 통해 적절한 방제 방안을 수립하고, 문화재의 생물 피해를 최소화하기 위한 방제 약품 개발 등에 관한 연구를 수행하기도 해요.

진출 방법은?

사회교사가 되기 위해서는 대학교의 사회교육학과, 역사교육학과, 지리교육학과 등 사범계열 학과를 졸업하거나 사회학과, 역사학과, 지리학과 등 비사범계열 학과에서 교직 과목을 이수하여 중등학교 2급 정교사 자격증을 취득해야 합니다. 또한 비사범계열 학과를 졸업한 후 교육대학원에 진학하여 석사 학위를 취득하면 2급 정교사 자격증을 취득할 수 있습니다.

국공립 중·고등학교의 교사가 되려면 중등학교 2급 정교사 자격증을 취득한 후 각 시도 교육청에서 시행하는 '국공립 중등학교 교사 임용 후보자 선정 경쟁시험(교원 임용 시험)'에 합격해야 합니다. 교원 임용 시험은 매년 11~12월에 시행되며, 시험 내용은 필기, 논술, 면접 등으로 이루어집니다.

사립 중·고등학교의 교사가 되려면 중등학교 2급 정교사 자격증을 취득한 후, 사립 중·고등학교 채용 절차에 따라 별도의 임용 시험을 치러야 합니다. 이후 사립 중·고등학교 학교장의 제청과 이사회의 의결을 통해 채용됩니다.

임용 시험은 역사, 윤리, 사회와 같이 자신이 취득한 교원 자격증의 표시 과목으로 응시할 수 있습니다. 임용 시험 합격 후에 발령받는 학교급에 따라 중학교에서는 사회 교과를, 고등학교에서는 표시 과목을 담당합니다.

관련 학과 및 자격증은?

▶ 관련 학과: **사회교육학과, 역사교육과, 지리교육과**, 문화·민속·미술사학과, 법학과, 사회학과, 역사·고고학과, 정치외교학과, 지리학과, 철학·윤리학과, 행정학과 등
▶ 관련 자격증: **중등학교 1급·2급 정교사**, 평생교육사, 한국사능력검정, 세계사능력검정 등

관련 직업은?

역사교사, 국사교사, 세계사교사, 일반사회교사, 지리교사, 정치와 법교사, 경제교사, 윤리교사, 학원강사, 교재 및 교구개발자, 교재개발편집자, 연구원 등

JUMPUP

시민단체활동가에 대해 알아볼까요?

사회단체는 각 단체의 활동 목적에 따라 다양한 영역에서 비영리 활동을 해요. 사회단체의 활동 영역은 권력 감시, 인권 신장, 환경 보호, 부패 방지, 복지 증진, 경제 정의 등의 전통적인 분야에서 교육, 문화, 의료 보건, 지역 사회, IT, 사회적 경제, 국제 개발 등 사회 전 분야로 확대되고 있어요. 이러한 사회단체에서 근무하는 사람을 시민단체활동가라고 하는데, 단체 내에서는 주로 간사(Coordinator)라고 부르고, 대외적으로는 사회운동가라고 부르기도 해요.

시민단체활동가는 각 사회단체가 주도하는 사업과 단체 운영에 관한 전반적인 실무를 담당하는데, 그 설립 목적이나 활동 방향이 매우 다양하므로 업무 역시 전형적이지 않고 다양해요. 하지만 사회 공익 실현을 위해 특정 사업을 기획·집행하여 사회를 제도적·정책적·문화적으로 발전시키는 데 필요한 업무를 한다는 점은 같아요.

사회(지리, 역사, 윤리)교사 전공 분석
사회(지리, 역사, 윤리)교육학과

어떤 학과인가?

사회(지리, 역사, 윤리)교육학과에서는 중·고등학교에서 사회, 역사, 지리, 사회·문화, 정치와 법, 경제, 윤리 등을 가르치기 위해 사회(지리, 역사, 윤리) 교육 분야와 관련된 교과목의 교재를 연구하고 교수 방법 등을 교육합니다.

일반사회교육학과를 졸업하면 일반사회 2급 정교사 자격증을 받을 수 있으며, 역사교육학과는 역사, 윤리교육학과는 윤리, 지리교육학과는 지리 등 해당 표시 과목의 2급 정교사 자격증을 받을 수 있습니다. 여기서 표시 과목이란 교원자격증에 표시되는 과목으로, 중등학교에서 가르칠 수 있는 교과 영역을 의미합니다.

최근 교육 과정에 의하면, 중학교 사회교사는 역사, 사회, 지리의 표시 과목으로도 사회 교과를 담당할 수 있지만, 고등학교 선택 교과 교사의 경우 표시 과목에 명시된 과목만을 담당할 수 있기에 사회(지리, 역사, 윤리)교육학과 진학 시 관련 학과 또는 관련 부전공 취득에 특히 신경을 써야 합니다.

사회(지리, 역사, 윤리)교육학과에서는 일반사회교육학, 역사교육학, 지리교육학, 윤리교육학 전반에 관한 이론과 실제 및 교수 학습 방법을 연구합니다. 또한 한국 사회 및 전 세계적으로 진행되고 있는 환경 파괴를 극복할 수 있는 도덕성과 실천적 태도를 이끌어 낼 수 있는 교사를 양성하는 학과입니다.

지리교육학과는 지역, 인간과 환경 관계, 공간 관계 등 지리학 연구에 관련된 이론을 탐구하고, 지리적 안목과 교수 능력을 갖춘 지리교사 및 지리학자를 양성하는 학과입니다.

마지막으로 역사교육학과는 인류의 역사를 현재와 연관지어 연구하고, 그 지식을 널리 보급함으로써 사회 전반적인 지식과 교양을 높이며, 나아가 현재에 대한 올바른 안목과 미래에 대한 전망을 갖춘 역사교사를 양성하는 학과입니다.

교육 목표와 교육 내용은?

사회(지리, 역사, 윤리)교육학과는 예비 사회(지리, 역사, 윤리)교사들에게 사회학의 이론들을 교육하여 빠르게 변화하는 세계에 적응 및 대처할 수 있는 능력을 함양하는 것이 목표입니다. 이를 위해 사회 현상과 관련된 자료를 비판적으로 분석하여 합리적으로 의사 결정하도록 하는 학습 활동과 사회과학 지식을 재구성하여 수업을 설계하고 실행할 수 있는 능력을 함양하고자 합니다.

또한 전국 답사 프로그램을 운영함으로써 지역적 특색을 파악하

» 교육자로서 교육 현장의 문제에 대한 통찰력을 지닌 인재를 양성합니다.
» 사회 교과 영역의 교육 활동을 통해 사회 교과 교육 이론에 대한 원리 이해 및 지도 능력을 갖춘 인재를 양성합니다.
» 학교 행정과 학급 경영에 대한 이해 및 학생 지도를 위한 실무 능력을 지닌 인재를 양성합니다.
» 미래 사회의 변화에 대처하는 적극적인 자질을 갖춘 인재를 양성합니다.

주요 교육 목표

- 교과 교육 활동을 위한 지도 능력을 갖춘 인재 양성
- 교육 현장의 문제에 대한 통찰력을 갖춘 교육자 양성
- 학교 행정, 학급 경영에 대한 이해력과 학생 지도 능력을 갖춘 인재 양성
- 사회 변화에 적극적으로 대처할 수 있는 인재 양성

고, 문헌 및 강의를 통해 사회적·윤리적 지도자를 양성함과 더불어 학교 현장에서 청소년을 지도할 수 있는 유능한 교사 양성을 목표로 합니다.

학과에 적합한 인재상은?

사회(지리, 역사, 윤리)교육학과에서는 사회 탐구 능력과 합리적 의사 결정 능력 및 건전한 민주 시민 의식 함양에 필요한 지식과 생활 지도 능력을 요구합니다. 이에 따라 사회(지리, 역사, 윤리)교육학과에 진학하려면 정치, 경제, 사회, 문화, 역사, 지리, 교육학 등에 대한 관심과 지식이 있으면 좋습니다.

그리고 다른 사람의 주장을 분석하여 비판하고, 자신의 의견을 논리적으로 설명할 수 있는 논리적인 사고력과 통찰력이 필요합니다. 이와 함께 무엇이든 배우려는 마음가짐과 학생을 가르치는 것에 대한 흥미와 애정, 그리고 소명 의식과 책임감 등을 갖추어야 합니다.

또한 학생을 상대하는 직업이므로 다양한 문제 상황을 해결하기 위한 문제 해결 능력과 갈등 관리 능력, 그리고 의사소통 능력이 필수적입니다.

관련 학과는?

사회교육학과, 일반사회교육학과, 지리교육과, 역사교육과, 윤리교육과, 철학교육과, 문화·민속·미술사학과, 법학과, 사회학과, 역사·고고학과, 정치외교학과, 지리학과, 철학·윤리학과, 행정학과, 경제학과 등

취득 가능 자격증은?

- **중등학교 2급 정교사(일반사회교사, 역사교사(국사교사, 세계사교사), 지리교사, 윤리교사 등)**
- 평생교육사
- 한국사검정시험
- 세계사검정시험 등

추천 도서는?

- 역사수업의 원리
  (책과함께, 김한종)
- 역사교육의 이해
  (삼지원, 정선영 외)
- 역사교육과 역사 인식
  (책과함께, 김한종)
- 더 좋은 삶을 위한 도덕 주제들
  (책과나무, 문종길)
- 우리 아이들에게 역사를 어떻게 가르칠 것인가
  (휴머니스트, 전국역사교사모임)
- 다시 찾는 우리 역사
  (경세원, 한영우)
- 경제지리학
  (법문사, 이희연)
- 그림으로 이해하는 정치사상
  (개마고원, 김만권)
- 미래를 여는 역사
  (한겨레출판사, 한중일3국공동역사편찬위원회)
- 완역 정본 택리지
  (휴머니스트, 이중환, 안대회 외 역)
- 고쳐 쓴 한국근대사
  (창작과비평사, 강만길)
- 퇴계와 율곡, 생각을 다투다
  (홍익출판사, 이광호)
- 니코마코스 윤리학
  (풀빛, 아리스토텔레스, 홍석영 외)

학과 주요 교과목은?

기초 과목	교육학개론, 교육심리학, 교육사회학, 교육과정 및 평가, 교육행정, 사회과학 교육론, 인간과 사회 등
심화 과목	사회와 교육, 민주정치론, 정치사, 사회교재연구, 사회와 법률, 국제관계론, 사회조사방법론, 정치와 사회, 경제교육론, 시장경제의 탐구와 연습, 통합사회교육론, 사회과 평가론, 법교육개론, 지역문화의 탐구, 한국사회의 이해, 세계화와 현대사회, 한국지리, 세계지리, 한국근대사 등

진출 직업은?

중등교사, 방송기자, 편집기자, 교재 및 교구개발자, 사진기자, 잡지사, 교재개발편집자, 연구원, 사회조사전문가, 평론가, 데이터분석가, 평생교육사 등

졸업 후 진출 분야는?

기업체	방송국, 신문사, 잡지사, 박물관, 출판사, 학원, 사회적 기업, 교구 개발 업체, 에듀넷, 눈높이 대교닷컴, 웅진씽크빅 등
연구 기관	사회 관련 연구소, 교재 개발 연구소, 한국교육개발원, 한국교육과정평가원, 국토연구원, 서울연구원, 역사박물관, 한국교육학술정보원, 한국장학재단, 한국국제협력단, 한국법제연구원, 한국청소년정책연구원 등
정부 및 공공 기관	교육청, 교육부, 사회 조사 기관, 한국산업인력공단, 지적공사, 대한무역투자진흥공사, 건강관리공단, 사회보장정보원, 한국노인인력개발원 등
교육계	국립·공립·사립 초등학교, 특수학교 등

전공 관련 선택 과목은?

※필수 선택 과목: 선택 과목 중 수능 필수 지정 과목

공통 과목			국어, 수학, 영어, 한국사, 통합사회, 통합과학, 과학탐구실험
필수 선택 과목			독서, 문학, 수학Ⅰ, 수학Ⅱ, 영어Ⅰ, 영어Ⅱ, 성공적인직업생활(특성화 고등학교만 해당)
일반 선택 과목	기초		
	탐구		사회·문화, 생활과 윤리, 윤리와 사상, 정치와 법, 한국지리, 세계지리, 세계사, 동아시아사
	체육·예술		
	생활·교양		교육학, 철학
진로 선택 과목	기초		고전 읽기
	탐구		사회문제 탐구, 고전과 윤리, 여행지리
	체육·예술		
	생활·교양		

학교생활기록부 관리는?

출결 사항	• 미인정(무단) 출결 사항이 없도록 관리하세요. 미인정(무단) 결석 등이 있으면 학교생활 충실도나 인성, 성실성 영역에서 부정적인 평가를 받을 가능성이 높아요.	

수상 경력	• 교내외 사회, 역사, 지리 관련 대회에 꾸준히 참여하고, 수상할 수 있도록 노력하세요. • 인성을 평가할 수 있는 개근상, 모범상, 봉사상, 선행상의 수상을 위해서도 노력하세요.
자율 활동	• 학급 자치 활동 등에 적극 참여하여 리더십, 대인 관계 능력, 갈등 관리 능력을 발전시키고, 이것이 학교생활기록부에 기록되도록 노력하세요. • 학교생활에서 불편한 점을 개선하기 위한 활동을 하세요.
동아리 활동	• 사회 문제에 대해 토의하는 동아리를 결성하고, 사회 문제를 개선하기 위한 활동에 참여해 보세요. • 역사, 노동, 인권, 양성평등 등 사회와 관련된 동아리 활동을 해 보세요.
봉사 활동	• 나눔과 배려의 역량을 함양할 수 있는 봉사 활동이 중요하며, 양보다는 자발성과 지속성이 중요해요. • 다문화 가족, 독거노인, 장애인 등 소외 계층의 사람을 만날 수 있는 봉사 활동을 추천해요. • 다양한 봉사를 통해 여러 사회 문제에 대해 관심을 가져 보세요.
진로 활동	• 역사 및 사회 관련 직업 탐색 활동 및 기관, 학과 체험 활동을 권장해요. • 사회 이슈에 대해 관심을 가지고, 다양한 관점에서 바라보는 활동을 권장해요. • 청소년 위원회 등 사회 참여 활동에 지속적으로 참여하고, 이를 통해 배운 점과 느낀 점을 기록해 두세요.
교과 세부 능력 및 특기 사항	• 사회 현상, 사회 문제와 관련된 교과 내용을 탐구하여 자신의 의견을 발표하는 활동에 참여하세요. • 사회 현상, 사회 문제에 대해 논리적이고 과학적으로 분석하고, 이를 통합적으로 이해하려는 모습이 드러나도록 하세요.
독서 활동	• 인문학, 철학, 역사, 사회 등 다양한 분야의 책을 읽고, 인접한 학문과 연계하여 통합적으로 이해하려고 노력하세요. • 독서 내용과 교과 시간에 배운 내용을 연계시켜 지식을 확장하는 것이 중요해요. • 진로와 관련된 책을 정독하면서 자신의 진로 계획을 성찰하는 시간을 가져 보세요.
행동 발달 특성 및 종합 의견	• 사회 문제에 대해 친구들과 소통하는 모습과 사회 문제 개선을 위해 노력하는 모습이 드러나도록 하세요. • 이러한 활동을 통해 자기 주도성, 리더십, 책임감이 표현되도록 하세요.

과학교사 _과학교육학과

과학교사란?

현대 사회는 과학적 탐구의 산물로 가득 차 있기 때문에 우리는 일상생활에서 발생하는 일들을 해결하기 위해 과학적 소양을 갖추는 것이 필수조건이 되었습니다.

뿐만 아니라 이 사회는 창의적으로 생각하고, 합리적으로 사고하며, 스스로 의사를 결정하고, 문제를 해결할 수 있는 능력을 요구하고 있습니다.

과학은 이러한 능력과 직접적으로 관련 있는 분야이기 때문에 세계 각국에서는 과학 기술적 소양을 지닌 인력을 확보하기 위해 많은 투자를 하고 있습니다. 이러한 투자의 가장 기본적인 방법이 교육이며, 과학 교육을 하여 과학적 소양을 가르치는 사람이 과학교사입니다.

2015 개정 교육 과정에서 과학교사는 중학교에서는 과학을, 고등학교에서는 통합과학 및 과학탐구실험을 가르칩니다. 그리고 고등학교 일반 선택 과목 및 진로 선택 과목인 물리학 Ⅰ·Ⅱ, 화학 Ⅰ·Ⅱ, 생명과학 Ⅰ·Ⅱ, 지구과학 Ⅰ·Ⅱ 및 과학사, 생활과 과학, 융합과학을 담당합니다.

중학교 과학과 고등학교 통합과학은 기본적인 물리학, 화학, 생명과학, 지구과학의 내용을 담고 있으며, 선택 중심 과정에서는 공통 과정보다 심화된 내용을 가르칩니다. 과학교사는 학생들에게 강의, 실험, 토의, 조사, 프로젝트, 과제 연구, 과학관 견학 등의 다양한 교수·학습 방법을 활용하여 새로운 것을 창조하고 성취감을 맛보게 함으로써 탐구하는 능력을 신장시키는 역할을 합니다.

JUMPUP

과학과 공학의 차이에 대해 알아볼까요?

과학과 공학은 실과 바늘처럼 밀접한 분야면서도 그 역할은 서로 달라요. 과학은 자연 현상을 탐구하거나 탐구해 얻은 지식을 체계적으로 쌓아 놓은 것을 말해요. 이를 위해 과학자는 자연에 대한 정보를 얻거나 수집하는데, 그 과정에서 어떤 자연 현상을 관찰하고, 그것이 일어나는 이유에 대해 가정을 세우며, 다시 이 가정이 맞는지를 실험을 통해 검증함으로써 과학 법칙을 수립해요.

반면, 공학은 과학자들이 도출한 과학적 지식에 기초를 두고, 인간의 현실적 문제를 해결하면서 그 과정에서 이윤을 추구하는 학문이에요. 예를 들어 '사계절'이라는 과학적 지식을 기초로 하여, 여름에 두꺼운 옷을 준비해 두었다가 겨울에 판매함으로써 사회 구성원들에게는 도움을 주고, 자신은 돈을 버는 것이 공학의 영역이죠.

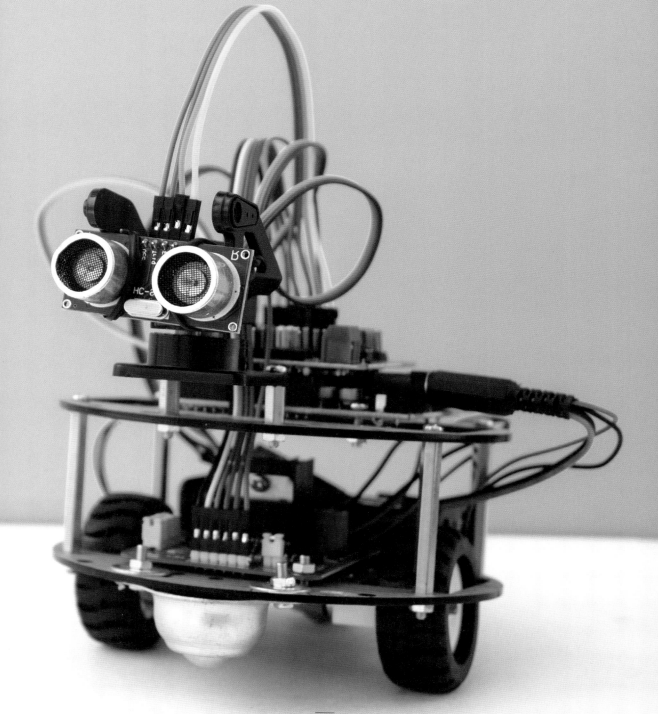

과학교사가 하는 일은?

과학교사는 중등학교에서 과학, 물리, 화학, 생명과학, 지구과학을 가르치는 일을 합니다. 과학교사는 학생들이 자연 현상과 사물에 대한 흥미와 호기심을 가지고, 과학의 핵심 개념에 대한 이해와 탐구 능력을 함양함으로써 개인과 사회의 문제를 과학적이고 창의적으로 해결하도록 과학적 소양을 가르치는 일을 합니다.

또한 과학의 핵심 개념 이해 및 과학적 사고력, 과학적 탐구 능력, 과학적 문제 해결력, 과학적 의사소통 능력, 과학적 참여와 평생 학습 능력 등과 같은 과학과 관련된 역량을 기를 수 있도록 지도합니다. 과학적 창의성을 계발하고 인성과 감성을 함양하기 위해 과학 교과 내용과 관련된 기술, 공학, 예술, 수학 등의 다른 교과와 연계하여 지도합니다.

» 학습 지도 계획 수립 시 학교의 실정이나 지역의 특성, 학생의 능력, 자료의 준비 가능성 등을 고려하여 학습 내용과 지도의 시기를 조정합니다.

» 학습 내용, 실험 여건, 지도 시간 및 학생의 능력과 흥미 등 개인차를 고려하여 적절한 학습 방법을 활용합니다.

» 기초 탐구 과정(관찰, 분류, 측정, 예상, 추리, 의사소통 등)과 통합 탐구 과정(문제 인식, 가설 설정, 변인 통제, 자료 해석, 결론 도출, 일반화 등), 수학적 사고와 컴퓨터 활용, 모형의 개발과 사용 등의 기능을 학습 내용과 관련시켜 지도합니다.

» 과학 및 과학과 관련된 사회적 쟁점을 활용한 과학 글쓰기와 토론을 통해 과학적 사고력, 과학적 의사소통 능력을 함양할 수 있도록 지도합니다.

» 과학 지식의 각 분야를 전 학년에 걸쳐서 연계성 있게 교육하며, 과제를 내주고 시험을 출제하여 학생들의 성적을 평가합니다.

» 학생의 생활 태도와 진로 선택을 지도하며, 이 과정을 취합하여 학교생활기록부에 기록합니다.

» 학생 교육 및 안전과 관련된 학습 지도, 생활 지도, 행정 업무를 수행합니다.

JUMPUP

융합 인재 교육에 대해 알아볼까요?

지금까지의 과학 교육은 과학 교과를 쉽고 재미있게 구성하여 학생들의 이해와 관심을 높이는 것이 목적이었지만, 과학을 다양한 학문과 융합하여 교육하는 것에는 한계가 있었어요.

실생활에서 발생하는 대부분의 문제들은 어느 한 과목의 지식이 아닌, 여러 학문의 지식을 활용해야 해결할 수 있는 복합적인 문제예요. 이러한 문제를 해결하기 위해서는 단순히 많은 지식을 쌓는 것보다 여러 교과의 지식을 융합하여 다양한 분야에서 활용하는 방법을 익혀야 해요.

융합 인재 교육은 미래 사회를 살아갈 학생들에게는 '지식 암기 능력'이 아닌 '지식 활용 능력'이 필요하다는 인식에서 출발하여 실생활의 문제를 다양한 학문적 지식을 융합하여 해결하는 데 초점을 맞춰요.

과학교사
커리어맵

관련기관
- 한국과학창의재단 www.kofac.re.kr
- 교육부 www.moe.go.kr
- 창의인성교육넷 www.crezone.net
- 에듀넷 www.edunet.net
- 학교알리미 www.schoolinfo.go.kr
- 교육과정평가원 www.kice.re.kr
- 한국교육개발원 www.kedi.re.kr

관련자격
- 중등학교 1급·2급 정교사

관련교과
- 과학
  - 물리학
  - 화학
  - 생명과학
  - 지구과학
- 수학
- 공학 일반
- 기술·가정
- 환경

흥미유형
- 사회형
- 탐구형

과학교사

적성과 흥미
- 통제력
- 리더십
- 분석적 사고
- 언어 구사 능력
- 갈등 관리 능력
- 문제 해결 능력
- 과학적 사고력

관련학과
- 교육학과
- 과학교육과
- 물리교육과
- 화학교육과
- 생물교육과
- 지구과학교육과

준비방법
- 교육에 대한 역량 및 책임감 익히기
- 교육 및 봉사 관련 동아리 활동
- 과학 교육 관련 멘토링 활동
- 교사 관련 학과 탐방 및 직업 체험 활동
- 과학 교육 관련 독서 및 실습·실험 활동

관련직업
- 교감, 교장, 장학관
- 교육연구사
- 기술교사
- 환경교사
- 농업교사
- 출판물기획자
- 교육계열 연구원
- 과학큐레이터

적성과 흥미는?

과학교사는 학생들을 가르치고 지도하는 것이 가장 중요한 업무이므로 교육자로서 투철한 사명 의식과 책임감이 필요합니다. 학생에 대한 통제력, 리더십, 판단력, 분석적 사고력이 필요하고, 원만한 수업 진행을 위한 정확한 언어 구사 능력이 필요합니다. 또한 교육에 대한 열정과 학생에 대한 애정이 필요합니다.

특히 과학적 사고력과 탐구 능력, 문제 해결 능력, 의사소통 능력과 과학 교과를 수학, 예술, 기술, 공학 등의 다른 교과와 융합할 수 있는 능력이 필요합니다.

과학교사는 교육사 및 교육심리학 등의 교직 과목뿐만 아니라 날로 발전하는 과학 기술을 이해해야 하며, 새로운 과학 학습 지도 방법에도 능숙해야 하기에 항상 학문에 대해 탐구하는 자세를 가져야 합니다.

그 외에도 인간을 대상으로 하는 학문이므로 인간에 대한 이해와 관심, 교육 문제를 작은 것부터 해결해 나갈 수 있는 진취적이고 적극적인 태도가 필요합니다.

미래 전망은?

향후 5년간 과학교사의 고용률은 현 수준을 유지하거나 다소 감소할 전망입니다.

중등학교 교사의 고용에 영향을 미치는 요인으로는 학생 수의 감소와 교육 정책의 변화 등을 꼽을 수 있는데, 이는 긍정적·부정적인 영향을 모두 미칠 것으로 보입니다.

먼저 긍정적인 영향으로는 교육부가 공교육의 내실화를 목표로 교원 1인당 학생 수를 줄이기 위한 노력을 지속하고 있다는 점을 들 수 있습니다. 이에 교원 1인당 학생 수는 꾸준히 감소하여 2015년 현재 중학교 교사는 1인당 14.3명의 학생을, 고등학교 교사는 1인당 13.2의 학생을 담당하고 있습니다. 교원 1인당 학생 수를 감소시키기 위한 정부의 정책이 지속될 것으로 예상되며, 이는 중등교사의 일자리에 긍정적인 영향을 미칠 수 있습니다.

반면, 부정적인 영향으로는 사범대학 등 중등 교원 양성 기관을 통해 배출되는 인력은 증가하는 데 반해, 중등학교 학생 수는 급격히 줄어들고 신규 채용 예정 교원 수는 제한되어 있다는 점을 들 수 있습니다.

하지만 최근 이공계 기피 현상을 타계하기 위한 정책 중 하나인 과학 교육 현장을 개선시킴으로써 과학교사의 사기를 진작시킨다는 정책이 가속화될 것이라는 것은 긍정적인 요인으로 작용하고 있습니다.

과학커뮤니케이터에 대해 알아볼까요?

과학커뮤니케이터는 과학의 대중화를 위해 일반인이나 학생들에게 과학을 쉽고 재미있게 전달하는 일을 해요. 이들은 학교와 과학관, 과학 전시 업체 등에서 유머, 스토리텔링, 은유 등을 사용해 일반인에게 과학을 이해하기 쉽고 재미있게 설명해 주는 역할을 해요. 이러한 역할을 하는 과학큐레이터, 과학콘텐츠개발자, 과학해설사, 학교 밖 과학교실강사, 방과 후 과학탐구강사, 과학저술가, 과학연극인 등이 모두 과학커뮤니케이터에 속해요.

진출 방법은?

과학교사가 되기 위해서는 과학교육학과, 물리교육학과, 화학교육학과, 생물교육학과, 지구과학교육학과 등과 같은 사범계열의 과학 관련 학과를 졸업하거나 사범계열의 교육학과 전공자가 생물학이나 물리학(과학교육학) 등을 부전공으로 이수하여 중등학교 2급 정교사 자격증을 취득해야 합니다.

그 외에 물리학과, 화학과, 생물학과 등 비사범계열 학과일 경우에는 교직 과목을 이수하거나 졸업 후 교육대학원에 진학하여 석사 학위를 취득하여 2급 정교사 자격증을 취득해야 합니다.

과학교육학과의 경우 사회 교과와 같이 표시 과목이라 하여 자신이 담당할 수 있는 과목이 교원자격증에 명시되는데, 표시 과목이 과학 관련 과목이라면 중학교 과학과 고등학교 통합과학을 가르칠 수 있습니다. 반면, 고등학교 선택 과목인 물리학, 화학, 생명과학, 지구과학은 교원자격증에 해당 표시 과목이 명시되어야만 가르칠 수 있습니다.

이 때문에 학과 선택 시 물리교육학과, 화학교육학과, 생물교육학과, 지구과학교육학과 등의 세부 전공에 신중할 필요가 있으며, 과학교육학과에 진학한 후 세부 전공을 정할 수도 있습니다.

국공립 중등학교 교사가 되기 위해서는 중등학교 2급 정교사 자격 취득 후 매년 11월~12월에 각 시도 교육청에서 시행하는 '국공립 중등학교 교사 임용 후보자 선정 경쟁시험(교원 임용 시험)'을 통과해야 합니다. 사립 중·고등학교는 결원이 있을 때 대학의 추천, 채용 사이트, 신문 공고 등을 통해 채용 공고가 나며, 사립 중·고등학교 채용 절차에 따라 별도의 임용 시험을 치러야 합니다. 이후 사립 중·고등학교 학교장의 제청과 이사회의 의결을 통해 채용됩니다.

관련 학과 및 자격증은?

▶관련 학과: **과학교육과, 생물교육과, 화학교육과, 물리교육과, 지구과학교육과,** 농업교육과, 수산교육과 등

▶관련 자격증: **중등학교 1급·2급 정교사,** 생물공학기사, 화공기사, 화공기술사, 화학분석기능사, 화학분석기사, 대기환경기사, 수질환경기사, 소음진동기사, 토양환경기사, 자연생태복원기사, 환경영향평가사, 환경측정분석사 등

관련 직업은?

과학교사, 기술교사, 농업교사, 환경교사, 출판물기획자, 교육계열 연구원, 학원강사, 과학큐레이터, 과학콘텐츠개발자, 과학해설사, 학교 밖 과학교실강사, 방과 후 과학탐구강사, 과학저술가, 과학연극인 등

JUMPUP

과학해설사에 대해 알아볼까요?

과학해설사는 국공립 과학관이나 과학 박물관 등에서 과학 교육 프로그램을 개발·운영하고, 프로그램을 통해 대중들이 특정 분야의 과학 지식이나 정보를 쉽게 이해할 수 있도록 수업을 진행해요. 과학해설사의 주요 업무는 초·중·고등학생부터 일반인까지 다양한 교육 연령층이 과학에 흥미를 느낄 수 있도록 연령대와 수준을 고려해 프로그램을 기획·구성하는 것이에요.

과학교사 전공 분석
과학교육학과

어떤 학과인가?

현대 사회가 정보 산업 사회, 지식 기반 사회로 발전해 가면서 과학의 역할이 점차 커지고 있어 과학교사 양성도 그 어느 때보다 주목받고 있습니다.

이러한 흐름에 맞춰 과학교육학과에서는 학생 지도 능력과 올바른 인성을 갖춘 과학교사를 양성하고 있습니다. 이를 위해 물리학, 생물학, 화학, 지구과학 등 과학의 기초 전공 지식과 학교 현장에서 과학을 지도하는 방법에 대해 교육합니다. 또한 단순히 이론적 지식만 제공하는 데 그치지 않고, 실험, 실습 등을 통해 창조적이고 활동적인 과학교사를 양성하고 있습니다.

그 외에도 최근 통합 과학, 융합 과학을 중시하는 시대 흐름에 맞춰 물리학, 화학, 생명과학, 지구과학, 기술·가정, 사회, 정보 등의 교과 간 연계뿐만 아니라 일상생활과의 통합에 대한 연구를 통해 종합적인 이해와 탐구 능력을 배양하고 있습니다.

보통 과학교육학과는 과학교육학부 또는 과학교육학과로 입학하여 1학년 때 공통 과목을 이수하고, 2학년 때부터 물리교육, 화학교육, 생물교육, 지구과학교육 중 세부 전공을 선택하거나 입학 때부터 물리교육과, 화학교육과, 생물교육과, 지구과학교육과 등과 같이 전공을 선택합니다.

» 사명감과 헌신적 태도를 가지고, 국가와 사회 발전에 공헌하는 과학교사를 양성합니다.

» 학습자의 특성을 고려하고, 교육 현상을 폭넓게 이해할 수 있는 능력을 지닌 인재를 양성합니다.

» 과학 교육의 이론 및 방법에 대한 지식과 현장 적용 능력을 갖춘 인재를 양성합니다.

» 미래 사회에서의 교육 환경 변화에 능동적으로 대처할 수 있는 능력을 갖춘 인재를 양성합니다.

» 과학 교육자로서 학생들에게 감화를 줄 수 있는 인격 함양과 폭넓은 교양을 갖춘 인재를 양성합니다.

» 정보, 사회, 예술뿐만 아니라 일상생활에서 과학의 원리를 통합적으로 적용할 수 있는 교육 전문가를 양성합니다.

» 급변하는 과학 기술 사회에서 교육 변화에 능동적으로 대처할 수 있는 창의적이고 비판적인 과학자를 양성합니다.

과학교육학과

주요 교육 목표

국가와 사회 발전에 공헌하는
과학교사 양성

학습자 이해를 통해 교육 현상을
폭넓게 이해하는 인재 양성

전문 지식과 함께 현장 적용 능력을
갖춘 과학교사 양성

교육 환경 변화에 능동적으로 대처할
수 있는 인재 양성

교육 목표와 교육 내용은?

과학교육학과는 21세기 첨단 과학 시대가 요구하는 과학 교육의 발전에 기여할 수 있는 전문적 지도 능력과 건전한 인성을 갖춘 중학교 과학교사와 고등학교 물리학, 화학, 생명과학, 지구과학 교사 및 과학 교육 전문가를 양성하는 데 목표를 두고 있습니다.

이를 위해 자연 현상과 사물에 대해 호기심과 흥미를 가지고, 과학의 핵심 개념에 대한 이해와 탐구 능력을 통해, 자연 현상과 현대 사회의 문제에 대한 이해와 미래 생활 예측에 필요한 합리적인 판단 능력을 기르는 등 미래 사회에 필요한 통합 과학적 소양을 갖춘 교사를 양성합니다.

학과에 적합한 인재상은?

과학교육학과는 학생들에게 과학적 흥미를 전달하는 언어 능력과 학급을 운영하는 생활 지도 능력을 요구합니다. 이에 따라 과학교육학과를 지원하고자 하는 학생은 고등학교 교육 과정에서 과학에 대한 지식 및 교육학에 대한 관심을 가지고 있어야 합니다.

과학 교육의 목표는 자연 현상에 대한 이론과 지식을 학생들이 쉽게 이해하고 흥미를 가질 수 있도록 창의적으로 교육하는 데 있습니다. 따라서 과학교육학과에 진학하려면 자연 현상에 대한 호기심과 관심, 관찰력과 창의력, 논리적·분석적인 사고력, 다른 사람의 견해를 받아들일 수 있는 포용성 등을 갖추는 것이 도움이 됩니다.

이와 함께 늘 무엇이든 배우려는 탐구 자세와 교사로서 갖추어야 할 소명 의식, 책임감, 아이들에 대한 애정 등을 갖추어야 합니다.

이외에도 교육 현장에서 발생하는 다양한 문제를 해결하기 위한 문제 해결 능력과 갈등 관리 능력, 상황 대처 능력, 의사소통 능력이 필요합니다.

관련 학과는?

과학교육과, 과학학과, 물리과, 화학과, 생물과, 지구과학과, **물리교육전공**, **화학교육전공**, **생물교육전공**, **지구과학교육전공**, **과학교육학부** 등

취득 가능 자격증은?

- **중등학교 1급·2급 정교사**
- 생물공학기사
- 화공기사
- 화공기술사
- 화학분석기능사
- 화학분석기사
- 대기환경기사
- 수질환경기사
- 소음진동기사
- 토양환경기사
- 자연생태복원기사
- 환경영향평가사
- 환경측정분석사 등

추천 도서는?

- 진정일 교수의 교실 밖 화학 이야기
  (궁리, 진정일)
- 즐거운 물리학
  (한승, 조지 가모브, 곽영직 역)
- 수학, 문명을 지배하다
  (경문사, 모리스 클라인, 박영훈 역)
- 청소년을 위한 시간의 역사
  (웅진지식하우스, 스티븐 호킹, 전대호 역)
- 과학으로 수학보기 수학으로 과학보기
  (궁리, 김홍종 외)
- 과학 공화국 생물 법정1
  (자음과모음, 정완상)
- 학습코칭
  (시그마프레스, Carolyn Coil, 정종진 역)
- 파인만의 여섯 가지 물리 이야기
  (승산, 리처드 파인만, 박병철 역)
- 과학이란 무엇인가
  (서광사, A. F. 차머스, 신중섭 역)
- 물은 답을 알고 있다
  (더난출판사, 에모토 마사루, 홍성민 역)
- 발견하는 즐거움
  (승산, 리처드 파인만, 승영조 역)
- 생명윤리, 무엇이 쟁점인가
  (아카넷, 구인회)
- 일상적이고 감성적인 물리학 이야기
  (갈매나무, 크리스틴 매킨리, 박미용 역)
- 현대물리가 날 미치게 해
  (한승, 프랭클린 포터 외, 김영태 역)
- 생각하는 십대를 위한 토론 콘서트: 과학
  (꿈결, 서강선)

학과 주요 교과목은?

기초 과목	교육학개론, 교육심리학, 교육사회학, 교육과정 및 평가교육행정, 일반물리학, 일반생물학, 일반지구과학, 일반화학, 과학실험 등
심화 과목	통합과학교육론, 과학교과교재연구 및 지도법, 환경과 과학교육, 과학사와 과학철학, 교육실습, 과학문화와 과학교육 등

진출 직업은?

중등교사, **과학교육기관 교사**, **과학교육학연구원**, 과학교육정책 및 관리책임자, 과학방송 PD, 과학큐레이터, 방과 후 과학탐구강사, 과학작가, 과학연극인, 출판물기획자 등

졸업 후 진출 분야는?

기업체	일반 학원, 언론사, 과학 콘텐츠 개발 업체, 방송국, 출판사, 박물관, 화장품 업체, 정유 회사 등
연구 기관	한국교육개발원, 한국교육과정평가원, 한국과학창의재단, 육아정책연구소, EBS미래교육연구소, 한국과학기술연구원, 기초과학연구원, 한국지질자원연구원, 한국해양연구원, 한국해양과학기술원 부설 극지연구소, 한국천문연구원, 국립과학기상원, 한국생명과학연구소, 한국표준과학연구원 등
정부 및 공공 기관	교육청, 과학부, 기상청, 과학영재교육원, 과학 정책 기관, 국립과학수사연구원, 한국발명진흥회, 국립해양발물관, 국립낙동강생물자원관, 한국해양진흥공사, 산림청, 식품의약품안전처, 농촌진흥청, 특허청 등
교육계	국립·공립·사립 초등학교, 특수학교 등

전공 관련 선택 과목은?

※ 필수 선택 과목: 선택 과목 중 수능 필수 지정 과목

공통 과목		국어, 수학, 영어, 한국사, 통합사회, 통합과학, 과학탐구실험
필수 선택 과목		독서, 문학, 수학Ⅰ, 수학Ⅱ, 영어Ⅰ, 영어Ⅱ, 성공적인직업생활(특성화 고등학교만 해당)
일반 선택 과목	기초	미적분, 확률과 통계
	탐구	물리학Ⅰ, 화학Ⅰ, 생명과학Ⅰ, 지구과학Ⅰ
	체육·예술	
	생활·교양	정보, 교육학, 환경
진로 선택 과목	기초	기하, 수학과제 탐구
	탐구	물리학Ⅱ, 화학Ⅱ, 생명과학Ⅱ, 지구과학Ⅱ, 융합과학
	체육·예술	
	생활·교양	공학 일반, 가정과학

학교생활기록부 관리는?

출결 사항	• 미인정(무단) 출결 사항이 없도록 관리하세요. 미인정(무단) 결석 등이 있으면 학교생활 충실도나 인성, 성실성 영역에서 부정적인 평가를 받을 수 있어요.	

출결 사항
• 미인정(무단) 출결 사항이 없도록 관리하세요. 미인정(무단) 결석 등이 있으면 학교생활 충실도나 인성, 성실성 영역에서 부정적인 평가를 받을 수 있어요.

수상 경력
• 과학 관련 독서·실험·탐구 관련 대회에 적극 참여하고, 수상하여 전공 적합성이 나타나도록 하세요.
• 개근상, 선행상, 봉사상, 모범상 등은 인성 평가나 정성 평가 등에서 좋은 인상을 줄 수 있어요.

자율 활동
• 학급 자치 활동 등에 적극 참여하고, 이를 통해 자신이 배운 점, 느낀 점을 기록해 보세요.
• 교내외의 과학 관련 자율 활동에 적극적으로 참여하세요.

동아리 활동
• 실험, 프로젝트 및 독서 활동을 위한 과학 동아리를 만들고, 다양한 활동에 적극 참여하세요.
• 동아리 활동으로 습득한 과학적 지식을 타인과 나눌 수 있는 멘토링 활동, 부스 운영 활동을 해 보세요.

봉사 활동
• 다문화 가족, 독거노인, 장애인 등 소외 계층의 사람들을 만날 수 있는 봉사 활동을 추천해요.
• 자신의 지식을 나눌 수 있는 멘토링 활동에 참여하고, 효율적으로 지식을 전달하는 방법을 탐구해 보세요.

진로 활동
• 과학 관련 이슈들에 관심을 가지고, 신문 읽기, 독서 활동을 권장해요.
• 관심 전공 학과 탐방 및 학과 선배 인터뷰를 통해 지속적으로 진로 정보를 얻어야 해요.
• 물리학, 화학, 생명과학, 지구과학에 대한 교과 이해를 통해 자신의 적성과 흥미에 맞는 과목이 무엇인지 탐구해 보세요.

교과 세부 능력 및 특기 사항
• 과학 관련 교과에서 학업 성취도를 올릴 수 있도록 관리하고, 수업 활동에서 자기 주도성과 발전 가능성의 역량이 발휘되도록 하세요.
• 과학 현상과 관련된 교과에 흥미를 가지고 탐구하고, 이를 해결하고자 다양한 활동을 해 보세요.
• 하나의 현상에 대해 논리적·과학적으로 분석하고, 이를 통합적으로 이해하려는 모습을 보이세요.

독서 활동
• 과학에 대한 호기심을 해결할 수 있도록 관련 도서를 주도적으로 찾아 읽고, 그 내용을 토대로 발전적인 모습이 나타나도록 하세요.
• 과학 관련 책을 읽고, 인접 학문과 연계하여 통합적으로 이해하는 노력이 필요해요.
• 독서 후 느낀 자신만의 생각을 적어 보세요.

행동 발달 특성 및 종합 의견
• 발전 가능성, 전공 적합성, 인성, 학업 능력, 창의력, 자기 주도적 학습 능력, 문제 해결 능력, 발전된 모습 등 자신의 장점이 표현되도록 관리해야 해요.
• 학교생활에서 자기 주도성, 경험의 다양성, 성실성, 나눔과 배려, 학업 태도와 학업 의지 등 자신의 장점이 기록되도록 관리해야 해요.

수학교사
_수학교육학과

수학교사란?

'덧셈, 곱셈, 뺄셈, 나눗셈 같은 사칙연산만 할 수 있어도 생활하는 데 전혀 문제가 없는데, 왜 미적분과 같은 어려운 수학을 공부해야 할까?'라는 고민을 한번쯤은 해 보았을 것입니다.

결론부터 이야기하자면 수학은 응용하는 능력을 향상하기 위해 필요한 학문이기 때문입니다.

일상생활에서 우리는 '1+1은 무엇인가?'라는 질문보다 '내가 사과 1개를 가지고 있는데, 친구가 나에게 사과 1개를 더 준다면, 내가 가진 사과는 총 몇 개인가?'라는 식의 질문을 더 많이 접하며, 우리가 가진 수학적 지식을 활용해 그에 대한 답을 찾기 위해 노력합니다. 이처럼 '내가 가진 지식을 실제로 어떻게 활용할 수 있는가?'라는 물음을 던지는 것이 중등 수학의 의의이며, 이 물음에 대한 답을 찾는 데 가장 합리적인 도구가 수학입니다.

수학은 여러 자연 현상이나 사회 현상들을 추상화·계량화하여 그 본질적 성질에 대해 설명할 수 있는 학문입니다. 단순히 숫자를 계산하는 것만이 아닌, 복잡하고 어려운 문제들을 계산하고 해결하는 과정을 통해 논리적으로 생각하는 방법과 문제 해결력을 기를 수 있습니다.

다시 말해, 수학을 통해 수리력, 추리력, 분석력, 엄격한 논리 체계 및 사물을 인식하고 이해하는 방법을 배우게 되는데, 이것은 모든 과학의 언어로서 자연과학, 공학, 인문학, 사회과학에 이르기까지 광범위하게 응용됩니다.

수학교사는 중등학교에서 중고등학생들에게 수학의 개념, 원리, 법칙을 이해하고 기능을 습득하며 수학적으로 추론하는 능력을 기르도록 도와주어, 학생들이 사회 및 자연 현상을 수학적으로 이해하고 문제를 창의적·합리적으로 해결할 수 있도록 지도하는 교사입니다.

이론수학자과 응용수학자의 차이에 대해 알아볼까요?

수학자는 크게 이론수학자와 응용수학자로 나뉘어요.

이론수학자는 새로운 이론과 기존 수학 이론들 간의 새로운 관계를 개발함으로써 수학을 발전시켜요. 이론수학자들이 개발한 이런 순수·추상 지식은 수학의 기초 지식도 향상시키지만 결국 과학과 공학을 발전시키는 데 기초가 돼요.

반면, 응용수학자는 경영, 정책, 공학, 생활, 사회과학 등에서의 실질적 문제를 해결하고 정형화시키기 위해 수학적 모델링, 컴퓨터의 활용 등과 같은 이론과 기술을 이용해요. 이들은 컴퓨터와 네트워크 통신, 질병에 대한 새로운 약의 효과, 공기 역학의 성질, 생산 공정 등 산업 분야에서 적용되는 수학적 방법을 연구·개발하여 산업을 발전시키는 데 적용해요.

수학교사가 하는 일은?

수학교사는 중·고등학교 학생들에게 수학을 가르치는 일을 합니다.

학생들이 실생활에서 수학 교과의 역량을 통해 문제를 해결하고, 수학 학습의 즐거움을 느끼며, 수학에 대한 흥미와 자신감을 가질 수 있도록 지도합니다.

이를 위해 수학교사는 학생이 눈앞에 당면한 문제만 보는 것이 아니라 보이지 않는 수학 원리를 파악할 수 있도록 심도 있는 질문을 만들고, 이를 학생들이 풀 수 있도록 교육합니다.

» 학생의 능력과 수준 등을 고려하여 설명식 교수, 탐구 학습, 프로젝트 학습, 토의·토론 학습, 협력 학습, 매체 및 도구 활용 학습 등을 선택하여 교육합니다.

» 학생이 수학에 대한 흥미와 자신감을 갖고, 수학의 가치를 인식하며, 학습자로서 바람직한 태도와 실천 능력을 기를 수 있도록 지도합니다.

» 학생이 사회 및 자연 현상을 수학적으로 관찰, 분석, 조직, 표현하는 경험을 할 수 있도록 하여 수학의 개념, 원리, 법칙과 이들 사이의 관계를 이해할 수 있도록 교육합니다.

» 문제 해결, 추론, 창의·융합, 의사소통, 정보 처리, 태도 및 실천과 같은 수학 교과 역량을 함양하기 위한 교육 환경을 조성하고, 이에 적합한 교수·학습을 운영합니다.

» 학생의 사고를 촉진하는 다양한 발문을 통해 상호 작용이 활발한 학습 환경을 구축하고, 학생이 능동적으로 수업에 참여할 수 있도록 합니다.

» 학생이 여러 수학적 지식, 기능, 경험을 연결하거나 수학과 타 교과나 실생활의 지식, 기능, 경험을 융합하여 새로운 지식, 기능, 경험을 생성하고, 문제를 해결할 수 있도록 지도합니다.

» 수업을 설계 운영한 결과를 평가하고, 학생의 생활 태도와 진로 선택을 지도하며, 이 과정을 취합하여 학교생활기록부에 기록합니다.

JUMPUP

수학의 분야에는 무엇이 있을까요?

우리는 사칙 연산과 도형, 수에 대한 개념 이해와 식의 계산 등의 여러 분야를 흔히 수학이라고 정의하지만, 알고 보면 수학은 크게 대수학, 기하학, 해석학 등의 3가지 분야로 구분되어요.

먼저 대수학은 소인수분해나 방정식 등 수학의 기초가 되는 수와 문자로 관련된 연산을 하는 것을 말하며, 다른 분야와 융합하여 널리 쓰이고 있어요.

다음으로 기하학은 점, 선, 면, 도형 등 대상의 모양, 크기, 위치 그리고 공간의 성질을 연구하는 분야이며, 건축이나 측량 등 실생활에 필요한 지식과 연관되어 있어요.

마지막으로 해석학은 미적분학을 포함하여 무한, 급수, 연속성, 적분 등 함수의 성질을 연구하는 학문으로, 수학적 사고를 키우는 데 도움이 되는 분야예요.

수학교사
커리어맵

- 한국과학창의재단 www.kofac.re.kr
- 교육부 www.moe.go.kr
- 창의인성교육넷 www.crezone.net
- 에듀넷 www.edunet.net
- 학교알리미 www.schoolinfo.go.kr
- 교육과정평가원 www.kice.re.kr
- 한국교육개발원 www.kedi.re.kr

- 책임감
- 창의력
- 수리력
- 언어 구사 능력
- 분석적 사고
- 논리적 사고

- 수학교육과
- 수학과
- 수리과학과
- 응용수학과
- 수학통계학과

관련기관

적성과 흥미

- 탐구형
- 관습형

관련학과

흥미유형

수학교사

- 수학
- 과학
  - 공학 일반
- 교육학
- 논리학

관련자격

관련교과

- 중등학교 1급·2급 정교사

관련직업

준비방법

- 수학교사
- 교감, 교장, 장학사
- 교육연구사
- 수학자
- 학원강사
- 방과 후 학교강사
- 수학교재개발자
- 방송국PD
- 은행원

- 교육에 대한 역량 및 책임감 익히기
- 교육 및 봉사 관련 동아리 활동
- 수학 교육 관련 멘토링 활동
- 교사 관련 학과 탐방 및 직업 체험 활동
- 수학 교육 관련 독서 활동

적성과 흥미는?

수학교사는 교사로서 학생에 대한 통제력, 리더십, 판단력, 분석적 사고 능력이 필요하며, 원만한 수업 진행을 위한 정확한 언어 구사 능력이 필요합니다. 또한 교육자로서 투철한 사명 의식과 책임감이 필요하며, 교육과 학생에 대한 열정과 애정이 요구됩니다.

수학에 대한 전문적 지식을 가지고 있어야 하며, 수학 공식 및 수학적 지식을 이해하여 실제 문제 해결에 응용·적용할 수 있는 능력이 요구됩니다. 문제 해결을 위한 논리적·분석적 사고, 새롭고 다양한 방법으로 문제를 해결할 수 있는 창의력이 필요합니다. 탐구형과 관습형의 흥미를 가진 사람에게 적합하며, 분석적 사고와 꼼꼼함, 신뢰감이 높은 성격을 가진 사람들에게 유리합니다.

미래 전망은?

향후 5년간 수학교사의 고용률은 현 수준을 유지하거나 다소 감소할 전망입니다.

중등교사의 고용에 영향을 미치는 요인으로는 학생 수의 감소와 교육 정책의 변화 등을 꼽을 수 있는데, 일자리에는 긍정적인 요소와 부정적인 요소가 공존합니다.

먼저 긍정적인 요소로는 교육부가 공교육의 내실화를 목표로 교원 1인당 학생 수를 줄이기 위한 노력을 지속한다는 것입니다. 이에 교원 1인당 학생 수는 꾸준히 감소하여 2015년 현재 중학교 교사는 1인당 14.3명의 학생을, 고등학교 교사는 1인당 13.2명의 학생을 담당하고 있습니다. 교원 1인당 학생 수를 감소시키기 위한 정부의 정책이 지속될 것으로 예상되어 이는 중등교사의 일자리에 긍정적인 영향을 미칠 수 있습니다. 연도별 중등교사의 수를 보면 최근 매년 소폭으로 증가하고 있음을 알 수 있습니다.

반면, 부정적인 요소로는 사범대학 등 중등 교원 양성 기관을 통해 배출되는 인력은 증가하는 데 반해, 중등학교 학생 수는 급격히 줄어들고 신규 채용 예정 교원 수는 제한되어 있다는 것입니다. 교육부는 매년 과목별 교원 수요 변동, 교원 증원 상황 등을 반영하여 임용 시험을 통해 선발할 중등교사의 수를 정하고 있습니다. 교사직에 지원하는 사람은 많고, 선발 인원은 제한되어 있어 중등교사로 취업하는 데 경쟁이 치열해질 것으로 예상됩니다.

JUMPUP

수학과 관련된 유망 직업에 대해 알아볼까요?

미국의 구직 전문 사이트인 '커리어캐스트닷컴'의 최근 발표에 따르면, 미국의 주요 직업 200개를 평가한 결과, 최고 직업으로 '보험계리사'가 선정되었어요.

보험계리사는 보험 회사의 전반적인 위험을 분석·평가·진단하며, 보험 상품 개발에 대한 인·허가 업무와 보험료 및 책임 준비금 등을 산출하는 직업인데요. 이 분야는 오는 2020년까지 27% 성장할 것으로 예상되고 있어요.

현재 우리나라에서 보험 계리 업무를 하고 있는 사람들 중에는 수학과나 통계학과 출신이 압도적으로 많아요.

이외에도 수학 전공자 중에는 다수가 컴퓨터 전문가, 프로그래머, 통계학자, 컨설턴트, 금융·증권분석가 등의 미래 유망 직종에 종사하고 있어요. 이뿐만 아니라 정부 기관에서도 암호 작성, 암호 해독을 위해 수학자들을 채용하고 있지요.

최근 발표에 따르면 미래 직업 200만 개 중 40만 개가 수학 관련 직업이라고 해요.

진출 방법은?

수학교사가 되기 위해서는 다음과 같은 네 가지 방법이 있습니다. 첫 번째, 사범계열의 수학교육학과를 졸업하거나 두 번째, 비사범계열의 수학과 등에서 교직 과목을 이수하여 졸업하면 중등학교 2급 정교사 자격을 취득할 수 있습니다. 세 번째, 교육학 전공자가 수학과(수학교육학과)를 부전공으로 이수하여 중등학교 2급 정교사 자격증을 취득할 수도 있습니다. 네 번째, 비사범계열 수학 관련 학과를 졸업한 후 교육대학원에 진학하여 석사 학위를 취득하여도 2급 정교사 자격을 취득할 수 있습니다. 교직 과목을 이수하면 학생들을 가르치는 데 필요한 교육학 영역을 비롯해 각 교과목의 내용과 전달 방법 등에 대해 배울 수 있습니다. 보통 4학년 1학기에는 중·고등학교에서 학생들을 대상으로 교육 실습(교생 실습)을 합니다.

국공립 중·고등학교에서 일하려면 중등학교 2급 정교사 자격 취득 후 각 시도 교육청에서 시행하는 '국공립 중등학교 교사 임용 후보자 선정 경쟁시험(교원 임용 시험)'을 치러야 합니다. 교원 임용 시험은 매년 11~12월에 시행되며, 시험 내용은 필기, 논술, 면접 등으로 이루어집니다.

사립 중·고등학교의 교사가 되려면 2급 정교사 자격은 취득하되 교원 임용 시험에 합격하지 않아도 됩니다. 결원이 생기면 각 학교별로 채용 공고를 내고, 학교장의 제청에 따라 이사회의 의결을 통해 채용합니다.

관련 학과 및 자격증은?

▶관련 학과: **수학교육과**, 수학과, 정보수학과, 수리과학과, 응용수학과, 수학통계학과, 수리정보과학과, 컴퓨터수학과, 통계학과, 세무학과, 수학전공, 전산수학전공, 수리물리과학부, 수학정보통계학부, 정보과학부 등

▶관련 자격증: **중등학교 1급·2급 정교사**, 실용수학능력검정 등

관련 직업은?

수학교사, **이론수학자**, **응용수학자**, 수학자, 학원강사, 방과 후 학교강사, 수학교재개발자, 방송국PD, 은행원, 증권 회사 직원, 보험 회사 직원 등

JUMPUP

수학이 키운 세계적인 인재 – 세계 최고의 연봉 킹 '제임스 사이먼스'

미국의 수학자이자 전설적인 펀드매니저인 제임스 사이먼스는 20대였던 1964년부터 1968년까지 MIT와 하버드대에서 수학과 교수로 재직한 수학 천재예요.

그는 자신이 가진 수학적 지식을 실생활에 적용해 보고 싶어 금융가인 월 스트리트(Wall Street)에 진출했고, 1982년 '르네상스 테크놀로지(Renaissance Technology)'라는 회사를 설립하고 펀드매니저가 되었어요. 그가 2009년 회장직을 사임할 때까지 르네상스 테크놀로지의 운영 규모는 약 28조 원이었고, 제임스 사이먼스의 개인 자산은 14조 원에 이르렀으며, 2005년부터 2007년까지 3년 동안 세계에서 가장 많은 연봉을 받은 사람으로 기록되었어요.

제임스 사이먼스는 자신이 어마어마한 부를 축적할 수 있었던 비결은 '수학적 지식'을 가졌기 때문이라고 밝혔어요.

수학교사 전공 분석
수학교육학과

어떤 학과인가?

수학은 수학의 개념, 원리, 법칙을 이해하고 기능을 습득하여 주변의 여러 가지 현상을 수학적으로 관찰하고 해석하며 논리적으로 사고하고 합리적으로 문제를 해결하는 능력과 태도를 기르는 교과입니다.

수학은 오랜 역사를 통해 인류 문명이 발전하는 데 원동력이 되어 왔으며, 세계화·정보화가 가속화되는 미래 사회의 구성원에게 필수적인 역량을 제공하는 역할을 하고 있습니다.

수학교육학과는 수학 교과 역량 함양을 통해 학생들이 복잡하고 전문화되어 가는 미래 사회에서 사회 구성원의 역할을 성공적으로 수행하고, 개인의 잠재력과 재능을 발현하며, 수학의 필요성과 유용성을 이해하고, 수학 학습의 즐거움을 느끼게 할 수 있는 다양한 방법을 연구합니다.

수학교육학과에서는 수학 교육을 학문적으로 연구하고 실천할 수 있는 교육을 실시하여 미래 인재를 양성하는 교사로서 갖추어야 할 전문 지식과 교수 능력, 융합 능력, 소양과 자질, 리더십을 함양하도록 합니다.

교육 목표와 교육 내용은?

수학 교육을 학문적으로 연구하는 전문인을 양성하고, 수학 교육의 질적 향상에 이바지할 수학교사 및 수학을 창의적으로 연구할 인력을 배출하는 데 목표를 둡니다.

중·고등학교에서의 수학은 학생들에게 자연과학, 공학, 의학뿐만 아니라 경제학, 경영학을 포함한 사회과학, 인문학, 예술 및 체육 분야를 학습하는 데 기초가 되며, 나아가 창의적 역량을 갖춘 융합 인재로 성장할 수 있는 기반을 제공합니다. 이에 수학교육학과에서는 학생들이 수학 지식을 이해하고 기능을 습득하는 것과 더불어 문제 해결, 추론, 창의·융합, 의사소통, 정보 처리, 태도 및 실천의 수학 교과 역량을 함양할 수 있도록 교육하는 전문 교사 양성을 목표로 합니다.

» 학생들을 이해하고 교육의 현실과 본질을 이해하는 인재를 양성합니다.

» 중등학교 수학 교과 내용의 체계적 이해와 분석적 이해 능력을 갖춘 합리적·능률적인 사고를 지닌 인재를 양성합니다.

» 수학 교육의 특성을 이해하고, 수업 방법 능력을 갖춘 인재를 양성합니다.

» 수학 전문가로서의 소양을 기르며, 아울러 수학에 흥미를 줄 수 있는 수학교사를 양성합니다.

주요 교육 목표

- 수학적 체계에 대한 분석적 이해를 갖춘 인재 양성
- 수학 교과의 내용을 쉽고 정확하며 발전적으로 교육하는 교사 양성
- 수학에 흥미를 줄 수 있는 수학교사 양성
- 교육의 현실과 본질을 이해하는 교사 양성

학과에 적합한 인재상은?

수학교육학과는 다양한 문제 상황을 해결할 수 있는 수학적 지식과 함께 창의적인 생각을 이야기할 수 있는 능력을 요구하고 있습니다. 따라서 수학교육학과에 지원하려는 학생은 고등학교 교육 과정에서 수학 및 교육학에 대한 관심이 있어야 합니다.

수리적 계산을 할 수 있는 논리적 사고력과 추리력, 추상적인 개념을 이해할 수 있는 능력을 갖춘 학생에게 유리합니다. 또한 교사로서 사명감과 자질을 가져야 함은 물론, 타인의 욕구나 느낌에 민감하고 이해하고 도와주는 등 타인에 대한 배려심이 많고, 타인과 즐거운 관계를 유지하며 협조하려는 태도가 필요합니다.

또한 다양한 학급 상황의 문제를 해결하기 위해 문제 해결 능력과 갈등 관리 능력, 의사소통 능력이 필요합니다.

관련 학과는?

수학교육과, 수학과, 응용수학과, 정보수학과, 수리과학과, 수학통계과, 수리정보과학과, 컴퓨터수학과, 수학전공, 전산수학전공, 수리물리과학부, 수학정보통계학부, 정보과학부 등

취득 가능 자격증은?

- **중등학교 2급 정교사**
- 정보처리기사
- 손해사정인
- 세무회계사
- 전산세무사
- 전산회계사
- 금융투자분석사 등

추천 도서는?

- 문명, 수학의 필하모니
  (효형출판, 김홍종)
- 청년 발달의 이해
  (학지사, 정옥분)
- 수학이 불완전한 세상에 대처하는 방법
  (해나무, 박형주 외)
- 어느 수학자의 변명
  (세시, G. H. 하디, 정회성 역)
- 과학으로 수학보기 수학으로 과학보기
  (궁리, 김홍종 외)
- 나는 대한민국의 교사다
  (해냄출판사, 조벽)
- 유추를 통한 수학탐구
  (승산, 한인기)
- 수학, 문명을 지배하다
  (경문사, 모리스 클라인, 박영훈 역)
- 수학의 역사
  (더숲, 지즈강, 권수철 역)
- 천재 수학자들의 영광과 좌절
  (사람과책, 후지와라 마사히코, 이면우 역)
- 학습코칭
  (시그마프레스, Carolyn Coil, 정종진 역)
- 철학 수학
  (지브레인, 야무차, 김은진 역)
- 춤추는 술고래의 수학 이야기
  (까치, 래오나르도 믈로디노프, 이덕환 역)
- 뫼비우스의 띠
  (사이언스북스, 클리퍼드 픽오버, 노태복 역)

학과 주요 교과목은?

기초 과목	교육학개론, 교육심리학, 교육사회학, 교육과정 및 평가, 교육행정, 교육실습 등
심화 과목	교과교육론, 수학교재연구, 교재강독, 수학교육사, 수학교수법, 선형대수, 미분방정식, 거리공간론, 편미분방정식, 확률론, 현대대수학, 미분기하학, 확률교육연구 및 연습, 미분방정식과 응용, 이산수학과 문제해결 및 실험, 논리와 집합 등

진출 직업은?

수학교사, 교감, 교장, 장학사, 교육연구사, 대학교수, 은행원, 수학교재개발자, 교재교구제작사, 학원강사, 보험계리사, 자산평가사, 펀드매니저, 공인회계사 등

졸업 후 진출 분야는?

기업체	은행원, 증권 회사, 보험 회사, 회계 사무소, 세무서, 다국적 기업, 학원, 출판사, 방송국, 리서치 회사, 산업 수학 혁신 센터 등
연구 기관	한국교육개발원, 한국교육과정평가원, 한국과학창의재단, 교육 관련 연구원(교육 프로그램 및 교구 개발), 한국창의인성교육연구원, 국가수리과학연구소 등
정부 및 공공 기관	교육청, 교육부, 통계청, 수학영재교육원 등
교육계	국립·공립·사립 중·고등학교, 특수학교 등

전공 관련 선택 과목은?

※ 필수 선택 과목: 선택 과목 중 수능 필수 지정 과목

공통 과목		국어, 수학, 영어, 한국사, 통합사회, 통합과학, 과학탐구실험
필수 선택 과목		독서, 문학, 수학Ⅰ, 수학Ⅱ, 영어Ⅰ, 영어Ⅱ, 성공적인직업생활(특성화 고등학교만 해당)
일반 선택 과목	기초	미적분, 확률과 통계
	탐구	
	체육·예술	
	생활·교양	교육학, 정보, 논리학
진로 선택 과목	기초	기하, 수학과제 탐구, 실용 수학
	탐구	
	체육·예술	
	생활·교양	

학교생활기록부 관리는?

✓	출결 사항	• 미인정(무단) 사항이 없도록 관리해요. 교육학과를 진학하고자 하는 학생은 출결 사항에서 성실성이 보이도록 노력하세요.
🅐	수상 경력	• 수학 경시대회 등 수학 관련 대회에 꾸준히 참여하여 그 결과가 수상 경력에 나타나도록 하세요. • 수학 관련 대회뿐만 아니라 백일장, 글짓기, 토론 대회 등의 대회에도 적극 참여하세요. • 개근상, 효행상, 봉사상, 모범상 등은 인성 평가나 정성 평가 등에서 좋은 인상을 줄 수 있어요.
✈	자율 활동	• 학급 자치 활동 등에 적극 참여하여 리더십과 갈등 관리 능력을 보여 주세요. • 의미가 있다고 판단되는 자율 활동에 참여하여, 참여의 의미와 이를 통해 느낀 점을 기록해 두세요.
🎒	동아리 활동	• 수학적 지식을 통해 다양한 문제를 해결하고자 노력하는 동아리를 만들거나 참여해 보세요. • 교육 관련 멘토링, 토론 등의 동아리 활동에 참여하고, 이를 통해 성장한 자신의 모습이 학교생활기록부에 기록되도록 노력하세요.
♡	봉사 활동	• 학교 멘토링 활동이나 아동 교육 봉사 활동에 꾸준히 참여할 것을 권장해요. • 봉사 시간의 양보다는 자발성과 지속성이 중요한 평가 요소예요.
🎓	진로 활동	• 관심 전공 학과 탐방 및 사범대 선배와의 인터뷰를 통해 진학에 필요한 역량을 알아보고, 이를 함양하기 위해 노력하는 모습을 보여 주세요. • 사회적 현상과 수학 연관성을 찾는 다양한 활동을 지속적으로 해 보세요.
🔍	교과 세부 능력 및 특기 사항	• 수학 교과에 대한 흥미를 가지고 끈기 있게 공부하려는 의지를 보여 주세요. • 하나의 현상에 대해 논리적이고 과학적으로 분석하고, 이를 통합적으로 이해하려는 모습이 드러나도록 하세요.
📖	독서 활동	• 수학, 교육 관련 분야의 책을 읽고, 인접한 학문과 연계하여 통합적으로 이해하려는 노력이 필요해요. • 과장된 독서 목록은 오히려 불리한 평가를 받을 수 있으니, 자신의 수준에 적합한 독서를 하는 것을 권장해요.
📔	행동 발달 특성 및 종합 의견	• 학교생활에서 규칙을 잘 지키는 모습과 학교 행사에 적극 참여하는 모습을 보여 주세요. • 이러한 모습을 통해 교사로서의 자질 및 자기 주도성, 리더십, 성실성, 문제 해결 능력이 표현되도록 하세요.

음악(미술)교사
_음악(미술)교육학과

음악(미술)교사란?

2011년 미국의 오바마 대통령 시절, '예술 교육으로의 재투자'라는 보고서를 보면 예술 교육의 중요성에 대해 다음과 같이 언급하고 있습니다.

"오늘날의 인재에게는 기술과 지식 이상의 더 생산적이고 혁신적인 능력이 필요합니다. 이런 인재가 되기 위해서는 창의적이고 지략적이고 상상력이 풍부해야 합니다. 창의성을 개발하는 가장 좋은 방법은 예술 교육입니다."

창조성을 개발하기 위해 호주의 한 학교에서는 예술가 및 교사, 학생이 협력하는 예술 교육 프로젝트를 진행하였습니다. 그 결과 학생들은 상상력, 작용 주체, 표현, 공감, 해석, 존중, 탐구, 반성, 참여, 책임 등의 역량을 함양하였고, 나아가 사회적 책임감까지 형성되었다고 합니다.

현재 학교 현장에서 이러한 역량을 함양하는 데 필요한 교과가 예술 교과이며, 이를 교육할 사람이 바로 음악교사와 미술교사입니다.

음악교사는 음악적 감성 역량, 음악적 창의·융합 사고 역량, 음악적 소통 역량, 문화적 공동체 역량, 음악 정보 처리 역량, 자기 관리 역량 등을 함양시키는 데 목표를 두고 수업을 합니다. 미술교사 또한 미적 감수성, 시각적 소통 능력, 창의·융합 능력, 미술 문화 이해 능력, 자기 주도적 미술 학습 능력 등을 함양시키는 데 목표를 두고 수업을 합니다.

JUMPUP

인공 지능 시대에 살아남을 문화 예술 관련 직업에 대해 알아볼까요?

최근 우리나라 주요 직업 400여 개 중 인공 지능 기술이 이들 직업에 미치는 영향을 분석해 발표했어요.

이 중 화가 및 조각가, 사진작가 및 사진사, 작가 및 관련 전문가, 지휘자, 작곡가 및 연주자, 애니메이터 및 문화가 등 감성에 기초한 예술 관련 직업들은 인공 지능 기술에 의해 대체될 확률이 낮은 것으로 조사되었어요.

이 외에도 안무가, 가수, 메이크업아티스트, 패션디자이너, 감독, 배우, 모델, 대학교수, 마술사, 초등교사, 물리치료사, 임상심리사 등도 인공 지능 시대에 살아남을 직업으로 분석되어, 인공 지능 시대가 되더라도 문화 예술 관련 직업은 계속 유지될 것으로 예측되고 있어요.

음악(미술)교사가 하는 일은?

음악교사는 중·고등학교에서 학생들의 음악적 정서와 소질을 개발하기 위해 음악, 음악과 생활 및 관련 과목을 전문적으로 교육하는 일을 합니다. 미술교사는 학생들의 시각적 표현 능력과 미적 정서를 개발하기 위해 미술, 미술과 생활 및 관련 과목을 전문적으로 교육하는 일을 합니다.

이를 위해 교육 과정의 목표 및 내용을 근거하여 학생의 발달 단계와 능력 수준, 흥미도 및 지역성을 고려하여 학습 계획을 수립합니다. 교사는 지역, 학교 및 학생의 특성에 따라 교육 과정의 내용을 융통성 있게 재구성합니다.

또한 학생들의 특성을 고려하여 학습 내용과 수준에 알맞은 창의적이고 다양한 교수·학습 방법과 자료를 활용합니다.

교사는 학교급별·학년군별·영역별 연계성을 전체적으로 고려하여 학생들이 음악 및 미술 학습 전반에 대해 포괄적이고 종합적인 이해와 능력을 발달시킬 수 있도록 교육합니다.

» 음악(미술)교사는 학생들의 감수성을 기르기 위해 실제적 경험을 통해 감각을 자극하거나 반응을 이끌어 낼 수 있는 관찰 학습, 조사 학습, 체험 학습, 반응 중심 학습법 등을 활용하여 교육합니다.

» 예술적 소통 능력을 함양하기 위해 체험 학습, 탐구 학습, 조사 학습, 토의·토론 학습, 프로젝트 학습 등을 실시합니다.

» 창의·융합 능력 함양을 위해 다양한 교과와 연계하여 사고를 확장시키고, 상상력을 자극할 수 있는 탐구 학습, 주제 학습, 프로젝트 학습, 창의적 문제 해결법 등을 활용하여 수업합니다.

» 수업을 설계·운영한 결과를 평가하고, 학생의 생활 태도와 진로 선택을 지도하며, 이 과정을 취합하여 학교생활기록부에 기록합니다.

음악(미술)교사
커리어맵

- 교육부 www.moe.go.kr
- 창의인성교육넷 www.crezone.net
- 에듀넷 www.edunet.net
- 학교알리미 www.schoolinfo.go.kr
- 교육과정평가원 www.kice.re.kr
- 한국교육개발원 www.kedi.re.kr
- 한국미술교육학회 www.kartedu.or.kr
- 한국음악교육학회 www.kmes.or.kr

- 중등학교 1급·2급 정교사

관련기관

관련자격

- 예술형
- 사회형

흥미유형

적성과 흥미
- 예술적 감각
- 창의력
- 인내심
- 공감 능력
- 문제 해결 능력
- 유연한 사고방식

음악(미술) 교사

- 미술교육과
- 음악교육과
- 공예학과
- 미술학과
- 예체능교육과
- 조형학과
- 실용음악과
- 음악학과

관련학과

관련교과
- 사회
- 음악
- 음악 감상과 비평
- 미술
- 미술 감상과 비평
- 교육학

준비방법

관련직업

- 예술적 감각 및 창의력 관련 역량 기르기
- 예술 관련 연주회, 전시회 참여
- 예술 관련 동아리 활동
- 예술 관련 학과 탐방 및 직업 체험 활동
- 예술 관련 분야 독서 활동

- 미술치료사
- 아트컨설턴트
- 예능강사
- 문화재보존원
- 예술치료사

- 출판물기획자
- 방과후교사
- 공연기획자

적성과 흥미는?

음악교사는 예술적 감각과 함께 음악에 관한 적성과 재능을 갖추어야 합니다. 또한 전공으로 하고자 하는 악기의 실기 교육과 음악을 많이 연주하는 실제적 음악 활동 경험이 필수적으로 요구됩니다.

미술교사는 그리기와 같은 명확한 표현 능력을 바탕으로 하는 창의력이 필요합니다. 더불어 다양한 문화, 사회 현상, 예술과 사상, 그리고 관련 기술 등에 관심을 가질 줄 아는 유연한 사고방식이 요구됩니다.

무엇보다 음악(미술)교사에게 필요한 미술과 음악에 관련된 지식과 다양한 방법으로 학생을 가르칠 수 있는 능력이 필요합니다. 또한 가르치는 것에 흥미와 애정이 있어야 하고, 교사로서의 자질뿐만 아니라 끊임없는 노력과 인내가 필요하며, 학생들과 함께 생활하며 다양한 문제를 해결해야 하기에 책임감과 성실성, 문제 해결 능력, 의사소통 능력, 공감 능력 등이 요구됩니다.

재능을 가지고 창의적인 작업을 수행하는 활동을 선호하는 예술형과 개인적인 교류를 통해 타인을 도와주고 가르치며 상담해 주고 봉사하는 활동을 선호하는 사회형에게 적합합니다.

미래 전망은?

향후 5년간 음악(미술)교사의 고용률은 현 수준을 유지하거나 다소 감소할 전망입니다.

중등교사의 고용에 영향을 미치는 요소로는 학생 수의 감소와 교육 정책의 변화 등을 꼽을 수 있는데, 일자리에는 긍정적인 요소와 부정적인 요소가 공존합니다.

먼저 긍정적인 요소로는 교육부가 공교육의 내실화를 목표로 교원 1인당 학생 수를 줄이기 위한 노력을 지속한다는 것입니다. 이에 교원 1인당 학생 수는 꾸준히 감소하여 2015년 현재 중학교 교사는 1인당 14.3명의 학생을, 고등학교 교사는 1인당 13.2명의 학생을 담당하고 있습니다. 교원 1인당 학생 수를 감소시키기 위한 정부의 정책이 지속될 것으로 예상되어 이는 중등교사의 일자리에 긍정적인 영향을 미칠 수 있습니다.

반면, 부정적인 요소로는 사범대학 등 중등 교원 양성 기관을 통해 배출되는 인력은 증가하는 데 반해, 중등학교 학생 수는 급격히 줄어들고 신규 채용 예정 교원 수는 제한되어 있다는 것입니다. 교육부는 매년 과목별 교원 수요 변동, 교원 증원 상황 등을 반영하여 임용 시험을 통해 선발할 중등교사의 수를 정하고 있습니다. 중등교사가 되기 위한 임용 시험의 합격자는 지원자 수 대비 10% 미만이므로 점차 경쟁이 치열해질 것으로 예상됩니다.

예술치료사에 대해 알아볼까요?

최근 예술을 통해 마음을 치유하고, 정신 건강을 추구하는 사람들이 늘고 있어요. 미술, 음악, 연극 등 다양한 예술적 경험을 통해 자신의 마음을 되돌아보고 타인을 이해하며 재미까지 추구할 수 있기 때문이에요. 이러한 현상에 대응하여 미술, 음악, 드라마, 영화, 문학 등의 예술 분야를 활용하여 전문적으로 심리를 치료하고 상담을 해 주는 전문가를 예술치료사라고 해요.

관련 직업은?

미술교사, *음악교사*, *특기적성교사*, 미술치료사, 아트컨설턴트, 예능강사, 학예사, 문화재보존원, 조각가, 화가, *예술치료사*, 평론가, 출판물기획자, 작사가, 방과후교사, 공연기획자, 연주가 등

진출 방법은?

음악교사가 되기 위해 2급 정교사 자격을 취득하는 방법은 다음과 같습니다. 첫 번째 사범계열의 음악교육학과를 졸업하거나 두 번째 비사범계열의 성악과, 피아노학과 등에서 교직 과목을 이수하여 졸업합니다. 세 번째 교육학 전공자가 성악과, 피아노학과(음악교육학과 등) 등을 부전공으로 이수하여 졸업합니다. 네 번째 비사범계열 음악 관련 학과를 졸업한 후 교육대학원에 진학하여 석사 학위를 취득합니다.

미술교사가 되기 위해 2급 정교사 자격을 취득하는 방법은 다음과 같습니다. 첫 번째 사범계열의 미술교육학과를 졸업하거나 두 번째 비사범계열의 회화과, 조소과 등에서 교직 과목을 이수하여 졸업합니다. 세 번째 교육학 전공자가 회화과, 조소과(미술교육학과) 등을 부전공으로 이수하여 졸업합니다. 네 번째 비사범계열 미술 관련 학과를 졸업한 후 교육대학원에 진학하여 석사 학위를 취득합니다.

교직 과목을 이수하면 학생들을 가르치는 데 필요한 교육학 영역을 비롯해 각 교과목의 내용과 전달 방법 등에 대해 배울 수 있습니다. 보통 4학년 1학기에는 중·고등학교에서 학생들을 대상으로 교육 실습(교생 실습)을 합니다.

국공립 중·고등학교에서 일하려면 중등학교 2급 정교사 자격 취득 후 각 시도 교육청에서 시행하는 '국공립 중등학교 교사 임용 후보자 선정 경쟁시험(교원 임용 시험)'을 치러야 합니다. 교원 임용 시험은 매년 11~12월에 시행되며, 시험 내용은 필기, 논술, 면접 등으로 이루어집니다.

사립 중·고등학교의 교사가 되려면 중등학교 2급 정교사 자격은 취득하되 교원 임용 시험에 합격하지 않아도 됩니다. 결원이 생기면 각 학교별로 채용 공고를 내고, 학교장의 제청에 따라 이사회의 의결을 통해 채용합니다.

관련 학과 및 자격증은?

▶관련 학과: *미술교육과*, *음악교육과*, 공예학과, 미술학과, 예체능교육과, 조형학과, 실용음악, 음악학과 등
▶관련 자격증: *중등학교 1급·2급 정교사*, 음악심리상담사, 실용음악지도사, 아동미술지도사, 미술심리상담사 등

🐸 JUMPUP

특기적성교사에 대해 알아볼까요?

학생들의 소질 및 적성을 개발할 수 있도록 취미 및 특기를 신장시키기 위한 교육을 하는 직업이에요. 특기적성 교육 활동과 연계한 동아리를 구성하고, 각 동아리에 맞는 교육을 실시해요. 학생들의 특기 및 적성에 따라 바이올린, 플루트, 피아노 등의 음악 교육, 태권도, 탁구 등의 체육 교육, 프라모델, 댄스 등의 특기 적성 교육 중 하나를 방과 후 시간 등과 같은 정규 교육 시간 이외의 시간에 전문으로 교육해요.

음악(미술)교사 전공 분석
음악(미술)교육학과

어떤 학과인가?

음악은 소리를 통해 인간의 감정과 사상을 표현하는 예술로, 인간의 창의적 표현 욕구를 충족시키고 다른 사람과 소통할 수 있도록 하며, 인류 문화를 계승·발전시키는 데 기여하는 학문입니다. 이에 음악교육학과는 다양한 음악 활동을 통해 음악의 아름다움을 경험하고, 음악성과 창의성을 개발하며, 음악의 역할과 가치에 대한 안목을 키움으로써 음악을 삶 속에서 즐길 수 있도록 하는 학과입니다.

미술 또한 느낌과 생각을 시각적으로 표현하여 다른 사람과 소통하고 자신과 세계를 이해하는 인간 활동으로써 삶의 질을 향상시키는 데 중요한 역할을 하는 교과입니다. 이에 미술교육학과에서는 바른 인성과 문화적인 소양을 갖춘 창의적 인재를 기를 수 있도록 미술 활동을 통해 느낌과 생각을 표현하면서 자신의 감정을 이해하고, 타인의 감정과 사고를 이해하고 공감함으로써 자연스럽게 인성을 함양할 수 있는 능력을 길러줄 수 있도록 하는 학과입니다.

즉, 음악(미술)교육학과는 음악(미술) 교육의 이론을 활용하여 인간의 신체적·정신적 성장을 도모하고, 이를 통해 바람직한 인격을 갖춘 사회 구성원을 만들기 위한 지식과 교수 학습 방법을 교육합니다.

교육 목표와 교육 내용은?

음악(미술)교육학과는 감성과 창의성을 요구하는 미래 사회의 특성에 부합하는 음악(미술) 교육의 발전 방향을 제시하고, 그 구체적인 실천 지침을 연구하여 음악(미술)교사 또는 음악(미술) 교육 전문가를 양성하는 것을 목적으로 합니다. 이를 위해 이론과 실기를 바탕으로 한 교육 과정을 통해 지도자적 자질과 능력을 개발·증진시키기 위한 구체적인 교육 목표를 수립합니다.

» 인간의 감성과 창의성 개발을 유도하는 능력과 음악(미술)교사로서의 사명감을 지닌 인재를 양성합니다.

» 기존 음악(미술) 교육에서 발생한 문제점을 평가하고 해결할 수 있는 능력을 갖춘 인재를 양성합니다.

» 음악(미술)교사에게 요구되는 전문적 지식을 습득하여 교사로서의 전문적 자질을 갖춘 인재를 양성합니다.

» 정보화 시대와 변화하는 교육 환경에 적합한 프로그램 개발 능력과 현장 실무 능력을 갖춘 인재를 양성합니다.

주요 교육 목표

- 감성과 창의성 개발을 유도하는 인재 양성
- 예술 교육의 문제를 분석하여 해결할 수 있는 인재 양성
- 전문적 지식 습득을 통해 전문적 자질을 갖춘 인재 양성
- 교육 프로그램 개발 능력과 실무 능력을 갖춘 인재 양성

학과에 적합한 인재상은?

음악(미술)교사가 되기 위해서는 음악(미술) 관련 이론과 기능에 대한 지식을 가지고 있어야 하며, 이를 잘 전달할 수 있는 능력이 필요합니다. 또한 학생들의 능력과 흥미를 고려하여 음악(미술) 이론 및 실기를 가르칠 수 있는 지도력이 있는 사람에게 유리합니다.

또한 사물에 대한 관찰력이 뛰어나고 호기심이 많은 사람에게 적합하며, 창작 활동을 위해서는 연습과 자기 계발을 게을리 하지 않는 성실함과 인내력, 끈기 등도 필요합니다. 이 밖에도 동서양 예술에 대한 외국 전문 서적을 읽기 위해 한자, 영어 등을 공부해 두면 좋습니다.

고등학교 교육 과정에서 음악과 미술에 대한 실력을 배양하고, 예술적 감각을 향상시키며, 창의적이고 다양한 사고를 할 수 있도록 노력해야 합니다.

음악(미술)교사는 교과에 대한 흥미뿐만 아니라 학생을 대상으로 하는 직업이므로 다양한 문제 상황을 해결하기 위해 문제 해결 능력과 갈등 관리 능력, 상황 대처 능력, 의사소통 능력이 필수적입니다.

관련 학과는?

음악교육학과, 실용음악학과, 지휘과, **미술교육과, 응용미술교육과,** 현대미술과, 한국화학과, 서예학과, 음악전공, 아동문화예술전공, 클래식음악전공, 한국회화전공, 입체미술전공, 디자인학전공, 창조공연예술학부, 음악학부, 예술학부 등

취득 가능 자격증은?

- **중등학교 2급 정교사**
- 실용음악지도사
- 미술심리치료상담사
- 아동미술심리상담사
- 평생교육사
- 박물관 및 미술관 학예사
- 아동미술지도사 등

추천 도서는?

- Classics A to Z
  (음악세계, 민은기 외)
- 몸짓과 문화
  (대한미디어, 신상미)
- 열려라, 클래식
  (돋을새김, 이헌석)
- 음악가를 알면 클래식이 들린다
  (서울미디어, 신동헌)
- 존 우든의 부드러운 것보다 강한 것은 없다
  (대한미디어, 존 우든, 최의창 역)
- 쇼팽 그 삶과 음악
  (포노, 제러미 니콜러스, 임희근 역)
- 말이 먼저, 음악이 먼저
  (삼우반, 정준호)
- 방구석 미술관
  (블랙피쉬, 조원재)
- 미술관에 간 심리학
  (믹스커피, 윤현희)
- 미술관에 가면 머리가 하얘지는 사람들
  을 위한 동시대 미술 안내서
  (원더박스, 그레이슨 페리, 정지인 역)
- 알랭 드 보통의 영혼의 미술관
  (문학동네, 알랭 드 보통 외, 김한영 역)
- 물리 화학 법칙 미술관
  (지브레인, 김용희 외)
- 현대미술의 결정적 순간들
  (한길사, 전영백)
- 음악이 흐르는 동안, 당신은 음악이다
  (바다출판사, 빅토리아 윌리엄슨, 노승림 역)
- 음악이 세상을 바꿀 수 있을까?
  (한권의책, 김기정)

학과 주요 교과목은?

기초 과목	교육학개론, 교육심리학, 교육사회학, 교육과정 및 평가, 교육행정 등
심화 과목	음악교육론, 음악교재연구 및 지도법, 전통음악, 컴퓨터음악, 디지털피아노연주법 등
	미술교육론, 조형교육연구, 미술교재연구 및 지도법, 교재강독, 소묘, 한국화, 서양화, 디자인, 조소, 서예 등

진출 직업은?

중등교사, 미술관 학예사 및 큐레이터, 방송 및 영화 미술감독, 기업체의 미술·디자인팀 종사자, 미술심리치료상담사, 아동미술심리상담사, 문화예술교육사, 화가, 작곡가, 작사가, 작가, 음악치료사, 음악 관련 방송인 등

졸업 후 진출 분야는?

기업체	미술 학원, 기업체의 미술·디자인팀, 방송국, 영화사, 미술관, 공연 예술 관련 업체, 예술 치료 관련 업체, 출판사 등
연구 기관	음악(미술) 교육 관련 연구소
정부 및 공공 기관	박물관, 문화 예술 공연장 등
교육계	중등교사, 학원강사 등

전공 관련 선택 과목은?

※ 필수 선택 과목: 선택 과목 중 수능 필수 지정 과목

공통 과목			국어, 수학, 영어, 한국사, 통합사회, 통합과학, 과학탐구실험
필수 선택 과목			독서, 문학, 수학 I, 수학 II, 영어 I, 영어 II, 성공적인직업생활(특성화 고등학교만 해당)
일반 선택 과목	기초		
	탐구		
	체육·예술		미술, 음악
	생활·교양		교육학, 정보
진로 선택 과목	기초		
	탐구		
	체육·예술		음악 연주, 음악 감상과 비평, 미술 창작, 미술 감상과 비평
	생활·교양		지식 재산 일반

학교생활기록부 관리는?

✓	**출결 사항**	• 미인정(무단) 사항이 없도록 관리해요. 교사를 희망한다면 출결 사항에 성실성이 반영되어야 해요.
🏅	**수상 경력**	• 음악(미술) 관련한 대회에 참가하여 전공 적합성을 보여주고, 그 외에도 교내의 다양한 활동에 참가하는 적극성을 보여주세요. • 개근상, 선행상, 봉사상, 모범상 등은 인성 평가나 정성 평가 등에서 좋은 인상을 줄 수 있어요.
✈	**자율 활동**	• 학급 자치 활동 등에 적극 참여하여 리더십과 사회성을 표현해 보세요. • 학교 행사에 참여한 후 자신에게 있어 행사 참여의 의미와 행사를 통해 느낀 점을 기록해 두세요. • 교내외 활동을 통해 창의적이고 개성적인 사고력이 나타나도록 하세요.
🎒	**동아리 활동**	• 음악(미술) 관련 동아리를 조직하고, 연주회, 전시회 등 교내외 행사에 참여하여 그 경험을 기록해 두세요. • 창의적인 상상력을 발휘하여 다양한 경험을 하고, 이를 학교생활기록부에 기록되도록 하세요. • 동아리 활동을 하면서 의미 있는 역할을 수행한 경험과 구성원의 화합을 이끈 경험을 구체적으로 제시하면 좋은 평가를 받을 수 있어요.
♡	**봉사 활동**	• 다문화 가정, 독거노인, 장애인 등 소외 계층의 사람들을 위한 봉사 활동을 추천해요. • 보육원 레슨 등 봉사 활동을 통해 진로를 선택하는 데 도움이 되는 다양한 경험을 해 보세요. • 지속적이고 일관된 봉사 활동일수록 좋은 평가를 받을 수 있어요.
🎓	**진로 활동**	• 음악(미술) 관련 공연이나 미술 전시회에 꾸준히 참여하여 예술적 감수성을 함양하세요. • 진로를 위해 성적 향상 방법 및 진로 체험 활동을 계획하고, 계획이 잘 진행되고 있는지 확인해 보세요. • 음악, 미술 관련 학과 및 기관 방문을 통해 정보 탐색을 할 것을 권장해요.
🔍	**교과 세부 능력 및 특기 사항**	• 음악(미술) 교과 이외에 다양한 교과 활동에 적극 참여하는 성실성을 보여 주세요. • 음악(미술) 칼럼 작성 및 교과 관련 합주, 전시 활동 등에 주체적으로 참여해 보세요.
📖	**독서 활동**	• 음악(미술) 관련 책을 지속적으로 읽어 보세요. • 인문학, 철학, 역사, 사회 등 다양한 분야의 책을 읽고, 인접한 학문과 연계하여 통합적으로 이해하려는 노력이 필요해요.
📓	**행동 발달 특성 및 종합 의견**	• 학교생활에 적극적으로 참여하려는 노력이 필요해요. • 이러한 활동을 통해 리더십, 창의성, 대인 관계 능력, 의사소통 능력, 예술적 감수성이 표현되도록 하세요.

체육교사
_체육교육학과

체육교사란?

　체육이란 운동, 스포츠, 게임, 무용 등과 같은 활발한 신체 활동을 통해 인간의 신체적·정신적·사회적 성장과 발달을 돕는 계획적인 교육 활동입니다. 청소년들은 신체 활동에 참여하는 동안 성취감을 느끼며, 스스로 또는 남과 더불어 하는 행동에 대한 책임을 지는 동시에, 참여에 따르는 즐거움을 느끼게 됩니다. 또한 규칙적으로 건강 관리를 할 수 있는 습관도 기를 수 있습니다.

　이러한 의미에서 청소년기 체육 활동은 청소년들이 한국 사회의 건강한 주역으로 성장하는 데 있어 그 의미가 매우 크다고 할 수 있습니다.

　하지만 최근의 학교의 상황은 정반대로 진행되고 있습니다. 대학 입시가 모든 학교의 운영에 지대한 영향을 끼치는 가운데 학생의 건강, 감성, 창의성, 사회성을 성장시킬 수 있는 교과들이 위축되었고, 지나치게 주요 교과 중심의 교육이 진행되고 있어 학교 현장에서 '지덕체(智德體) 교육'은 찾아보기 힘들게 되었습니다.

　이러한 학교 현장에서 체육 수업을 통해 체력 강화 및 적정 체중을 유지하도록 하며, 일상생활에서 쌓인 스트레스를 해소하고 또래 친구들과 함께 어울리며 더불어 살아가는 존재임을 느끼도록 교육하는 직업인이 바로 체육교사입니다.

　체육교사는 학생들이 신체 활동을 통해 운동 능력을 비롯한 건강하고 활기찬 삶에 필요한 능력을 기르고, 사회 속에서 바람직한 인성을 발휘함으로써 자신의 삶을 개척하고 체육을 즐길 수 있도록 지도합니다.

JUMPUP

체육과 스포츠의 차이에 대해 알아볼까요?

체육과 스포츠는 신체적 활동을 기반으로 한다는 점이 동일하지만 개념에는 다소 차이가 있어요.

체육은 건전한 몸과 온전한 운동 능력을 기르는 것을 목적으로 하는 교육을 의미하지만, 스포츠는 일정한 체계적 룰을 가진 경쟁과 유희성을 가진 신체 활동을 의미해요. 즉, 체육은 신체 활동을 통해 심신의 발달과 전인 교육을 하는 것을 의미해요.

체육교사가 하는 일은?

학교에서 수업의 장소가 다양하고, 여러 종목을 수행하는 교과목은 바로 체육입니다. 교실은 물론이고 체육관, 운동장, 수영장, 테니스장, 소강당 등 실내외를 막론하고 학교의 시설에 따라 교육 장소가 다양하며, 체육교사는 이 장소들을 이용하여 창의적이고 독창적이고 흥미로운 수업을 진행할 수 있습니다.

또한 다른 교과와 달리 교과 교육의 도구가 유일하게 신체 활동인 것은 체육 수업이며, 체육 수업을 잘 운영하면 학생들의 체력 및 건강 증진은 물론, 운동 기능 습득, 비판력, 창의성, 심미안, 동료를 위한 배려심 등을 기를 수 있습니다.

이러한 측면에서 체육교사는 기초 종목인 육상이나 체조를 익혀야 하며, 구기 종목인 축구나 농구, 배구, 야구, 핸드볼, 배드민턴 등 누구나 쉽게 접하고 알고 있는 스포츠를 학생들에게 시범을 보일

수 있어야 합니다.

또한 학생들을 어떻게 교육시킬 것인가에 대한 방법인 교육학의 이론과 건강과 연결되는 보건, 그리고 기능적인 스포츠뿐만 아니라 스포츠와 관계된 생리학, 역학, 심리학, 사회학 등 여러 가지 방면의 체육과 관계된 다양한 지식들을 학생들에게 교육합니다.

무엇보다도 체육교사는 체육을 하는 것이 건강한 생활을 유지하는 수단이 될 뿐만 아니라 체육 문화 자체가 가치 있다는 것을 학습시키는 일을 합니다.

학교 스포츠 클럽 활동이란 무엇일까요?

학업 스트레스에서 벗어나 체력을 증진하고, 바른 인성을 함양해 학생의 전인적 성장에 큰 역할을 할 수 있도록 체육 활동을 확대하는 정책이 추진되고 있어요. 이러한 정책의 일환으로 '학교 스포츠 클럽 활동'이 인성 교육 강화와 학교 폭력 예방이라는 목적하에 2012년 7월 개정 고시된 초·중등 교육 과정에 따라 중학교 전 학년을 대상으로 시행되고 있어요.

'학교 스포츠 클럽 활동'은 중학교 전 학년에 연간 34~68시간(총 136시간)을 '창의적 체험 활동' 등 정규 교육 과정 내 수업으로 편성하도록 되어 있어 학생들이 의무적으로 참여해야 돼요.

» 운동 종목의 역사와 목적을 설명하고 육상, 체조, 구기, 수영, 무용 등에 관한 동작 원리, 기술 등을 설명하고 시범을 보입니다.

» 게임 활동, 표현 활동, 보건에 관한 기본 움직임과 이론을 교육하고, 학생들의 체력 활동 시 동작을 관찰하고 교정하며 이를 평가합니다.

» 축구, 배구, 야구, 태권도, 유도, 씨름 등의 종목에서 학생 선수단을 조직하여 지도·감독하기도 합니다.

» 수업을 설계·운영한 결과를 평가하고, 학생의 생활 태도와 진로 선택을 지도하며, 이 과정을 취합하여 학교생활기록부에 기록합니다.

» 교수·학습 환경을 구성하는 요소(학급 규모, 시간, 시설 및 용·기구, 학습자의 특성 등)들을 고려하여 수업 목표 도달을 위한 효율성과 안전성을 높일 수 있도록 계획합니다.

» 교수·학습 계획을 실천하는 데 있어 발생 가능한 우발적 상황에 대비하여 계획합니다.

체육교사
커리어맵

- 교육부 www.moe.go.kr
- 창의인성교육넷 www.crezone.net
- 에듀넷 www.edunet.net
- 학교알리미 www.schoolinfo.go.kr
- 교육과정평가원 www.kice.re.kr
- 한국교육개발원 www.kedi.re.kr
- 체육교육학회 www.ksspe.or.kr

- 중등 1급·2급 정교사

- 예술형
- 현실형

관련기관

관련자격

- 운동 능력
- 리더십
- 창의력
- 사회성
- 책임감
- 예술적 감각
- 자기 관리 능력
- 대인 관계 능력
- 문제 해결 능력
- 상황 대처 능력

흥미유형

적성과 흥미

체육교사

관련학과

관련교과

- 체육교육과
- 체육학과
- 사회체육학과
- 생활체육학과
- 스포츠과학과
- 태권도과

준비방법

관련직업

- 체육
- 스포츠 생활
- 운동과 건강
- 체육 탐구
- 보건
- 국어
- 교육학

- 신체적 강인함, 유연성 및 운동 역량 기르기
- 체육 및 봉사 관련 동아리 활동
- 교내외 체육 대회 참여
- 체육 관련 학과 탐방 및 전공자 인터뷰 활동
- 체육 관련 직업 체험 활동

- 체육교사
- 스포츠강사
- 경기감독 및 코치
- 스포츠트레이너
- 운동처방사

적성과 흥미는?

체육교사는 학생들의 건강을 증진시키고 기본 움직임, 원리, 기능, 전술, 태도를 포함한 종합적인 운동 능력을 기를 수 있도록 지도해야 하므로 뛰어난 운동 신경을 가진 사람에게 유리합니다. 또한 학생을 교육해야 하므로 가르치는 것에 흥미와 애정이 있어야 하고, 교사로서의 자질뿐만 아니라 예술가로서의 창의력, 예술적 감각 등이 필요합니다.

또한 체육교사는 학생들이 바람직한 성품과 사회성을 함양하고, 건강하고 안전한 생활 습관을 갖도록 교육하므로 자기 관리 능력과 대인 관계 능력, 창의력 및 문제 해결 능력을 갖춘 사람에게 유리합니다.

긍정적이며 적극적이고 명랑한 성격의 소유자에게 적합한 직업이며, 예기치 못한 안전사고가 발생했을 때 신속하고 정확하게 대처할 수 있는 상황 대처 능력이 요구됩니다. 또한 각종 운동 기구 및 안전 관리에 대한 지식을 가지고 있어야 하며, 타인의 운동을 지도하는 입장이므로 리더십이 필요합니다.

예술형과 현실형의 흥미를 가진 사람에게 적합하며, 자기 통제 능력, 배려, 사회성 등의 성격을 가진 사람에게 적합합니다.

미래 전망은?

향후 5년간 체육교사의 고용률은 현 상태를 유지하거나 다소 감소할 것으로 보입니다. 정부의 학급 당 학생 수 감축 정책에 따라 중등학교의 학급 수가 증가하고 있어 중등교사의 일자리에 긍정적인 영향을 미치고 있습니다.

또한 체력 증진과 비만 예방, 일상생활에서 쌓인 스트레스를 해소하고, 자신을 표현하는 기회를 제공하며, 친구들과 어울릴 수 있는 기회를 제공하기 위해 중학교 1학년부터 고등학교 3학년까지 모든 학년에서 체육 수업이 진행되어야 한다는 목소리가 높아지고 있어 체육 교육의 전망에 긍정적인 영향을 주고 있습니다.

그러나 이러한 사회적 요구에도 불구하고 학생 수가 감소하기 시작했고, 이러한 경향은 향후 심화될 것이므로 중등교사에 대한 수요가 증가하기 어려울 것으로 예상됩니다. 중등교사가 되기 위한 임용 시험의 합격자는 지원자 수 대비 10% 미만이므로 점차 경쟁이 치열해질 것으로 예상됩니다.

JUMP UP

헬스케어컨설턴트에 대해 알아볼까요?

헬스케어컨설턴트는 질병 예방 및 치료를 위해 상담을 실시하고, 개인이 체계적으로 건강 관리를 할 수 있도록 도와주는 사람이에요. 특정 질병이 발생할 경우 적절한 병원을 소개하고, 환자의 병원 스케줄을 관리하며, 개인의 건강을 위해 식단 관리 방법, 스트레스 관리 기법, 운동 방법 등 의료 정보를 수집하여 제공해요. 또한 의학적 지식을 바탕으로 운동 프로그램을 개발하고 지도하는 일을 해요.

관련 직업은?

체육교사, 예능강사, **스포츠강사**, **헬스케어컨설턴트**, 경기감독 및 코치, 경기심판, 스포츠트레이너, 운동처방사, 스포츠에이전트 등

CAREER MAP

진출 방법은?

체육교사가 되기 위해 2급 정교사 자격을 취득하는 방법은 다음과 같습니다. 첫 번째, 사범계열의 체육교육학과를 졸업합니다. 두 번째, 비사범계열의 체육 관련 학과에서 교직 과목을 이수하여 졸업합니다. 재학 중 3, 4학년 때 교직 과목을 이수할 수 있는 기회는 통상적으로 한 학년의 5% 내의 성적 우수자에게 주어집니다. 이를 위해서는 대학 1, 2학년 때 학점 관리를 잘해야 합니다. 세 번째, 비사범계열 체육 관련 학과를 졸업한 후 교육대학원에 진학하여 석사 학위를 취득합니다.

교직 과목을 이수하면 학생들을 가르치는 데 필요한 교육학 영역을 비롯해 각 교과목의 내용과 전달 방법 등에 대해 배울 수 있습니다. 보통 4학년 1학기에는 중·고등학교에서 학생들을 대상으로 교육 실습(교생 실습)을 합니다.

국공립 중·고등학교에서 일하려면 중등학교 2급 정교사 자격 취득 후 각 시도 교육청에서 시행하는 '국공립 중등학교 교사 임용 후보자 선정 경쟁시험(교원 임용 시험)'을 치러야 합니다. 교원 임용 시험은 매년 11~12월에 시행되며, 시험 내용은 필기, 논술, 면접 등으로 이루어집니다.

사립 중·고등학교의 교사가 되려면 2급 정교사 자격은 취득하되 교원 임용 시험에 합격하지 않아도 됩니다. 결원이 생기면 각 학교별로 채용 공고를 내고, 학교장의 제청에 따라 이사회의 의결을 통해 채용합니다.

관련 학과 및 자격증은?

▶관련 학과: *체육교육과*, 체육학과, 사회체육학과, 생활체육학과, 스포츠과학과, 태권도과, 특수체육교육과, 보건교육과 등

▶관련 자격증: *중등학교 1급·2급 정교사*, 생활체육지도사, 생활스포츠지도사, 스포츠경영관리사, 평생교육사 등

JumpUp

스포츠강사에 대해 알아볼까요?

스포츠강사는 공공 및 사설 체육 시설 등에서 일반인들을 대상으로 건강 유지 및 증진, 스트레스 해소, 여가 선용의 목적을 충족시켜 주기 위해 여러 운동 프로그램을 개발하고 일반인들에게 가르치는 일을 담당해요. 이들은 일반인들에게 근육 단련이나 건강 유지의 목적을 위해 규칙적인 운동 방법을 가르치며 체중 조절을 위한 식이 요법에 대한 정보를 제공하기도 해요. 또한 수영, 태권도, 에어로빅, 골프 등 각 운동 종목의 기본 동작 및 응용 동작을 가르치고 숙달할 수 있도록 도와주는 일을 해요. 그 외에도 긴장된 근육을 풀어 주거나 안전사고가 발생했을 때에는 응급조치를 실시해요.

체육교육학과

어떤 학과인가?

체육교육학과에서는 신체 활동이 가지고 있는 다양한 가치 요소를 종합적으로 체험하여 신체 활동의 가치를 내면화하고, 이를 삶 속에서 실천할 수 있는 인간상을 추구합니다. 즉, 체육은 다양한 신체 활동에 지속적으로 참여하면서 신체 활동의 가치를 내면화하고, 체육과의 역량인 건강 관리 능력, 신체 수련 능력, 경기 수행 능력, 신체 표현 능력을 길러, 자신의 삶을 스스로 계발하고 신체 문화 활동을 할 수 있는 능력을 발전시키는 과목입니다.

이러한 의미에서 체육교육학과는 신체 활동을 근간으로 하는 스포츠 활동을 학문적으로 연구함과 동시에, 중등학교 체육교사를 양성하는 데 목표를 둡니다.

즉, 체육의 이론과 실제에 관한 연구 및 중등학교 체육교사 양성을 목적으로 하고 있으며, 체육을 가르치는 데 필요한 이론적 지식과 이와 병행하여 운동 기술의 습득을 위한 내용을 교육합니다. 체육은 이론과 함께 각종 운동 기술 습득에 필요한 운동 적성이나 특정 운동 종목의 수행 능력이 동시에 필요하지만, 체육교육학에서는 운동선수와 경기 지도자를 양성함은 물론, 체육학의 이론적 연구와 신체 활동을 수단으로 하여 교육하는 고급 체육 연구가 및 지도자를 양성합니다.

교육 목표와 교육 내용은?

체육교육학과는 신체의 움직임을 통한 교육의 근본 목적 달성에 적합하고, 지·덕·체를 고루 함양하는 훌륭한 체육교사를 만드는 데 목적이 있습니다.

이를 위해 체육교육학과에서는 이론 및 실기 교과들을 다양하게 제공함으로써 체육교사로서 갖추어야 할 전반적인 능력을 함양하고, 국민 체력 향상 및 체육의 과학적 연구에 헌신할 수 있는 지도자를 양성합니다.

» 미래 사회가 요구하는 인성 및 전문성을 갖춘 우수 체육교사를 양성합니다.
» 체육 교육 분야의 우월성을 갖춘 체육 교육 전문 인력을 양성합니다.
» 학교 체육뿐만 아니라 생활 체육 및 엘리트 체육 분야에서 필요로 하는 체육 인재를 양성합니다.
» 체계적인 이론 및 실기 교육을 통한 체육교사, 학교 및 사회 현장 교육을 통한 실무적 중등교사를 양성합니다.

체육교육학과

주요 교육 목표

인성 및 전문성을 갖춘 체육교사 양성

창의적 이론 탐색과 연구를 통한
체육 교육 전문가 양성

생활 체육 및 엘리트 체육을 위한
우수한 체육 인재 양성

현장 교육을 통한 실무적 체육교사 양성

학과에 적합한 인재상은?

체육교육학과에서는 자기 관리 역량, 지식 정보 처리 역량, 창의적 사고 역량, 심미적 감성 역량, 의사소통 역량, 공동체 역량을 요구하므로 이러한 역량을 지닌 사람에게 유리합니다.

자신의 신체 수준을 이해하고, 적극적으로 높은 수준의 신체적 기량을 습득하고자 하는 진취적인 노력이 필요하며, 경기 수행과 신체의 움직임을 매개로 생각과 느낌을 표현하고 수용하는 능력을 갖춘 사람에게 적합합니다. 또한 체육교사로서의 지도력과 각종 스포츠 및 체육학을 공부하는 데 필요한 적성이 요구됩니다.

그 외에도 학생들을 사랑하는 마음과 풍부한 지식이 요구되며, 가르치는 일과 학생들과 함께 생활하는 것에 대해 관심과 흥미가 있어야 합니다.

관련 학과는?

체육교육과, 특수체육교육과, 체육학과, 사회체육과, 생활스포츠과, 생활체육과, 스포츠과학학부, 스포츠복지과, 특수체육전공 등

취득 가능 자격증은?

- ***중등학교 2급 정교사***
- 생활체육자격증
- 경기지도자자격증
- 생활스포츠지도사 등

추천 도서는?

- 9회말 2아웃에 시작하는 멘탈 게임
  (시그마북스, 하비 A. 도프먼 외, 이문영 외 역)
- 골프가 주는 9가지 삶의 교훈
  (대한미디어, Mike Linder, 최의창 역)
- 몸짓과 문화
  (대한미디어, 신상미)
- 알고 달리자
  (대한미디어, 체육과학연구원)
- 존 우든의 부드러운 것보다 강한 것은 없다
  (대한미디어, 존 우든, 최의창 역)
- 내 인생에 힘이 되어준 한마디
  (비채, 정호승)
- 바디워칭
  (범양사, 데즈먼드 모리스,
  이규범 역)
- 교사와 학생 사이
  (양철북, 하임 G. 기너트, 신홍민 역)
- 무엇이 수업에 몰입하게 하는가
  (토트, 데이브 버제스, 강순이 역)
- 운동화 신은 뇌
  (북섬, 존 레이티 외, 이상헌 역)
- 재미있는 스포츠 이야기
  (가나출판사, 기영노)

학과 주요 교과목은?

기초 과목	교육학개론, 교육심리학, 교육사회학, 교육과정 및 평가교육행정, 운동생리학 등
심화 과목	교과교육론, 교재연구 및 지도법, 교재강독, 스포츠심리학, 육상경기, 체육측정 평가, 레크리에이션, 기계체조, 체육학, 스포츠사회학, 운동처방 및 재활, 체육 관리, 구급법 등

진출 직업은?

스포츠과학연구원, **체육교사, 유아 및 아동 체육지도자, 노인체육지도자,** 여가교육전문가, 경기지도사, 선수트레이너, 스포츠심리상담사, 스포츠에이전트, 스포츠마케터, 스포츠기자, 방송인, 프로스포츠 단체 행정 전문인, 스포츠 마케팅 전문가 등

졸업 후 진출 분야는?

기업체	신문사, 방송국, 스포츠 센터, 경호 업체, 스포츠 관련 기업, 스포츠 마케팅 기업, 스포츠 관련 사업체, 스포츠 에이전시 등
연구 기관	한국교육과정평가원, 한국교육개발원, 한국스포츠정책과학원, 스포츠 과학 연구소, 스포츠 산업 연구소 등
정부 및 공공 기관	소방직 공무원, 경찰, 문화체육관광부, 대한체육회, 체육지도자연수원, 국민체육진흥공단, 대한장애인체육회, 태권도진흥재단, 지역 스포츠 센터 등
교육계	국공립·사립 중·고등학교, 대학교수, 여가 교육 업계 등

전공 관련 선택 과목은?

※ 필수 선택 과목: 선택 과목 중 수능 필수 지정 과목

공통 과목		국어, 수학, 영어, 한국사, 통합사회, 통합과학, 과학탐구실험
필수 선택 과목		독서, 문학, 수학Ⅰ, 수학Ⅱ, 영어Ⅰ, 영어Ⅱ, 성공적인직업생활(특성화 고등학교만 해당)
일반 선택 과목	기초	
	탐구	
	체육·예술	체육, 운동과 건강
	생활·교양	교육학, 보건
진로 선택 과목	기초	
	탐구	
	체육·예술	스포츠 생활, 체육 탐구
	생활·교양	

학교생활기록부 관리는?

☑	출결 사항	• 미인정(무단) 사항이 없도록 관리해요. 교사가 되기를 희망한다면 출결 사항에 성실성이 반영되어야 해요.
Ⓐ	수상 경력	• 교내외 체육 관련 대회에 꾸준히 참여하여 의미 있는 결과를 만드세요. • 교내외의 체육 관련 대회뿐만 아니라 다양한 활동에 참여하는 적극성을 보여 주고, 그 결과가 수상 경력에 나타날 수 있도록 하세요. • 개근상, 선행상, 봉사상, 모범상 등은 인성 평가나 정성 평가 등에서 좋은 인상을 줄 수 있어요.
✈	자율 활동	• 학급 자치 활동 등에 적극 참여하여 리더십과 사회성을 표현해 보세요. • 학교 행사에 참여한 후 자신에게 있어 행사 참여의 의미와 행사를 통해 느낀 점을 기록해 두세요.
📷	동아리 활동	• 체육 관련 동아리를 조직하고, 다양한 종목의 운동을 경험해 보세요. • 운동 시 정확한 자세를 유지하려는 노력과 함께 운동 종목의 규칙을 정확히 숙지해 보세요.
♡	봉사 활동	• 다문화 가정, 독거노인, 장애인 등 소외 계층의 사람들을 위한 봉사 활동을 추천해요. • 가능하다면 체육 교육 관련 멘토링 봉사에 참여하세요. • 봉사 활동을 꾸준하게 하되, 상대방을 배려하는 태도가 나타나도록 하세요.
🎓	진로 활동	• 체육 관련 학과를 탐방하거나 전공 선배들을 인터뷰하여 관련 직업의 장·단점을 확인해 보세요. • 진학을 위한 성적 향상 방법 및 진로 체험 활동을 계획하고, 계획대로 실행되고 있는지 확인해 보세요.
🔍	교과 세부 능력 및 특기 사항	• 체육 관련 교과 외에 다양한 교과 활동에 적극 참여하는 성실성을 보여 주세요. • 수업 활동과 과제 수행 과정에서 주도적인 노력과 진심, 성취 수준, 다양한 탐구 방법의 모색 등의 의미 있는 성취 결과가 나타나도록 하세요.
📖	독서 활동	• 체육 및 보건 관련 책을 지속적으로 읽어 보세요. • 자기 계발 서적 및 인문학, 사회 분야의 책을 읽고, 느낀 점을 기록해 보세요. • 관심 있는 분야의 책을 정독하면서 자신을 성찰하고, 평소 자신이 궁금해 했던 내용을 해소하기 위한 독서를 하세요.
📘	행동 발달 특성 및 종합 의견	• 학교생활에 적극적으로 참여하려는 노력이 필요해요. • 이러한 활동을 통해 리더십, 대인 관계 능력, 의사소통 능력, 문제 해결 능력이 표현되도록 하세요.

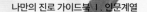

(공학)전문교과교사
_공학교육학과

전문교과교사란?

지식 기반 사회의 도래와 산업 구조의 고도화에 따른 직업 세계의 급격한 변화에 대비하기 위한 교육의 필요성이 대두되었습니다. 이로 인해 특정 분야에서 소질과 적성, 능력이 유사한 학생들을 대상으로 현장 실습 등 체험 위주의 교육을 실시함으로써 전문적인 인재로 양성하고자 하는 특성화 고등학교가 등장하였습니다.

특성화 고등학교는 기존의 농업·수산업·공업·상업 교육을 중심으로 하던 실업계 고등학교의 대안적 모형으로, 현재는 만화와 애니메이션, 요리, 모바일, 관광, 통역, 금은보석 세공, 인터넷, 멀티미디어, 원예, 골프, 공예, 디자인, 도예, 승마 등 다양한 분야에서 활동할 전문 인재를 양성할 목적으로 설립되었습니다.

전문교과교사는 이러한 특성화 고등학교에서 특성화된 과목을 가르치는 교사입니다. 현재 전문 교과로는 국가 직무 능력 표준에 따라 경영·금융, 보건·복지, 디자

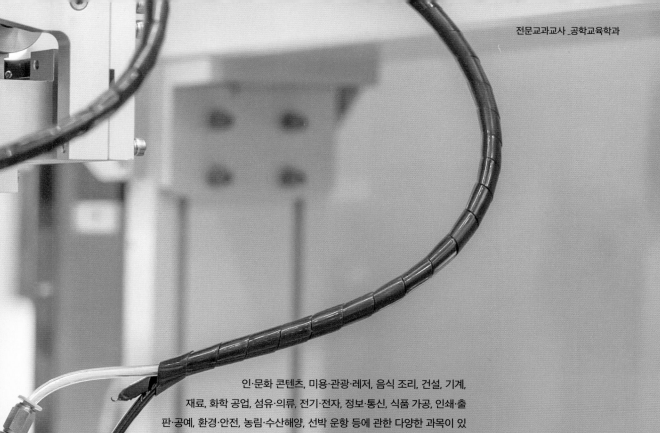

인·문화 콘텐츠, 미용·관광·레저, 음식 조리, 건설, 기계, 재료, 화학 공업, 섬유·의류, 전기·전자, 정보·통신, 식품 가공, 인쇄·출판·공예, 환경·안전, 농림·수산해양, 선박 운항 등에 관한 다양한 과목이 있습니다.

이처럼 전문 교과의 수가 너무 많고, 이에 따른 전문교과교사의 교직 이수 방법 등 관련 내용이 매우 다양하기에 이번 직업 및 학과 소개에서는 공학 관련 전문 교과를 중심으로 기술하도록 하겠습니다.

공학 전문교과교사는 특성화 고등학교 또는 마이스터 고등학교에서 건축구조, 공업입문, 금속재료, 기초제도, 멀티미디어, 시스템프로그래밍, 염색가공, 자동차건설기계, 전자기계제어, 전자전산응용, 정보기술기초, 컴퓨터구조, 통신시스템, 항공기일반, 환경공업일반 등의 전문 교과목 중 하나 또는 그 이상의 과목을 전문으로 가르치는 교사입니다.

JUMP UP

특성화 고등학교와 마이스터 고등학교의 차이에 대해 알아볼까요?

특성화고와 마이스터고 모두 특정 분야의 전문 인력을 양성한다는 공통점이 있어요.

특성화고는 과거 실업계 고등학교, 전문계 고등학교로 불리던 학교로, 졸업할 때 취업과 진학 중 선택이 가능해요.

마이스터 고등학교는 특성화고 중 더 세분화한 기술 분야의 장인을 양성한다는 목적으로 설립된 학교로, 입학금, 수업료, 학교 운영 지원비가 면제돼요. 마이스터고는 취업이 우선 목표라서 진학은 취업 후 필요할 경우에 하는 것을 원칙으로 하고 있어요. 마이스터고 졸업 후 3년간 산업체에 근무할 경우에는 재직자 특별 전형으로 대학에 진학할 수 있는 길이 열려 있지요. 마이스터고는 특성화고에 진학하는 경우보다 학교 성적이 높아야 진학할 수 있어요.

공학전문교과교사가 하는 일은?

공학전문교과교사는 공학 분야 교사 및 교육 전문가로서 학생들에게 공학 전반에 대한 이론 및 실험 실습 교육을 제공함으로써 학생들이 실무 능력을 배양할 수 있도록 합니다.

공학전문교과교사는 교사로서 기본 업무인 교과 교육 과정 수립 및 수업을 전개하며, 이를 위해 교과 연구 및 교재 개발을 합니다. 또한 각 분야에 관련된 전문 기술을 실험 실습을 통해 습득하게 함으로써 실기 능력 배양에 중점을 두며, 이를 위해 교과서 및 시청각 자료 등 다양한 학습 자료를 활용하여 수업을 진행합니다. 그 외에도 3학년 때는 현장 실습을 하도록 계획하며, 학생들의 진로 지도 및 취업 후에도 상담이나 생활 지도를 실시하여 교육에 반영하는 후속 조치도 진행합니다.

공학전문교과교사는 끊임없이 발전하는 현장 기술에 뒤처지지 않기 위해 현장 연구와 연수에 꾸준히 참여하고 교육 과정을 현장에 적합하도록 개선하기 위해 노력합니다.

이외에도 학생들의 진로 및 취업을 위해 산학 협동 사업 계획, 실행 및 지역 사회와 학교의 유대 강화를 위한 다양한 일을 합니다.

» 공학전문교과교사는 자신이 맡고 있는 분야의 내용을 다양한 교수 학습 방법을 활용하여 지도합니다.

» 수업을 설계·운영한 결과를 평가하고, 학생의 생활 태도와 진로 선택을 지도하며, 이 과정을 취합하여 학교생활기록부에 기록합니다.

» 학생 교육 및 안전과 관련된 학습 지도, 생활 지도, 행정 업무를 수행합니다.

» 학생들에게 다양한 기계 및 기술을 설명하고 시범을 보입니다.

» 학교 교육과 산업 사회의 요구에 부합하는 교육 과정을 계획·운영합니다.

» 학생이 체득할 수 있도록 다양한 직업 현장과 연계된 소재를 활용하여 직업 기초 능력별 적용 및 향상 방법을 실습하도록 합니다.

» 학생이 희망하는 기업의 구직 정보 등을 분석하고, 학생이 자기소개서 및 이력서 작성, 면접 준비, 관련 직업 자격 탐색 등을 실습해 볼 수 있도록 지도합니다.

» 창업의 다양한 사례를 통해 창업의 의미, 기업가 정신의 개념과 의미를 학습할 수 있도록 지도합니다.

» 산업 사회의 요구에 대해 지속적으로 공부합니다.

과학, 기술, 공학의 의미에 대해 알아볼까요?

과학은 체계적이고 합리적인 방법을 이용해 자연이나 자연 현상을 대상으로 원리나 법칙을 탐구하는 과정이나 혹은 그 과정에서 얻어진 지식을 의미해요. 기술은 인간의 욕구나 욕망이 충족되도록 대상을 변화시키는 인간의 모든 행위들을 말하고, 공학은 과학적 지식이나 기술적 수단을 이용해 가장 경제적인 방법으로 인간의 욕구를 충족시키는 체계적인 학문 분야를 말해요.

이런 의미에서 과학자는 이유나 원인에 대한 답을 찾으려고 하고, 공학자는 문제 해결을 위한 구체적인 행위를 고민하지요.

전문교과교사
커리어맵

- 교육부 www.moe.go.kr
- 창의인성교육넷 www.crezone.net
- 에듀넷 www.edunet.net

- 학교알리미 www.schoolinfo.go.kr
- 교육과정평가원 www.kice.re.kr
- 한국교육개발원 www.kedi.re.kr

- 성실함
- 리더십
- 사회성
- 인내
- 책임감
- 논리적 사고력

관련기관

적성과 흥미

- 공업교사
- 상업교사
- 농업교사

관련직업

- 진취형
- 현실형

흥미유형

(공학)전문 교과교사

관련학과

- 전기·전자·통신 공학교육과
- 건설공학교육과
- 컴퓨터교육과
- 기계교육과
- 농업교육과
- 식물자원과
- 원예과
- 수산교육과
- 가정교육과

관련자격

- 중등학교 1급·2급 정교사

준비방법

관련교과

- 관련 분야의 지식 및 기능 역량 익히기
- 해당 분야 관련 신문 및 도서 읽기
- 자신의 생각을 타인에게 전달하는 능력 함양
- 관련 분야의 학과 탐방 및 선배 인터뷰
- 관련 분야 직업 체험 활동

- 영어
- 수학
- 기술·가정
- 정보
- 공학 일반

- 과학
  - 물리학
  - 화학
  - 생명과학
  - 지구과학

적성과 흥미는?

공학전문교과교사가 되기 위해서는 자신의 전공 과목을 좋아해야 하며, 담당 분야에서 필요로 하는 기술이나 이론에 대한 지식을 가지고 있어야 합니다. 논리적인 사고력, 수리력, 사물을 예리하게 관찰할 수 있는 능력을 가진 사람에게 유리합니다. 그리고 학생들을 만나고 가르치는 일에 흥미가 있어야 합니다.

공학전문교과교사는 산업 현장의 동향을 읽고, 이를 수업에 적용하는 능력도 매우 중요합니다. 이를 위해 최신 정보를 학교 교육에 적용할 수 있도록 지속적으로 탐구하는 능력이 필요합니다. 또한 학생들의 진로 및 취업을 위해 산학 협동 사업 및 지역 사회와의 관계 유지를 위해서 노력해야 합니다. 실험, 실습을 할 때 학생들에게 시범을 보여야 하므로 기능적인 능력이 뛰어나야 합니다.

즉, 공학전문교과교사는 진취형, 현실형의 흥미를 가진 사람에게 적합하며, 리더십, 사회성, 인내 등의 성격을 가진 사람에게 적합합니다.

관련 학과 및 자격증은?

▶관련 학과: **전기·전자·통신공학교육과, 건설공학교육과, 컴퓨터교육과, 기계교육과, 가정교육과, 농업교육과, 식물자원과, 조경학과, 원예학과, 상업정보교육과, 수산교육과, 식품공학과 등**

▶관련 자격증: **중등학교 1급·2급 정교사, 교과별 해당 자격증**(예: 건설기계운전 - 굴삭기운전기능사, 기중기운전기능사, 로더운전기능사, 롤러운전기능사, 불도저운전기능사, 지게차운전기능사, 천공기운전기능사, 컨테이너크레인운전기능사 등)

미래 전망은?

향후 5년간 전문교과교사의 고용률은 현 상태를 유지하거나 다소 감소할 것으로 보입니다. 정부의 학급 당 학생 수 감축 정책에 따라 중등학교의 학교 및 학급 수가 증가하고 있어 중등교사의 일자리에 긍정적인 영향을 미치고 있습니다.

반면, 중등학교 학생 수가 감소되기 시작하였고, 그에 따라 특성화 고등학교의 수도 줄어들고 있습니다. 또한 신규 교사들은 대체로 산업 현장에서의 실무 경험이 없는 반면, 학교 현장에서는 실무 경험이 있는 교사를 선호하고 있어 중등교사로 취업하는 데 경쟁이 치열할 것으로 예상됩니다.

상업교사에 대해 알아볼까요?

상업교사는 경영실무, 기업회계, 마케팅, 사무자동화실무, 상업경제, 유통관리일반, 전자계산실무, 컴퓨터일반, 프로그래밍실무, 회계실무, 회계원리 등의 전문 교과목 중 하나 또는 그 이상의 과목을 교육하는 교사예요. 각 분야와 관련된 전문 기술을 실습 위주로 가르침으로써 실무 능력 배양에 중점을 두며, 과제를 내주고 결과를 검토 및 지도하는 일을 해요.

전문 교과목에 따라 경영정보교사, 회계정보교사, 통상정보교사, 정보처리교사, 시각디자인교사, 관광경영교사, 비서교사, 사무자동화교사, 유통경영교사 등이 있어요.

진출 방법은?

전문교과교사가 되기 위해서는 다음과 같은 방법이 있습니다.

첫 번째로는 사범계열 학과를 졸업하여 중등학교 2급 정교사 자격을 취득하는 방법입니다. 컴퓨터교육과, 화학공학교육과, 건축교육공학과, 기계공학교육과 등과 같은 사범계열 학과에 진학하면 해당 전공과목뿐만 아니라 교직 과목을 동시에 이수할 수 있습니다.

두 번째로는 비사범계열의 관련 학과에 진학하여 3, 4학년 때 교직 과목을 이수하거나 대학 졸업 후 교육대학원에 진학하여 석사 학위를 취득하여 중등학교 2급 정교사 자격을 취득하는 방법입니다. 대학 3, 4학년 때 교직 과목을 이수하려면 통상적으로 각 과의 한 학년의 5% 내의 성적을 유지해야 합니다. 이를 위해 대학 1, 2학년 때는 학점 관리를 잘해야 합니다.

최근 산업 현장의 우수한 전문가를 교사로 초빙하기 위해 특성화 고등학교 졸업자를 대상으로 산업체 근무 경력이 3년 이상인 자에게 교사 자격증을 취득할 수 있도록 하는 제도가 신설되었는데, 이는 현재 교원 자격이 없는 신산업 분야를 중심으로 제한적으로 운영되고 있습니다.

국공립 중·고등학교의 교사가 되려면 중등학교 2급 정교사 자격 취득 후 각 시도 교육청에서 시행하는 '국공립 중등학교 교사 임용 후보자 선정 경쟁시험(교원 임용 시험)'에 합격해야 합니다. 교원 임용 시험은 매년 11~12월에 시행되며, 시험 내용은 필기, 논술, 면접 등으로 이루어집니다. 사립 중·고등학교의 교사가 되려면 2급 정교사 자격은 취득하되 교원 임용 시험에는 합격하지 않아도 됩니다. 결원이 생기면 각 학교별로 채용 공고를 내고, 학교장의 제청에 따라 이사회의 의결을 통해 채용합니다.

이 외에도 산학협력교사라 하여 산업체에서 담당 과목과 관련된 분야의 경력이 3년 이상인 사람으로 전문성이 인정되는 사람을 학교장이나 사립의 경우 학교법인 또는 경영자가 필요에 의해 임용하기도 합니다.

CAREER MAP

관련 직업은?

전문 교과목에 따라 기계교사, 전자·기계교사, 금속교사, 자원교사, 전기교사, 전자교사, 통신교사, 토목교사, 건축교사, 산업디자인교사, 화학공업교사, 세라믹교사, 식품공업교사, 섬유교사, 인쇄교사, 자동차교사, 조선교사, 항공교사, 환경공업교사, 기술교사 등

농업교사에 대해 알아볼까요?

농업교사는 농업경영, 농업기계기술, 농업토목기술, 사육기술, 식품가공기술, 원예기술, 유통관리, 재배, 조경기술, 축산 등의 전문 교과목 중 하나 또는 그 이상의 과목을 교육하는 교사예요. 각 분야에 관련된 전문 기술을 실습 위주로 가르침으로써 실무 능력 배양에 중점을 두며, 과제를 내주고 결과를 검토 및 지도하는 일을 해요.

전문 교과목에 따라 식물자원교사, 동물자원교사, 농업경영교사, 농업토목교사, 식품가공교사, 농업기계교사, 조경교사, 농산물유통교사, 환경보존교사 등이 있어요.

전문교과교사 전공 분석
공학교육학과

어떤 학과인가?

현재 공학교육학과라는 명칭으로 된 학과는 존재하지 않지만, 이 책에서는 공학 관련 전문교과교사가 되기 위한 기계재료교육과, 전기전자통신교육과, 건설공학교육과, 화학공학교육과, 컴퓨터교육과 등을 공학 교육 관련 학과라고 통칭하여 설명하도록 하겠습니다.

공학 교육 관련 학과는 특성화 고등학교 또는 마이스터 고등학교에서 현대의 정보 산업 사회가 요구하는 기계, 전기, 전자공학, 화학, 컴퓨터 분야 관련 이론과 기술을 연구하고, 공학 관련 교육을 담당할 전문교과교사를 양성하는 데 목적이 있습니다.

이를 위해 공학 교육 관련 학과는 관련 분야 교사 및 교육 전문가로서 역량을 갖추도록 관련 이론 및 실험 실습을 교육하며, 이를 통해 전공에 대한 이론과 실무 능력을 배양합니다. 또한 교육학 이수를 통해 교직에 대한 종합적인 이해와 투철한 교육관을 가진 교육 전문가로서의 능력을 함양하여 공학 교육 분야의 우수한 교육 전문가를 육성하는 학과입니다.

교육 목표와 교육 내용은?

공학 교육 관련 학과는 교과에 대한 전문성과 첨단 산업 기술 시대에 능동적으로 대처할 수 있는 실천적인 공학 기술, 이론과 실무를 겸비한 교사 및 공학 교육 전문가 양성을 목표로 합니다.

이를 위해 교육학은 물론 기초 학문과 응용 학문을 심도 있게 교육하고, 다양한 직업 기초 능력(NCS) 기반 실험·실습 교육과 현장

» 공학 기술 교육을 통한 국가 경쟁력에 기여할 수 있는 인재를 양성합니다.
» 산업 현장에 필요한 인력을 교육하고 훈련할 수 있는 공학 교육 분야의 전문적인 인재를 양성합니다.
» 산업 사회 및 직업 세계의 변화에 따른 직업 기초 능력과 기술력을 갖춘 교사를 양성합니다.
» 학교 변화의 주체로서 학교의 변화를 촉진할 수 있는 핵심 역량을 갖춘 인재를 양성합니다.

주요 교육 목표

- 공학 기술 교육을 통한 국가 경쟁력 기반을 구축하는 인재 양성
- 산업 현장에서 필요한 인력을 교육·훈련하는 인재 양성
- 직업 기초 능력과 기술력이 조화된 인재 양성
- 학교의 변화를 촉진하는 주체적인 인재 양성

견학을 통해 이론과 실습을 균형 있게 교육합니다. 또한 교사로서의 기본 자질을 갖추고, 각 교과목에 대한 지식을 정확하게 전달할 수 있는 방법과 각종 실험 장비 및 컴퓨터의 활용에 대해서도 교육합니다.

학과에 적합한 인재상은?

공학 교육 관련 학과는 국가 수준의 기계 및 전자 부품, 컴퓨터 프로그램 등을 만들기 위해 기술적 이론과 현장 중심의 실무 경험을 요구하고 있습니다. 따라서 공학 교육 관련 학과를 지원하고자 하는 학생은 고등학교 교육 과정에서 과학, 수학 등의 과목에 대한 실력을 배양하고, 공학과 관련된 과목을 공부하는 데 도움이 되는 수리력, 논리적인 사고력, 분석력을 갖추어야 합니다. 또한 학생들을 만나고 가르치는 일에 흥미가 있어야 합니다.

최근 공학 산업이 세계화되고 있기 때문에 외국어 능력과 정보 수집 및 처리 능력을 갖추는 것도 중요합니다.

평소 기계, 전기 전자, 컴퓨터 등 공학과 관련된 책을 보거나 공학과 관련된 대회에 참여하여 체험 활동을 하는 것도 많은 도움이 됩니다.

인류의 역사와 문화에 대한 인문학적 소양을 지니고, 사회적 역할과 책임을 인식할 줄 아는 태도, 미래의 기술 변화에 능동적으로 대처할 수 있는 능력, 논리적으로 문제를 해결해 나가는 능력이 필요합니다.

관련 학과는?

전기·전자·통신공학교육과, 건설공학교육과, 컴퓨터교육과, 화학공학교육과, 기계공학교육과, 전기전자과, 건축학과, 컴퓨터공학과, 화학과, 화학공학과, 기계과, 기계설계학과 등

취득 가능 자격증은?

- *중등학교 2급 정교사*
- *평생교육사*
- 건축기사
- 건축구소기술사
- 금속가공기술사
- 금속재료기사
- 압연기능사
- 열처리기능사
- 화공기사
- 화학분석기사
- 위험물산업기사
- 화약류관리기사
- 전기공사기사
- 전기산업기사
- 3D프린터개발산업기사
- 광학기기산업기사
- 광학기능사
- 로봇기구개발기사
- 전자기사
- 전자응용기술사 등

추천 도서는?

- 아두이노를 이용한 IoT 디바이스 개발 실무
  (광문각, 박현준 외)
- 창의 설계 코딩
  (광문각, 박신성)
- 공학의 눈으로 미래를 설계하라
  (해냄출판사, 연세대학교공과대학)
- 컴퓨터공학과 가니까 좋아요?
  (대학내일, 진전스집필진)
- 모두의 알고리즘 with 파이썬
  (길벗, 이승찬)
- 물리학자의 은밀한 밤 생활
  (더숲, 라인하르트 렘포트, 강영옥 역)
- 교실의 미래 구글 클래스룸
  (프리렉, 박종필 외)
- 교육 과정에 돌직구를 던져라
  (에듀니티, 정성식)
- 공학이란 무엇인가
  (살림Friends, 성풍현)
- 공부의 미래
  (어크로스, 존 카우치 외, 김영선 역)
- 메이커스 Makers 5호
  (동아시아, 동아시아편집부)

학과 주요 교과목은?

기초 과목	교육학개론, 교육심리학, 교육사회학, 교육과정 및 평가, 교육행정학, 공학수학, 공학기초소양, 공업물리, 물리화학, 유기화학, 공업역학, 정보기술, 기술교육론, 생물기술, 제조기술, 건설기술, 전기기술, 기계·재료교육론, 화학공학 등
심화 과목	컴퓨터교육론, 컴퓨터교재론, 컴퓨터언어응용, 컴퓨터구조론, 선형대수학, 공학수학, 이산수학, 자료구조론, 데이터통신, 경영정보론, 암호학, 인공지능, 창의공학설계, 토목기술, 토목설계, 생화학, 환경공학, 에너지와 동력, 열역학, 금속재료, 재료역학, 유체역학, 응용고체역학, 자동차공학, 재료열처리, 발명과 특허, 메카트로닉스개론, 정밀공학, 동역학, 자동제어 등

진출 직업은?

교육계열 대학교수, 데이터베이스개발자, 학원강사, **실업교사**, 응용소프트웨어개발자, 정보시스템운영자, **직업능력개발훈련교사**, 컴퓨터강사, 학습지 및 방문교사, 웹기획자, 웹프로그래머, 컴퓨터프로그래머, 정보시스템운영자 등

졸업 후 진출 분야는?

기업체	학습지 및 교재 개발 업체, 사설 학원, 사회 교육원, 공학 관련 기업 등
연구 기관	한국전기연구원, 한국전기산업연구원, LS산전연구소, 한국기계전기전자시험연구원, 기계·건설공학연구정보센터, KIMM한국기계연구원, 화학공학소재연구정보센터, 한국건설기술연구원, 건설공학연구소 등
정부 및 공공 기관	교육부, 교육청, 한국전기안전공사, 한국가스공사, 한국석유공사, 한국전력공사, 한국토지주택공사, 한국철도공사, 한국산업기술진흥원, 한국에너지기술평가원 등
교육계	국공립 중·고등학교 등

전공 관련 선택 과목은?

※ 필수 선택 과목: 선택 과목 중 수능 필수 지정 과목

공통 과목		국어, 수학, 영어, 한국사, 통합사회, 통합과학, 과학탐구실험
필수 선택 과목		독서, 문학, 수학Ⅰ, 수학Ⅱ, 영어Ⅰ, 영어Ⅱ, 성공적인직업생활(특성화 고등학교만 해당)
일반 선택 과목	기초	미적분, 확률과 통계, 영어 독해와 작문
	탐구	물리학Ⅰ, 화학Ⅰ, 생명과학Ⅰ, 지구과학Ⅰ
	체육·예술	
	생활·교양	기술·가정, 정보, 교육학, 환경
진로 선택 과목	기초	기하, 수학과제 탐구
	탐구	물리학Ⅱ, 화학Ⅱ, 생명과학Ⅱ, 지구과학Ⅱ
	체육·예술	
	생활·교양	공학 일반, 지식 재산 일반, 가정과학

학교생활기록부 관리는?

출결 사항	• 미인정(무단) 출결 사항이 없도록 관리하세요. 미인정(무단) 결석 등이 있으면 학교생활 충실도나 인성, 성실성 영역에서 부정적인 평가를 받을 가능성이 높아요.
수상 경력	• 발명 대회, 탐구 대회와 같은 관심 전공 분야와 관련된 교내외 대회에 지속적으로 참여하고, 수상할 수 있도록 노력하세요. • 개근상, 선행상, 봉사상, 모범상 등은 인성 평가나 정성 평가 등에서 좋은 인상을 줄 수 있어요.
자율 활동	• 학급 자치 활동에서 적극성, 리더십, 상황 대처 능력, 대인 관계 능력 및 창의성과 개성적인 사고 등이 드러나도록 하세요. • 자율 활동에 참여하고, 이 활동의 의미와 느낀 점 등을 기록해 두세요.
동아리 활동	• 관심 전공 분야와 관련된 동아리를 조직하고 활동해 보세요. • 자신의 지식과 특기를 활용해 지역 사회 및 학교생활의 불편함을 개선할 수 있는 프로젝트를 진행해 보세요.
봉사 활동	• 다문화 가족, 독거노인, 장애인 등 소외 계층 사람들을 위한 봉사 활동을 권장해요. • 자신의 지식을 타인과 나눌 수 있는 멘토링 및 교육 봉사 활동에 참여해 보세요. • 꾸준한 봉사 활동을 통해 진정성과 상대방을 배려하는 태도가 드러나도록 하세요.
진로 활동	• 전문 교과는 기능적 측면이 중요하므로 기계 및 컴퓨터를 다루는 능력을 함양할 수 있는 활동을 해 보세요. • 전문 교과와 관련된 지식을 지속적으로 개발하기 위해 신문 읽기, 독서 등의 습관을 갖도록 노력하세요. • 관심 전공 학과 탐방, 선배 인터뷰 등 다양한 진로 탐색 및 체험 활동을 통해 진로 적합성을 확인해 보세요.
교과 세부 능력 및 특기 사항	• 과학, 정보, 기술·가정과 같은 관련 교과에 흥미를 가지고 탐구하여 다양한 의견을 발표하는 등 노력하는 모습이 나타나도록 하세요. • 하나의 문제에 대해 논리적이고 과학적으로 분석하고, 이를 통합적으로 이해하려는 모습이 나타나도록 하세요.
독서 활동	• 공학 관련 책을 읽고, 인접한 학문과 연계하여 통합적으로 이해하려는 노력이 필요해요. • 독서 후 자신만의 생각을 정리해 보세요. • 독서를 통해 자신의 호기심을 해결할 수 있도록 책을 찾고, 이를 통해 발전적인 모습이 나타나도록 노력하세요.
행동 발달 특성 및 종합 의견	• 발전 가능성, 전공 적합성, 인성, 학업 능력, 창의력, 자기 주도적 학습 능력, 문제 해결 능력, 발전된 모습 등 자신의 장점이 표현되도록 관리해야 해요. • 학교생활에서 자기 주도성, 경험의 다양성, 성실성, 나눔과 배려, 학업 태도와 학업 의지 등 자신의 장점이 기록되도록 관리해야 해요.

참고 문헌 및 참고 사이트

- 강원도교육청 전공 연계 선택과목 안내서 연구회. (2018). "전공 연계 선택과목 가이드북." 춘천: 강원도교육청.
- 광주광역시교육정보원. (2018). "진로 연계 과목 선택을 위한 학과 안내서." 광주: 광주광역시교육정보원.
- 교육부. (2018). "학생 진로진학과 연계한 과목 선택 가이드북." 교육부.
- 교육부. (2017). "2015 개정 교육과정 안내 브로슈어(고등학교)." 교육부.
- 교육청교육연구정보원서울특별시. (2019). "2015 개정 교육과정에 따른 선택 과목 안내서." 서울특별시교육청교육연구정보원.
- 대구진로교사협의회. (2019). "전공학과 중심 진로상담 자료집." 대구진로교사협의회.
- 명지대학교, 국민대학교, 서울여자대학교, 숭실대학교. (2019). "2015 개정 교육과정 시행에 따른 학생부종합전형 준비를 위한 선택교과목 가이드북." 명지대학교, 국민대학교, 서울여자대학교, 숭실대학교.
- 서울대학교. (2018). "2015 개정 교육과정에 따른 고교생활 가이드북." 서울대학교 입학본부.
- 세종특별시자치교육청. (2019). "과목 선택을 위한 과목 전공 안내서." 세종특별시자치교육청.
- 세종특별시자치교육청. (2019). "전공 적성 개발 길라잡이." 세종특별시자치교육청.
- 전라남도교육청. (2018). "대학 전공 선택 길라잡이." 전라남도교육청.
- 충청남도교육청. (2019). "고등학교 교과목 안내." 충청남도교육청.
- 한승배. (2016). 10대를 위한 직업 백과. 꿈꾸는달팽이.

- 커리어넷 http://www.career.go.kr
- 메이저맵 https://www.majormap.net
- 대입정보포털 어디가 https://www.adiga.kr
- 워크넷 https://www.work.go.kr
- 전국 각 대학 홈페이지
- LG 사이언스랜드 http://lg-sl.net/home.mvc

나만의 진로 가이드북 : 직업을 알면 학과가 보인다
Ⅰ 인문계열

1판 7쇄 찍음	2023년 12월 27일
펴낸곳	㈜캠퍼스멘토
저자	김강석 · 하 희
책임 편집	이동준 · 북커북
진행 · 윤문	북커북
디자인	㈜엔투디
커머스	이동준 · 신숙진 · 김지수 · 김연정 · 강덕우 · 박지원 · 송나래
교육운영	문태준 · 이동훈 · 박홍수 · 조용근 · 정훈모 · 송정민
콘텐츠	오승훈 · 이경태 · 이사라 · 박민아 · 국희진 · 윤혜원 · ㈜모야컴퍼니
관리	김동욱 · 지재우 · 윤영재 · 임철규 · 최영혜 · 이석기
발행인	안광배

주소	서울시 서초구 강남대로 557(잠원동, 성한빌딩) 9층 ㈜캠퍼스멘토
출판등록	제 2012-000207
구입문의	(02) 333-5966
팩스	(02) 3785-0901
홈페이지	http://www.campusmentor.org

ISBN 978-89-97826-36-0 (44080)
ISBN 978-89-97826-34-6 (세트)